吉林振兴丛书

JILIN ZHENXING
·CONGSHU·

◎刘立新　丁晓燕　丛书主编

东北振兴与吉林社会治理

◎孙璐　徐建　著

吉林文史出版社

图书在版编目（CIP）数据

东北振兴与吉林社会治理/孙璐，徐建著．—长春：
吉林文史出版社，2023.9
（吉林振兴丛书/刘立新，丁晓燕主编）
ISBN 978-7-5472-9666-0

Ⅰ．①东… Ⅱ．①孙… ②徐… Ⅲ．①社会管理—研
究—吉林 Ⅳ．① D673.4

中国国家版本馆 CIP 数据核字 (2023) 第 157771 号

吉林振兴丛书

东北振兴与吉林社会治理

DONGBEI ZHENXING YU JILIN SHEHUI ZHILI

丛书主编：刘立新　丁晓燕
本书著者：孙　璐　徐　建
出 版 人：张　强
责任编辑：戚　晔　高丹丹　任明雪　吕　莹
封面设计：杨兆冰
出版发行：吉林文史出版社
电　　话：0431-81629352
地　　址：长春市福祉大路5788号
邮　　编：130117
网　　址：www.jlws.com.cn
印　　刷：吉林省吉广国际广告股份有限公司
开　　本：710mm×1000mm　1/16
印　　张：22.5
字　　数：320千字
版　　次：2023年9月第1版
印　　次：2023年9月第1次印刷
书　　号：ISBN 978-7-5472-9666-0
定　　价：138.00元

序

党中央高度重视东北地区发展，2003年作出实施东北地区等老工业基地振兴战略的重大决策，出台了一系列支持东北地区振兴发展的政策措施。历经20年的凤凰涅槃，东北老工业基地再现繁荣与发展新面貌。

2003年，中央出台《中共中央 国务院关于实施东北地区等老工业基地振兴战略的若干意见》，明确提出"支持东北地区等老工业基地加快调整改造，是党中央从全面建成小康社会全局着眼作出的又一重大战略决策，各地区各部门要像当年建设沿海经济特区、开发浦东新区和实施西部大开发战略那样，齐心协力，扎实推进，确保这一战略的顺利实施"，拉开振兴东北老工业基地的序幕。

在党中央领导下，2003—2013年，东北振兴取得阶段性成果。经济总量迈上新台阶，东北三省地区生产总值年均增长10.3%。体制机制改革初见成效，增值税转型、农业税减免、国有企业政策性破产、豁免企业历史欠税等重大改革在东北地区先行先试，90%的国有工业企业完成产权制度改革，国有企业竞争力明显增强。产业竞争优势逐渐显现，大型发电设备、特高压输变电设备、高档数控加工中心、重型数控机床等一批重大装备成功研制，一批龙头企业重塑行业竞争力，能源原材料、食品工业等产业规模大幅提升。2016年，中央出台《中共中央 国务院关于全面振兴东北地区等老工业基地的若干意见》，进一步明确了新时期推动东北振兴的新目标、新要求、新任务、新举措，标志着东北振兴进入了全面振兴新阶段。党的十八大以来，习近平总书记多次赴东北地区考察，召开专题座谈会，对东北全面振兴作出系列重要讲话和指示批示，充分体现了以习近平同志为核心的党中央对东北全面振兴的高度重视和殷切期望，为新时代推进东北振兴提供了根本遵循。2019年，党中央、国务院对支持东北地区深化改革创新推动高质量发展作出重要部署。2020年，党的十九届五中全会要求"推动东北振兴取得新突破"。在各方面的共同努力下，东北地区经济运行逐步企稳，营商环境进一步优化，结构调整扎实推进，粮食综合生产能力显著提升，基础设施不断完善，社会事业蓬勃发展，人民生活水平不断提高。2020年，东北三省实现地区生产总值5.1万亿元，人均地区生产总值5.2万元，常住人口城镇化率67.7%。2021年，国务院关于《东北全面振兴"十四五"实施方案》的批复正式公布。批复强调，内蒙古自治区、辽宁省、吉林省、黑龙江省人民政府要深化改革开放，强化政策保障，优化营商环境，推动实施一批对东北全面振兴具有全局性影响的重点项目和重大改革举措，着力增强内生发展动力。

20年来，吉林省振兴发展取得了重大进展和积极成效，各项事业也取得了显著成就。吉林省立足于自身发展现状、国家"双循环"发展新格局的总体要求以及中央对东北振兴提出的"五大安全"要求，充分发挥创新优势、产业优势、资源优势、区位优势，大力推进高质量发展，释放吉林发展潜力，积极融入国家"双循环"新发展格局。在习近平总书记三次视察吉林重要讲话重要指示精神指引下，经济社会全面发展，振兴步伐坚实稳健。一是经济运行稳中向好。全力打造现代新型汽车和零部件、农产品及其深加工和食品细加工、冰雪和避暑休闲生态旅游这三个万亿级大产业。2021年，GDP（国内生产总值）增速在全国位次有所提升，在东北三省一区居于首位。固定资产投资增速已经连续两年居全国第四位。10年间，粮食产量连续跨上700亿斤、800亿斤两个大台阶，2021年，粮食产量增长率在全国居第一位，以2%的土地面积贡献了5.92%的粮食产量。二是重大项目蓄势赋能。中车松原新能源基地、吉化120万吨乙烯、西部"陆上风光三峡"、东部"山水蓄能三峡"、沿边开放旅游大通道等一大批重点项目陆续开工建设。三是创新能力大幅提升。在区域创新能力全国排名中，2021年，吉林省前进9个位次，上升幅度最大。长春自主创新示范区、长春国家农业高新技术产业示范区相继获得国家批准并启动建设。高铁变轨等一批关键核心技术取得突破，"吉林一号"在轨运行卫星达到70颗，建成了我国目前最大的商业遥感卫星星座。四是营商环境持续优化。投资平台在线审批率居全国首位，不动产登记效率居全国第二位，连续两年新登记市场主体增速居全国第三位。五是人民生活显著改善。2020年迈入全面小康社会，70万人摆脱贫困。2021年脱贫群众人均收入同比增长20.18%，增速排在东北三省一区首位。六是生态强省建设全面推进。大气、水、土壤等多项生态环境指标持续改善，空气优良天数达到94%。长白山、查干湖等旅游品牌叫响全国，冰雪旅游市场占有率稳居全国第一。

吉林省社会科学院（社科联）是中共吉林省委直属的、全省唯一一家哲学社会科学综合性研究机构。长期以来，吉林省社会科学院在坚持基础研究，保持传统学科优势的同时，注重发展地方特色，大力加强应用研究。现有一支从事东北振兴、吉林振兴研究的科研队伍并取得了一批重要的东北振兴研究成果，为东北振兴吉林振兴提供了智慧支持。在东北振兴20年之际，吉林省社会科学院推出"吉林振兴丛书"，旨在全面总结20年来吉林省振兴发展取得的重要进展和积极成效，发现问题，直面短板，探求路径，助力吉林省高质量发展。

本系列丛书共七本，分别是《东北振兴与吉林产业转型升级》《东北振兴与吉林农业农村现代化》《东北振兴与吉林民生建设》《东北振兴与吉林旅游高质量发展》《东北振兴与吉林新型城镇化》《东北振兴与吉林社会治理》《东北振兴与吉林绿色发展》。本系列丛书全面总结了东北振兴过程中吉林省经济转型、民生建设、社会治理以及绿色发展等问题，再现了吉林振兴取得的成果，分析了存在的问题，探寻了东北振兴的吉林之路。

"推动东北全面振兴取得新突破"，实现吉林振兴，是国家区域协调发展战略的重要组成部分，事关我国区域发展总体战略布局，事关我国新型工业化、信息化、城镇化、农业现代化的协调发展。吉林省是我国重要的工业和农业基地，维护国家国防安全、粮食安全、生态安全、能源安全、产业安全的战略地位十分重要，关乎国家发展大局，实现吉林振兴新突破是新时代党中央、国务院赋予吉林省的新使命。本系列丛书立足于为党委和政府打造有价值的决策咨询研究成果，必将增强社会各界对东北振兴，尤其是对吉林振兴发展的关注度，为东北地区，尤其是吉林省相关部门的决策提供一些有价值的参考意见。

未来，在习近平新时代中国特色社会主义思想指引下，吉林省将在东北振兴、吉林振兴研究上再接再厉，提供更高层次、更高水平的理论成果，为东北振兴、吉林振兴作出更大的贡献。

2023年6月

于长春

目　录

第一章

东北振兴背景下加强社会治理的重大意义

　　社会治理在当今中国方兴未艾，是近年来广为研究讨论和改革探索的热点问题、重要领域。社会治理的理论经过扬弃和本土化，已经发展成为独具特色的中国理论，为发挥我国制度优势提供了认知基础，而社会治理的实践通过不断创新和完善，已经在国家治理体系和治理能力现代化过程中构成必要组成部分，发挥着重要的功能作用。我国对于社会治理日益重视，通过相关政策和措施逐渐明确了社会治理的目标和途径，为其提供了有力支持和保障，各地区各族人民及其他主体积极参与灵活多样的社会治理实践，共同推动社会治理现代化水平持续提升，基层、社区的自治能力不断增强，各族各界群众的获得感、幸福感、安全感日益提高。

第一节　社会治理的内涵与外延

　　"社会治理"是一个宽泛的概念，是指人类调整各类社会关系以谋求或优化秩序的管理活动。在不同国家、不同时代，随着政府与社会关系的动态演进，社会治理的内涵及外延经历了一个不断发展衍化的过程。中国对于社会治理始终重视、不断思考并积极探索，早在几千年前即有"治大国若烹小鲜"的智慧，在当今社会主义新时期更是赋予了社会治理以全新的时代内容。

一、社会治理的内涵

社会治理的定义应当从历史沿革和政治现实的角度加以概括。随着人类社会在历史进程中相继出现权制、法制、德制的制度模式，相应形成统治型、管理型和服务型的社会治理模式。统治型社会治理单纯依靠权力进行管理和控制；管理型社会治理依靠制度设计来解决社会问题、维护社会秩序；服务型社会治理除了权力和法制因素之外，更重视通过有效服务来优化管理。这种宽泛意义上的社会治理是一种总体治理。其中，"治理"包含了"处理""整治""管理""管控""统治"等综合含义；"社会"并非指与国家政府相对的狭义"社会"，而是指包括国家政府和狭义社会在内的完整系统，即广义"社会"。所以，社会治理在本质上不仅仅是指政府的治理，而是指特定目标追求之下整个社会的治理。

在我国的政策语境下，按照学界比较公认的观点，既充分符合民族国家的治理实际，也更为体现民主国家价值发展趋向的社会治理定义应当为：社会治理是指在党的领导下，由政府组织主导，吸纳社会组织等多方面治理主体参与，对社会公共事务进行的治理活动。社会治理由政府机构、社会组织及公民在相互制约、相互影响下从多层次共同进行，相应地呈现出三种基本形态：政府对于社会的治理、社会自治、政府与社会组织和公民的合作共同治理。①社会治理的根本任务在于维护社会秩序的正常运行，协调和规范社会形态下的不同组织、个体及其活动。

---

① 王伟进：《社会治理范围的模糊、清晰与泛化》，载《社会学评论》2021年第6期。

二、社会治理的形态

（一）政府对社会的治理

政府对社会的治理实际上是社会治理的主要形式和重要内容，也就是说，政府是社会治理实践的主导力量。政府治理在本质上是代表社会行使公共权力，通过保障权威的价值、规则的遵循来维持社会秩序。相对于社会体系的多元阶层结构、价值规范和利益诉求，政府体系以严格的科层结构、完备的制度、统一的功能等系列优势，必然在社会治理中占据主导地位，发挥主体作用。

（二）社会自治

社会自治是在无须政府干预的社会生活领域，以社会自组织方式进行治理、达成秩序。这既体现了对社会自组织性的价值追求，也反映了我国业已涌现的居民委员会自治、村民自治、业主委员会自治等自治现实。在当前社会转型期，处于成长阶段的社会组织在意见表达、利益综合等方面的力量仍相当有限，难以有效进行自我服务和自我管理，"自治"需要在政府的引导下，通过有效的"他治"不断加以培育。

（三）政府与社会组织和公民的合作共同治理

为了实现公共利益，政府主体和非政府主体相互依存、彼此合作，通过合作网络来分享公共权力、共同管理社会事务，形成政府与社会力量构成的一个多元主体，协商合作、上下互动的管理过程，实现政府治理与社会调节、居民自治的良性互动。其中包括社会对政府治理过程的参与和政府权力的监督制约。[①]

[①]蔡益群：《社会治理的概念辨析及界定：国家治理、政府治理和社会治理的比较分析》，载《社会主义研究》2020年第3期。

三、我国社会治理的外延

根据我国国家层面历次国民经济和社会发展五年规划、党代会报告、历年政府工作报告等政策话语的内容，社会治理在我国新时代的外延主要包括（但不限于）下列体系：

（一）社会治安防控体系

良好的社会治安不仅可以提高民众满意度、巩固政治基础，还能促进经济稳定发展、保障国家长足进步。以犯罪率而言，中国的社会治安远超西方发达国家，这是由社会主义和人民民主专政的制度优势、所处经济发展阶段、热爱和平的民族文化精神等因素决定的。[①]自2015年起，国家要求形成党委领导、政府主导、综治协调、各部门齐抓共管、社会力量积极参与的社会治安防控体系建设工作格局。2019年1月，中央政法工作会议强调，要加快推进立体化、信息化社会治安防控体系建设。2019年3月，公安部通过了专门行动计划以推动全国公安机关加快社会治安防控体系建设。2021年1月，中央政法工作会议进一步要求加快推进立体化智能化社会治安防控体系建设。这些已经成为平安中国建设的核心内容。[②]

（二）网络安全体系

随着网络在现实中的作用日益巨大、影响我国网络安全的内外因素日益复杂，网络安全对于社会稳定、经济发展以及维护多领域国家安全的重要性日益凸显。国家做出"加强互联网内容建设，建立网络综合治理体系，营造清朗的网络空间"的战略部署，后来又明确要坚定不移地推动"网络强国"和"数字中国"建设；另外，总体国家安全观也涵盖了"要

[①]《为何中国的治安远超很多发达国家》，http://new.qq.com/omn/20210206/20210206A0A3OM00.html.

[②]李建伟，王伟进：《理解社会治理现代化：内涵、目标与路径》，载《南京大学学报》2021年第5期。

统筹传统安全和非传统安全""要突出抓好……社会安全、网络安全等各方面安全工作"等要求。国家关于网络空间治理的法律法规不断健全，包括2000年公布、2011年修订的《互联网信息服务管理办法》，2016年《网络安全法》，2020年《网络信息内容生态治理规定》，2021年《数据安全法》《个人信息保护法》《关键信息基础设施安全保护工作条例》等，对于我国境内建设、运营、维护和使用网络以及网络安全的监督管理等相关问题做出规定，明确网信部门、电信主管部门、公安部门和其他有关机关、网络运营者、个人和组织等主体与网络使用及安全保护相关的权利、义务、责任、程序等。

（三）应急管理体系

在国内外复杂叠加的安全风险形势下，应急管理在社会治理中所占分量日益重要。2007年，《国家突发事件应对法》等法律法规确定了统一领导、综合协调、分类管理、分级负责、属地管理为主的应急管理体制职责以及有关主体的各项应急相关权利义务。2016年，国家《关于推进安全生产领域改革发展的意见》《关于推进防灾减灾救灾体制机制改革的意见》等政策文件就应急管理体系的完善做出详尽规定。按照2018年国家机构改革方案中整合应急力量和资源、形成中国特色应急管理体制的要求，新组建的应急管理部门融合原来多个部门的应急相关职责，增强了管理权威，有利于及时有效地处理重大突发安全生产事故、灾害事故和进行综合性防灾救灾工作。

（四）食品安全体系

食品安全关系人民的身体健康和生命安全，安全、足量、有营养的食物是维持人民生命和促进健康的关键。不安全食品所致的食源性疾病不仅给卫生保健系统造成压力，还有损国家经济、旅游和贸易，由此阻碍社会经济发展。中国始终重视食品安全问题，2009年，《中华人民共和国食品安全法》对于风险监测和评估、食品安全标准、食品生产经营、食品安全事故处置等事项做出详尽规定。2019年2月，国家印发《地方党政领导干部食品安全责任制规定》，进一步落实食品安全党政同责要求，强化属地管理责任；2019年5月，《关于深化改革加强食品安全工作的意见》提出关于建立最严谨的标准、实施最严格的监管、实行最严厉的处罚等相关要求。

（五）市域矛盾纠纷多元化解体系

随着我国经济社会发展的深刻变革，社会主要矛盾已经从人民日益增长的物质文化需要同落后的社会生产之间的矛盾转化为人民日益增长的美好生活需要和不平衡不充分的发展之间的矛盾，群众的利益诉求日益丰富、多元，矛盾纠纷凸显、高发。自2015年起，国家多次强调和指导各地完善社会矛盾纠纷多元预防调处化解综合机制，把党员干部下访和群众上访结合起来，把群众矛盾纠纷调处化解工作规范起来，切实把矛盾解决在萌芽状态、化解在基层。[1]应坚持和发展新时代"枫桥经验"，综合运用政治、经济、法律、行政、教育等多种手段健全矛盾纠纷多元化解机制，进一步推动矛盾纠纷排查化解，依法及时解决群众合理诉求。[2]

（六）基层社会治理体系

基层城乡社区是社会治理的基本单元和重心所在，近年来，随着我国经济社会形势的深刻变化，民间力量逐步壮大，社会风险有所增加，党和国家将基层社会治理提到新的战略高度，做出新的部署要求，具体体现在2017年《中共中央 国务院关于加强和完善城乡社区治理的意见》、2021年《中共中央 国务院关于加强基层治理体系和治理能力现代化建设的意见》等政策文件中。经过长期的实践探索和改革创新，我国城乡基层社会治理体系不断健全。为在新形势下更及时有效地对跨区域、流动性、虚拟化等社会

---

[1]《这些年，总书记牵挂的民生事：一线接访促和谐》，2021-02-07，http://movement.gzstv.com/news/detail/Pa2R2/.

[2] 戴欢欢，陈荣卓：《结构性整合：市域治理现代化背景下社会矛盾有效化解的一种解释框架》，载《云南社会科学》2023-03-09。

问题进行良好治理，应进一步加强和创新基层社会治理体系建设。①

第二节 社会治理的理论基础

一、西方关于社会治理的理论

（一）治理理论

现代"治理"的概念、理论框架、研究范式等基本起源于西方。自1989年世界银行首次使用"治理危机"用语以来，治理理念在西方国家逐渐兴起，成为政治学、社会学、管理学等学科的重要概念，经过丰富的研究，形成了一些全新的理论体系，用于解释现代的社会和政治秩序及其结构变化、阐述现代的政治和行政权力构架、总结公共政策体系及特征等。尽管各个学派的具体主张和侧重点有所不同，但西方治理理念的提出主要是针对政府治理作为"元治理"的低效困境，探讨政府及其他组织机构在公共事务管理中如何更好地发挥作用，设想通过更多主体的参与来形成更为有效的治理，关注国家与社会二元关系的建构。与单纯信赖和依靠国家政权进行科层式统治或管理的传统政治观念相比，各派治理理论基本上公认国家与多类非国家主体互相依赖，要顺应治理更多发生于网络化体系之中的发展趋势，适应其由多主体共同解决公共问题、处理公共事务的过程。当然，由于这些早期的研究根植当时资本主义社会特定的社会现实、社会关系等，具有鲜明的西方中心主义色彩。② 这些不同流派关于治理范

---

①陈俊峰，司海峰：《城市基层社会治理的再认识与机制创新》，载《齐齐哈尔大学学报》（哲学社会科学版）2021年第10期。

②刘燕妮：《"共建共治共享"社会治理的生成逻辑和制度优势》，载《重庆社会科学》2022年第1期。

式的主张经历了渐次产生、发展的过程。

1. 新公共管理理论

为应对经济社会发展给公共行政模式带来的挑战，整个西方世界逐渐兴起了新公共管理运动及理论。虽然各国实践及定义均有差异，但据该派代表人物英国管理学家胡德于1991年总结，它们都具有一些共同特征，具体包括采用专业管理方法、引入竞争机制、实行部门分权、提高资源利用效率以提升公共管理及服务的质量。在其推动下，购买服务制逐步发展为一种重要的治理机制。

2. 新公共服务理论

政府、市场失灵的危机促使登哈特等学者在上述基础上提出新公共服务理论，进一步主张：公共部门还应当与社区等组织合作，追求公平、人本等公共价值；服务行政应强调服务，而不是执掌；责任并非完全单一的。

3. 第三方管理理论

随着全球秩序演变，为平衡政治权力，萨拉蒙等学者于20世纪90年代提出第三方管理理论。在资本主义世界的民主社会主义与新自由主义的基础上，通过对比公共物品提供过程中的"交易成本"，主张由第三方管理人（拥有更多创造性、灵活性等优势的非政府组织）代为行使政府的部分公共权力，履行公共服务职能，增进社会福利的供给。

4. 多中心治理理论

迈克尔·博兰尼的社会秩序理论区分了指挥的秩序（需要依靠权威来维持运转）与多中心的秩序（不同的行为单元既相互独立，又调试和整合），探讨社会管理的有限性及自发秩序的可能性。奥斯特罗姆提出多中心治理理论，通过制度和经验分析，主张多个权力中心（政府、市场、社会）格局下的自主组织及自发秩序，即由多元治理主体进行民主合作管理。把治理主体进一步拓展到社会力量，并且将社会组织等主体的地位提升至与政府平等，更加突出各主体参与治理过程中的能动性和互动。[1]

---

①李坤轩，马玉丽：《治理现代化背景下社会组织参与社会治理的理论基础探析》，载《武汉公安干部学院学报》2021年第2期。

（二）社区发展理论

"社区发展"概念也源于西方，尽管在不同国家、不同历史时期，其含义有着细微差别。1887年，德国学者滕尼斯在《社区与社会》一书中开启了社会学界对社区建设相关理论的研究。在其影响下，1915年，美国学者F.法林顿在《社区发展：将小城镇建成更加适合生活和经营的地方》一书中提出"社区发展"概念及基本方法，后来在美国社会学界得到进一步探讨和演进。"二战"后面临政府力量不足以解决严重的失业、贫困、社会秩序恶化、经济发展缓慢等问题的困境，社区规划及发展等解决思路应运而生，利用民间资源、发展社区自助力量的构想逐渐得以践行和丰富。

1951年，联合国经社理事会第390D号议案尝试推动全球，特别是发展中国家，通过建立社区福利中心来促进所在地区的经济社会发展。后来因在实施过程中发现了更有效的方法，所以将原来的"社区福利中心计划"修改为"社区发展计划"，由1952年联合国成立的社区组织与发展小组（1954年改名为联合国社会局社区发展组）在全球推进并取得显著成效。即以乡村社区为单位，由政府有关机构与社区内外的民间团体、社会组织等合作，发动全社区居民自愿投身社区建设之中，开展全面的地方建设运动，由此加快经济和社会发展。1957年之后，联合国将实施重点转向发达国家，主要是美国和英国，试图以此解决工业化、城市化带来的各种社会问题。经过联合国就社区发展理论和实践在世界各地举办的多场研讨会，以及发布的《社区发展与国家发展》《都市地区中的社区发展与社会福利》《社区发展与经济发展》等报告，社区发展理论成为广泛影响当代社会的重要理论。

与此相应，西方学术界提出关于"社区治理"的概念，是指在一定的地域范围内，由政府与社区自治组织、非营利非政府组织，辖区单位以及社区居民共同管理社区公共事务，推进持续发展的活动。相关理论研究大体可分为两种范式："效能主义"侧重引入市场、社会等多元力量资源，弥补现有行政治理环节的缺陷，以提升政府的行政能力；"中心主体论"

则纠结分析和比较政府、市场、社会的关系和各自的优劣势，以决定选择哪一主体作为进行社会治理工作的中心。[①]

在传染病等的冲击与考验下，西方社区治理模式凸显出固有的缺陷，面临诸多困境，以致走向失控：社区应急响应小组应对乏力，志愿者无法进行有效管控，社区董事会也难以与政府实行联防联控。这反映出新公共管理、新自由主义改革等运动所倡导的"社会中心论"治理模式过于偏重社会在多层次、多中心治理网络中弥补政府职能的作用，产生细分效应下的碎片化倾向，必然会削弱社会的治理效能。

（三）法治理论

作为一种法律理论和实践的法治是世界上特别是西方各民族在漫长历史中将生存过程中权利与权力的张力以及法律思想与社会实践的互动不断积累而形成的。法治理论可上溯至古希腊。柏拉图晚年正视理想国贤人政治的不现实性，一改法律从属于美德的看法，而在《政治家》《法律篇》等书中提出了法治的必要性，认为人类必须有法律且遵守法律，否则他们的生活将像野兽一样；实行法治，遵守法律是一个国家兴亡荣衰的关键，这使法律的神圣性、权威性得以凸显，现实国家的法律维度、法治原则得以确立，成为法哲学史上的重大转折点，从此，法治成为社会的基本向度。[②]亚里士多德在此基础上将法治理论进一步深化，认为法律是人类生活尤其文明生活的核心，法律是城邦的安全保障，人只有通过法律才能成为善良的人，一旦脱离了法律和公正，就会堕落成最恶劣的动物，因此人类应始终树立法律至高无上的权威性，服从法律，敬畏法律；在法律文化史上最先明确了法治的含义，即已成立的法律获得普遍的服从，而大家服从的法律又应该是本身制定得良好的法律；强调法律是最优良的统治者，法

---

①赵亚珠等：《基于"共建、共治、共享"理念下城乡社区治理理论逻辑与创新路径》，载《榆林学院学报》2021年第5期。

②沈夏珠：《柏拉图政治价值理论》，载《南京社会科学》2017年第3期。

治是社会最有效最佳的治国方式。[①]

法治文明也是罗马文明的重要组成部分，罗马法在罗马人的日常生活、观念、感情、行动、制度中均构成中心要素。罗马法学家除了辅助制定完备的法律，还借助自然法、理性、正义等观念来说明法律的本质并强调法律的权威性、功效性、普遍性，有力推动了法治理论的发展与进步。西塞罗认为，事实上，罗马人的生活最终并不依赖皇帝或罗马统治者的任性，而是依赖法庭的正义；盖尤斯等人强调用法律来规范权力的运作，权力要从属于法律，即便是身为最高行政长官的执政者，也有服从法律的义务，必须以法律为依据，行使法律所授予的权力，不能随意凌驾法律之上。[②]

西方近现代资产阶级法治理论受到古希腊、古罗马法治思想和法治模式的深远影响和启迪，是对其的继承、发展、变革、创新。文艺复兴以来，随着资本主义市场经济、政治体制、社会组织制度的产生与形成，及自由主义、人文主义、理性主义思潮的蓬勃发展，法治理念与理性、自由、平等、正义、权利等一起得到广泛传播，成为社会价值观念体系的核心，极大推动了法治理论的制度化。英国的霍布斯、哈林顿、洛克、戴雪等思想家论证和发展了法治理论。18世纪启蒙运动中，法国思想家在洛克政治哲学等的基础上，探索社会秩序、社会制度的合法性来源和基础，人的权利的法理根据及保障救济机制，提出的种种构想丰富和发展了法治理论，如作为法律社会学和比较法学重要奠基人的孟德斯鸠在《论法的精神》中建构了现代法治理论和模式的基本原则。在美国，潘恩、杰斐逊、亚当斯、汉密尔顿等政治家和思想家将英法古典自然法学派的法治思想深入运用在建国治国实践中。此外，荷兰的格劳秀斯，意大利的贝卡利亚，

---

①程燎原：《现实与理想：亚里士多德法治政体思想的二重展开》，载《政治法学研究》2017年第1期。

②朱飞，胡思越：《西方古典法治理论的起源》，载《九江学院学报》（社会科学版）2013年第2期。

德国的康德、费希特、黑格尔等均对近代法治理论做过探索和贡献。[①]

19世纪中期以来，随着法学流派的多元化，法治思想在新自然法学派、社会学法学派、新分析实证法学派、现实主义法学派、人类学法学、经济分析法学、综合法学等各派学者所提出的新思想、新理念的推动下进一步丰富。

（四）开放式社会创新理论等现代理论

以开放式社会创新为代表的与治理有关的现代创新理论也起源于西方发达国家。在社会创新的基本要素、依据、主要参数以及实践模式、路径等方面，现代创新理论具有一定合理成分，在一定程度上拓宽了我国经济社会创新的思路，影响着我国社会治理创新实践。但应注意其理论预设、经验前提等与我国情境的不同。当前我国借鉴形成的相关理论与实践在共同体建设上实现了多元主体协作，在格局上带动了社会创新进程，在价值主张上体现了人民至上，然而仍面临分析层次及主体类型多样性对于研究框架系统性等带来的挑战，有待于结合我国基层实践具体案例的实证研究、通过理论范式转型、以交叉学科研究方法、侧重问题导向，进行总结提炼和挖掘探寻。[②]

二、我国古代和近代的社会治理思想

我国古代优秀传统文化中关于治理的思想或观点是新时代中国特色社会主义社会治理理论重要的思想源泉。虽然其为奴隶制或封建制统治服务的本质决定了其固有局限，但其合理部分凝结了独有的智慧，在当今时代对于社会治理仍不失启发作用。首先是儒家思想中的合理成分，包括倡导"仁政""德治"，强调道德教化的治理效果，启示我们运用道德约束来

[①] 裴洪辉：《法治理念的生成逻辑》，载《河南财经政法大学学报》2022年第4期。

[②] 孙蕊，王少洪：《共建共治共享开放式社会创新的理论与实践》，载《内蒙古社会科学》2022年第1期。

引导人们行为、维持社会秩序。其次是法家思想中的合理要素，主张实行严峻的法律制度，通过严厉威慑和惩罚不法行为来维护社会稳定，给当前的法治提供了很大启发。最后是道家思想中一些合理的内容，如"道法自然""无为而治"，隐含着尊重科学规律、减少不当干预、顺应民心民意等良好的治理方法，可供今天借鉴。[1]

此外，近代中国一些与治理有关的思想或理论对于新时代社会治理理论也有深远影响。例如，首先，戊戌变法运动所体现的治理实践探索，以及康有为、梁启超、汪康年等代表人物的政治思想，对中国近代乃至现代的政治制度都具有一定借鉴意义，打破窠臼、创新图强的意识深入人心，制度转型和变革层出不穷。[2]其次，20世纪40年代，费孝通、吴晗等学者提出的乡土社会理论开辟了立足基本国情进行社会科学研究和治理实践探索的道路，时至今日，虽然社会结构、社会关系、经济总量、科技水平等条件已经发生巨大变化，但从本土资源和情况出发的基本点没有变，在此基础上适当参考或利用世界范围的思想理论及现实物质手段，进行有中国特色的现代化国家建设和治理。[3]

三、马克思主义的社会治理思想

马克思主义的社会治理思想为新时代中国社会治理理论提供了思想核心、基本方向和本质保障。马克思主义的市民社会理论与其他社会学理论进行比较后显示：马克思不仅关注市民社会构成的共同体，更关注组成共同体的个体的权利和价值，更多地体现出人文主义关怀。其中包含着社会并非对立于个体而是个体交往的产物、个体的现实需求既促进个人发展又

①丁元竹：《构建中国特色基层社会治理新格局：实践、理论和政策逻辑》，载《行政管理改革》2021年第11期。
②谢冬慧：《戊戌变法的近代影响及当下思考》，载《常州大学学报》（社会科学版）2021年第2期。
③王小章：《"乡土中国"的现代出路》，载《探索与争鸣》2021年第9期。

构成共同体发展的基本动力等思想精华。马克思主义人民主体论的思想更是要求一切治理活动以人民的利益为出发点。因而马克思社会治理理论对于社会主义社会治理而言更具有契合性和优势，有力地启示了中国共产党社会治理理论的形成和完善，为我国的社会治理实践奠定了思想理论基础，使之充分关注社会治理共同体中人民个体的需求和状态。

四、我国新时代社会治理理论

中国特色社会主义社会治理理论需要将上述思想理论以及其他各种可资借鉴和利用的因素都合理地吸收进来加以本土化和现代化，从我们的实际条件、问题和需要出发，构建社会治理方面的中国理论。

这些借鉴要素中，最主要的是治理理论：在社会主义建设的新时代，当政治体制改革、市场经济转型、社会力量发展等带来复杂而全新的治理需要时，恰逢西方治理理论自21世纪初引入我国，给相关理论、执政话语及治理实践提供了很大启迪，促使单纯由国家权力管理或统治的理念逐渐转向由政府与社会力量协作共同治理的理念。国际上其他相关理论或思想[1]，以及信息化、智能化科技发展等影响治理模式的物质手段因素[2]也都不同程度地起到了启示借鉴作用。

而应当坚守的本土要素除了当前特殊国情、优秀传统文化等之外，主要还有以下方面：首先，坚持党的领导。毫无疑问，"党领导一切"的原则适用于社会治理，这样才能充分彰显中国特色社会主义治理制度的优势，确保其顺利转化为治理效能。[3] 其次，坚持政府统筹负责。这也是我

---

[1]刘晨光：《超越西方"宪政"话语——兼论中国特色社会主义法治理论的要义》，载《科学社会主义》（双月刊）2021年第3期。

[2]叶静漪，李少文：《新时代中国社会治理法治化的理论创新》，载《中外法学》2021年第4期。

[3]杨新红，姚桓：《党领导基层社会治理：理论溯源与创新路径》，载《新疆社会科学》2021年第4期。

国政治制度的一个特点和优势，社会治理过程由政府起主导、统筹作用，人民群众、社会组织等社会主体进行协助、参与。① 最后，共建共治共享的基层治理创新实践。近年来，各地不断探索创新多种多样的基层治理方式，推进基层治理体制改革，以丰富的经验积累为新时代中国特色社会主义社会治理理论提供直观的实践基础。②

在上述多种因素影响下形成的我国新时代本土化社会治理理论较有代表性的有下列几种：

（一）中国特色社会主义法治理论

以我国特殊国情下具体生动的社会主义法治实践为基础，坚守马克思主义法学基本原理指明的方向，站在中国特色社会主义的全局和战略高度，紧密结合普遍性的政治科学理论尤其马克思主义法治理论，汲取中华法律文化之精华，借鉴而不照搬国外法治有益的经验和理念，对各种因素进行当代化、现实化、中国化的创造性转换，形成中国特色社会主义法治理论，给法治中国建设的学理和实践提供科学合理的总结、分析、定位、布局。

中国特色社会主义法治理论以全面依法治国作为核心；以国家、党和人民的安全作为主旨；以"坚持党对全面依法治国的领导""坚持以人民为中心""总体国家安全观"等作为基本原则和理念，为法治建设确立方向和目标；以"法治中国建设""平安中国建设"作为国家治理发展的重要战略和路径。③

在将法治理论应用于社会治理领域的过程中，进一步形成并丰富了社

---

①蔡宝刚：《聚焦社会：社会主体参与社会治理的法治观照》，载《求是学刊》2021年第6期。

②马文祥，江源：《新时代中国社会治理理论的三重逻辑：思想、理论、现实》，载《石河子大学学报》（哲学社会科学版）2022年第1期。

③张炜达，郭朔宁：《社会治理法治化：生成逻辑、价值意蕴与中国方案》，载《西北大学学报》（哲学社会科学版）2022年第3期。

会治理法治理论，作为中国特色社会主义法治理论的有机组成部分，有力地指引着社会治理实践。其内容主要包括把坚持党的全面领导、保障和改善民生、实行治安综合治理、完善多层次多领域治理、推进新技术新手段运用等社会治理重要方面和环节均纳入法治轨道加以制度化。特别应为多元社会治理格局提供法治保障和赋权，通过法律手段明确公民、社会组织、基层群众自治组织等社会主体在社会治理中的角色地位、权利义务及具体程序，以引导其参与，规范其管理，促使其更好地发挥作用。[1]把法治思维与确定性、自组织、自下而上等多角度思维相互结合是完善新时代社会治理的重要路径，具体可通过下沉基层法治单元、深化德治法治契合等举措，有针对性地解决实践问题，推进理论探讨。[2]

（二）共建共治共享社会治理理论

在立足基本国情、把握发展趋势的基础上，借鉴并超越西方治理、社区等理论，创新推行共建共治共享的社会治理政策及制度，形成共建共治共享社会治理理论并不断加以检验和完善。

近年来，在政策宣示及制度制定上，我国提出要坚持和完善共建共治共享的社会治理制度，建设人人有责、人人尽责、人人享有的社会治理共同体；在治理实践中，针对之前党委、政府的领导统筹作用始终得到强调而其他社会主体参与动力不足的现状，各地都在积极探索各种有效促进多元主体参与协作治理的做法模式，在共建共治共享理论发展上，相应地不断演进。

共建共治共享社会治理理论与此前的相关理论相比，特别强调从过程、手段、目标等维度发挥多元主体的共性，使政府、社会组织、市场力量、公民等主体整合形成一个共生式的社会治理共同体，共同实现最佳的社会治理效果。其目标宗旨是更好地满足人民的社会治理需求。其将各类治理主体

---

① 裴洪辉：《法治理念的生成逻辑》，载《河南财经政法大学学报》2022年第4期。

② 万瑀：《法治思维下的共建共治共享社会治理路径研究》，载《产业与科技论坛》2021年第22期。

的权能、职责、利益有机统一起来并同时运转和顺利实现，使社会（社区）得到均衡全面的发展。当前应注重在中国特色社会主义建设新时代的新起点上进一步培育社会治理中的公共性："共建"方面，通过强化核心和重点来建构公共性主体；"共治"方面，通过制度和文化建设来加强公共性建制；"共享"方面，通过普惠和纵深推进来提升公共性效能。[①]

（三）社会治理现代化理论

现代化始终是我国国家发展的重要目标之一，而我国国家战略意义上的现代化含义不断演变，随着经济社会的发展而日益丰富，当前已经从"四个现代化"（工业现代化、农业现代化、国防现代化、科学技术现代化）、经济现代化拓展到国家治理现代化，因此，社会治理现代化成为现代化的题中应有之义。

政策战略上，我国先是提出"两个一百年"奋斗目标，后来主要从经济现代化层面强调小康社会目标，同时指出制度和民主建设等任务，之后从经济、政治、文化、社会、生态文明等方面具体提出了全面建成小康社会的任务，直至正式将推进国家治理体系和治理能力现代化纳入全面深化改革的总目标。在执政党的政策方针指导下，社会治理现代化的制度和措施不断探索和完善，推动社会治理现代化的实践日益丰富多彩、理论逐渐形成并发展。

我国社会治理现代化理论的基本内容涉及现代社会治理体制、格局、领域、手段等方面。它以社会和谐、社会活力、国家安全为最终目标，以人民平等广泛参与、制度成型有效、厉行法治等为主要特征和价值，以公共安全、社会治安、纠纷调处、基层治理体制改革等为主要领域。[②]当前尤其以社区自治模式创新为发展重点，以数字化、信息化、智能化为最新手

---

① 张潇梦：《共建共治共享：新时代社会治理共同体的公共性建构及其价值辨梳》，载《广西社会主义学院学报》2021年第4期。

② 徐汉明：《中国式社会治理现代化的科学内涵》，载《中国社会科学报》2023－02－21第005版。

段，为在社会主要矛盾、需求、条件等随时衍化的背景下不断完善社会治理体系提供有益的理论参考和指引。[①]

第三节　社会治理的功能与地位

一、社会治理的功能

当今时代，社会治理除了在主体上变得多元化，包含政府及其部门、基层党组织、居民自治组织、城乡居民；在方式上与时俱进，从传统的权谋到信息化、网络化、智能化的高新技术手段，如导航、监控、健康码等；在客体上也日益多样化，从人与人之间的关系到人与自然的和谐共处，从保障社区群众美好生活到承担社会稳定平安等工作。[②]由此而言，现代社会治理主要发挥以下几方面功能：

（一）维护特定的社会秩序

有效的社会治理有助于维护特定的社会秩序。社会秩序是中外历代政治思想和实践一直十分重视的内容，我国古代思想家即用"治"来表示社会的有序状态，用"乱"来表示社会的无序状态；英国近代哲学家霍布斯在解释社会秩序的起源时提出"社会契约论"，设想独立的个人为摆脱各自为战的混乱状态而相互缔结契约，从而形成社会秩序；孔德等人在社会学创立之初要研究解决的主要问题就是社会秩序问题。无论在哪个国家、哪一时期，治理的基本目标概莫能外都是实现国家政府所希望达到的社会秩序，它一般

---

①苗宇飞，杜永波：《新时代中国社会治理理论的创新》，载《黑河学院学报》2021年第3期。

②李君如：《"智慧中国"的社会治理》，载《人民论坛》2020年第29期。

是指动态有序和谐平衡的社会状态，主要体现在以下方面：特定社会结构形成并保持相对稳定，即所有社会成员都被纳入特定社会关系体系，置于某种明确设定的社会地位；特定社会规范得到普遍遵守，即制定反映特定需要的社会规范，并使其得以广泛执行；无序和冲突被适当地加以控制，即对于不可避免出现的冲突和无序现象能够控制在一定的范围之内，等等。社会秩序需要整个社会共同维护与执行，在原始社会主要通过自发形成的风俗习惯由全体成员自愿维持，在阶级社会主要凭借国家权力、强制手段使所有成员必须维护。从所涉领域来看，社会秩序可以分为经济秩序、政治秩序、劳动秩序、伦理道德、社会日常生活秩序等方面，各自包含相应的社会关系内容，由于所属时代、经济发展阶段、意识形态、文化、民族、宗教等因素的不同，各国通过社会治理所追求实现和侧重维护的社会秩序也有所差别。

（二）促进整体经济发展

良好的社会治理可促进整体经济发展。首先，顺畅社会治理呈现的效果，为经济发展提供适宜的社会环境。通过拓宽社会治理渠道、加强组织建设，充分利用现代化信息手段广泛收集、深入分析并尽力满足社会需求等方式，结合政府职能从管理型向服务型的转变，以及社区、企业和民众在法律允许的领域和范围内对自己的事务进行的自治，为促进经济发展营造有利的社会氛围；使所有的社会主体都享有平等发展的机会和公平竞争的环境，用优良的政治环境、法律环境、经济环境、社会环境等软环境为市场经营者的发展需求集聚资源、吸纳要素，使其以良性的自由竞争搞好微观经济建设，"做大蛋糕"，创造更多经济价值，实现共同繁荣[1]；并且通过在治理过程中充分倾听各类主体的利益诉求，维护各种合理利益需要，及时协调利益关系，避免或解决各种社会矛盾，"分好蛋糕"，实现社会财富的公平合理分配。

---

①王珺：《市域社会治理现代化视角下服务型政府的法治化》，载《南京大学学报》2021年第6期。

其次，调动广大主体的积极性。现代化社会治理的特征之一就是吸引多元类型的社会主体广泛深入参与治理，其由此提供的更多、更平等的参与社会生活的机会，以及良好社会治理所形成的繁荣稳定社会形势下更多的受教育、创业、交流合作等机会，能够充分调动各类主体的积极性，发挥其主观能动性，最大限度地增强经济社会发展的活力，在此基础上转化为更大工作效能和更多客观价值。

最后，创造新的经济增长极。现代社会治理日益形成的多元治理格局，尤其精细化社会治理趋势推动产生的专业化治理分工可以给经济社会发展带来新的增长极。在科学技术发展日新月异，网络化、信息化、智能化日益渗透社会生活的背景下，社会治理涉及的众多事务也日益精微、尖端、复杂、专业，不仅可以通过外向辐射而带动整个社会经济发展，而且其本身内部产生了很多工作岗位、需求等，成为所在国家和地区重要的经济增长极。

（三）增进民生福祉

良好的社会治理能够广泛增进民生福祉。社会在根本上是由个体组成的，说到底，社会治理是对于无数个体的治理，社会治理的目标和效果也应是为无数个体服务。精细化、现代化的社会治理能够切实增进个体民众在人身和财产安全、卫生健康、就业创业、基本福利、公平机会、充分个人发展、美好生态环境等方面的权益和福祉，使民众普遍获得当前社会所能给予的最大幸福。随着时代的进步，社会生产力的发展，民众教育水平、经济收入、价值观念等的变化，民众的需求日益变得多元、流动、多层次。除了基本生活需求的满足，民众的社会需求不断向更高阶次演进，对于更好生活品质、更多安全保障、更高精神满足、更美生态环境、更丰富文化享受等产生了越来越多的需求。完善的社会治理可以使社会各项事业蓬勃发展，社会财富极大增加，同时以公正的机会和利益分配以及冲突解决来实现个体福利的公平和最大化。[①]

①杨仁忠，张诗博：《社会治理共同体的公共性意蕴及其重要意义》，载《河南师范大学学报》（哲学社会科学版）2021年第1期。

在中国，小康社会的全面建成集中体现了社会治理增进民生福祉的功能。为实现中国人民从两千多年前在《诗经》《礼记》等篇章中描绘的理想社会状态到近代以后不屈不挠奋斗所追求小康美好生活的千年夙愿，中华人民共和国成立以来，党团结带领人民进行社会主义革命和建设，为小康社会提供了根本政治前提和制度、物质基础以及安全保证；改革开放新时代，持续推进各项建设，实现了人民生活从温饱不足到总体小康的历史性跨越；进入新时代，在"五位一体""四个全面"布局下，推进全面建成小康社会目标，着力解决贫困、污染、风险等重点问题，不断增强人民群众的获得感、幸福感、安全感，在建党100周年之际取得全面建成小康社会的历史性成就。中国的全面小康意味着政治文明、物质文明、精神文明、社会文明、生态文明协调发展；不断满足人民日益增长的多样化、多层次、多方面需求，促进人的全面发展；国家富强、民族振兴、人民幸福，全体人民共同享有发展成果。①

社会治理的这些功能作为科学规律同样适用于我国区域性经济社会发展重要目标之一的东北振兴，包括其中的吉林振兴。应努力探索完善社会治理的理论基础和实践路径，使吉林省的社会治理在新时代新形势下充分发挥维护社会秩序、促进经济发展、增进民生福祉等应有的良好功能，最大化致力于吉林乃至东北的全面振兴、全方位振兴。

二、社会治理的地位

对于现代化国家（及地方）的治理而言，尤其在我国当前社会主义建设新时代，社会治理占据着日益重要的战略地位。

（一）执政党施政方针重要部分

近年来，施政方针中越来越重视社会治理，将其作为不可或缺、所占

---

① 《中国的全面小康》，http：//www.gov.cn/zhengce/2021-09/28/content_5639778.htm.

比重逐步增加的重要组成部分，并且对于社会治理所提出的纲领性要求越来越有针对性、系统性并走向精细化、现代化。2004年通过《中共中央关于加强党的执政能力建设的决定》，首次提出要"不断提高构建社会主义和谐社会的能力"，要求"深入研究社会管理规律，完善社会管理体系和政策法规，整合社会管理资源，建立健全党委领导、政府负责、社会协同、公众参与的社会管理格局"。2012年提出"要围绕构建中国特色社会主义社会管理体系，加快形成党委领导、政府负责、社会协同、公众参与、法治保障的社会管理体制"。2017年提出要"完善党委领导、政府负责、社会协同、公众参与、法治保障的社会治理体制"，强调要"提高社会治理社会化、法治化、智能化、专业化水平"。2019年通过了《中共中央关于坚持和完善中国特色社会主义制度、推进国家治理体系和治理能力现代化若干重大问题的决定》，全面明确"必须加强和创新社会治理，完善党委领导、政府负责、民主协商、社会协同、公众参与、法治保障、科技支撑的社会治理体系"。

（二）政府工作规划专门内容

作为代表国家执掌治理权力的政府，在其系列各级、各领域工作规划中，逐步以更多篇幅对于社会治理的相关事项做出详尽、细致的规定，使政治过程的实际推进更好地实现社会治理最新目标。从国家国民经济和社会发展第十个五年计划纲要涵盖"依法治国，建设社会主义法治国家""加强生态建设，保护和治理环境"等相关内容①开始，第十一个五年规划纲要中与社会治理有关的内容更加丰富，包括"加强公共安全建设""完善社会管理体制""建设社会主义新农村""加快发展服务业""促进城镇化健康发展""加大环境保护力度""强化资源管理"

---

① 《中华人民共和国国民经济和社会发展第十个五年计划纲要》，http：//www.gov.cn/gongbao/content/2001/content_60699.htm.

等①，第十二个五年规划纲要进一步拓展，直接关涉社会建设的内容整整占据两篇（"改善民生，建立健全基本公共服务体系"和"标本兼治，加强和创新社会管理"），也就是说，社会管理部分单列一篇。此外，还有"加强水利和防灾减灾体系建设"等其他篇章在广义上也与治理相关②，第十三个五年规划纲要更加精确，直接关系社会建设的部分仍占据两大篇（"提高民生保障水平"和"加强和创新社会治理"），也即社会治理单列一篇，还有"强化信息安全保障"等篇章与社会治理广义相关③，到第十四个五年规划和2035年远景目标纲要更加完善和精细，除第十四篇"增进民生福祉，提升共建共治共享水平"是专门关于社会治理的内容之外，"提高数字政府建设水平""提升政府经济治理能力""提高社会文明程度""全面提高公共安全保障能力""维护社会稳定和安全""全面推进依法治国"等篇章均从不同角度或方面涉及社会治理。④

（三）地方发展关键环节

社会治理通过为地方的发展和安全奠定稳固的秩序基础、塑造良好的社会环境，构成了地方发展的关键环节。而东北地区作为我国重要的工业和农业基地，在维护国家国防、粮食、生态、能源、产业等安全方面具有十分重要的战略地位，影响着国家安全和发展大局，尤其在当前社会主义建设阶段，面临与东南沿海经济发达地区存在一定差距带来的变革、发展的压力和挑战，东北振兴不仅关乎国家经济发展的总体水平，而且关系东

①《中华人民共和国国民经济和社会发展第十一个五年规划纲要》，http://www.gov.cn/gongbao/content/2006/content_268766.htm.

②《国民经济和社会发展第十二个五年规划纲要（全文）》，http://www.gov.cn/zhuanti/2011-03/16/content_2623428_17.htm.

③《中华人民共和国国民经济和社会发展第十三个五年规划纲要》，http://www.gov.cn/xinwen/2016-03/17/content_5054992.htm.

④《中华人民共和国国民经济和社会发展第十四个五年规划和2035年远景目标纲要》，http://www.gov.cn/xinwen/2021-03/13/content_5592681.htm.

北地区全体人民的获得感、幸福感、安全感。因此，社会治理同样构成了东北振兴中的关键一环。经过治理方面的不懈努力，近年来，东北地区经济运行逐步企稳，营商环境进一步优化，结构调整扎实推进，粮食综合生产能力显著提高，基础设施不断完善，社会事业较快发展，人民生活水平不断提升，呈现出和谐平安、智慧高效的社会治理局面，推动东北全面振兴取得了积极进展。最近，国家发改委同有关部门和东北三省一区制定发布的《东北全面振兴"十四五"实施方案》①等系列规范性文件出台，致力于指导推动"十四五"时期东北振兴取得新突破，也都包含社会治理方面的目标和要求。

考虑到上述各方面背景，从思想意识上深刻认识社会治理的重要地位，并通过系统梳理已有成效经验、分析短板不足、借鉴良好先行做法，在肯定成就的基础上提出完善的对策，以供进一步加强吉林省的社会治理，助力吉林全面振兴、全方位振兴，进而为实现整体的东北振兴做出应有的贡献，甚至对其他省区发挥样板和带动作用，更具有格外重要的理论和实践价值，以及区域和时代意义。

第四节　社会治理的现实意义

我国坚持走中国特色社会主义社会治理之路，完善中国特色社会主义社会治理体系，确保人民安居乐业、社会安定有序、国家长治久安。②对于吉林省而言，社会治理具有重要的现实意义。

---

① 《国家发展改革委有关负责同志就〈东北全面振兴"十四五"实施方案〉答记者问》，http：//www.gov.cn/zhengce/2021-10-22/content_5644223.htm.

② 《确保人民安居乐业、社会安定有序、国家长治久安》，人民网—人民日报，http：//politics.people.com.cn/n1/2021/0521/c1001-32109165.html.

一、确保吉林人民安居乐业

在现实中，社会治理具有保障人民根本福祉的作用。创新和加强社会治理是要从广大人民群众的根本利益出发，努力解决与群众切身相关的利益问题，以及合理合法的利益诉求。通过实行有利于吉林人民群众维护切身利益的重要制度，发挥法律在化解纠纷、维护公正中的权威作用，公平对待并有效维护群众权益，切实增强人民群众的获得感、幸福感、安全感。应切实保证安全、维护稳定，做好就业、教育、社会保障、医药卫生、食品安全、安全生产、社会治安、住房市场调控等各方面工作。持续改善基本民生并促进合理分配，不断巩固社会和谐稳定的物质基础，从源头上预防和化解不安定因素。在吉林省社会治理过程中坚持人民主体地位，践行以人民为中心的发展理念，通过更好地满足吉林省人民对社会治理的多样化需求，畅通群众表达诉求的渠道，调整复杂的社会利益关系，使改革开放和良好社会治理的红利更多地惠及全体人民，给广大吉林人民群众带来更多的便利、温暖、平安、幸福。

二、保持吉林社会安定有序

在现实中，社会治理还具有维持特定社会秩序的作用。合理适当的社会治理可确保吉林社会既充满活力，又和谐有序。社会治理是一门科学，管得太死或管得太松都不适宜，要深入分析和准确判断当前世情、国情、省情、党情，从国家和地方实际出发，遵循治理规律，把握时代特征，加强和创新社会治理，更好地解决吉林社会出现的各种问题，确保社会既充满活力，又和谐有序。面对复杂多变的国际形势和艰巨繁重的国内、省内改革发展稳定任务，应居安思危，增强忧患意识、风险意识、责任意识，按照系统综合等理念、共建共享等原则，通过体制机制上的合理设计，更好地进行吉林省社会治理，全面做好改革发展稳定各项工作，着力解决经济社会发展中的突出矛盾和问题，有效防范应对各种潜在叠加风险，努力实现吉林省经济社会发展预期目标，处理好活力和秩序的关系，努力保持吉林社会和谐有序、生气勃勃。

三、建设更高水平的平安吉林

在现实中，社会治理还具有维护公共及国家、地方安全的作用。安全是老百姓解决温饱后的第一需求，是极为重要的民生，也是最基本的发展环境。安全对于国家以及地方而言同样重要。增强忧患意识、居安思危是治党治国必须始终坚持的一个重大原则，我们党要巩固执政地位，团结带领人民坚持和发展中国特色社会主义，保证国家安全是头等大事。[①]以总体国家安全观为指导，通过加强预防和化解矛盾机制，妥善处理人民内部矛盾，健全公共安全体系，完善社会治安防控体系，能有效地确保公共和总体国家的安全。近年来，党坚持一手抓保安全、护稳定，一手抓打基础、谋长远，不断创新社会治理的理念思路、体制机制、方法手段，着力从源头上预防和减少影响社会和谐稳定的问题发生，使广大人民群众的安全感不断增强，特别是近几年大力推动平安中国建设，社会治安形势持续向好。基层社会治理的社区联防联控、群防群治也展现出了巨大的效能和潜力，一天内就能组织完成数百万人次核酸检测，有效阻断病毒传播。国际知名的盖洛普咨询公司2020年《全球最安全国家榜单》上，中国高居第3位，是前10个国家中唯一人口过亿的大国。在平安中国建设的框架下，平安吉林建设正在逐步推进，不断迈向更高水平，时刻确保吉林社会安定和谐的大好形势。

四、增强整个社会的凝聚力

在现实中，社会治理还可以加强凝聚作用。国家正在着力推进社会治理的系统化、科学化、智能化、法治化，利用对社会运行及治理规律的深刻认识、先进理念以及随之而来的科学方法、专业手段、精细标准等，借

---

① 《在中央国家安全委员会第一次会议上的讲话》，载《人民日报》2014年4月16日第1版。

助法律制度的固化作用，全面增强社会治理效能，提升对各类风险危机的预警预防能力。在树立法治思维的同时，适当发挥德治作用，两者紧密结合，从而更好地发挥规范人们行为、调节群体关系、维护社会秩序的治理作用，使法律的实施得到道德支撑，道德的养成受益于法律震慑，使法律成为道德的外在，道德变成法律的内化，协同配合进行良好治理。[①] 在这些方针原则之下对吉林省社会治理事业的指引和领导体现了执政党的责任与担当，吉林省应进一步加强党建引领社会治理，通过基层党组织和广大党员推动践行，打通党同群众联结的"最后一公里"，使党总揽全局的政治优势与政府的资源整合优势、企业的市场竞争优势、社会组织的群众动员优势结合起来，真正转化为强大的社会治理效能[②]，从而进一步增强党对吉林人民的号召力，包括吉林省内各少数民族在内所有民族的中华民族共同体意识的向心力，以及整个吉林社会的凝聚力。

---

① 李辉卫：《法安天下　德润人心》，http：//theory.people.com.cn/n1/2017/0816/c40531-29473773.html.

② 杨朝晖：《加强和创新社会治理　建设更高水平的平安中国》，载《人民政协报》2021年10月19日第012版。

第二章

东北振兴以来吉林社会治理的沿革与发展

第一节 从社会管理向社会治理转变（2003—2006年）

随着国家振兴东北老工业基地政策的实施，吉林省的改革步伐深入推进，不同群体的利益呈现出不同的变化趋势。为避免利益调整引发的社会矛盾，维护社会稳定，吉林省加快社会管理制度创新和资源优化，建立健全党委领导、政府负责、社会参与的社会治理格局，在不断发展变化的过程中，逐步形成了具有阶段性特征的社会治理模式。经过近二十年的演变，已逐步建立起社会治理体系的基本框架，形成较为成熟的社会治理机制。

2002年，党提出全面建设小康社会的阶段性奋斗目标。2003年，中共中央、国务院发布《关于实施东北地区等老工业基地振兴战略的若干意见》，吉林省的改革步伐向纵深迈进，现代化进程加快，传统的社会管理模式与复杂、多样、动态的社会环境之间不相适应的问题日渐突出。继明确要求"加强和创新社会管理，推动社会主义和谐社会建设"之后，《中共中央关于全面深化改革若干重大问题的决定》首次提出"创新社会治理体制"。从"治理"到"管理"的一字之差，体现了系统治理、依法治理、源头治理、综合施策。吉林省随之加快了从社会管理向社会治理的转变，以提升社会治理的能力和水平，逐步实现社会治理体制的制度化，建立起社会治理体制的基本框架，城市社区自治体系初步发展，社会组织大量涌现，社会治理各项机制逐步形成。

一、实现微观管理向宏观主导的转变

吉林省积极探索现代社会治理体系建设，加强政府自身建设，改进政府治理方式，推动行政效能不断提升。

（一）进一步简政放权

最大限度减少地方政府对微观事务的管理，扩大直接面向基层的行政审批范围，基层更方便管理的经济社会事项一律下放基层。

1. 实施行政审批制度改革

为深化行政管理体制改革，促进政府职能转变，2001年开始对"不符合政企分开和政事分开原则、妨碍市场开放和公平竞争以及实际上难以发挥有效作用的行政审批，坚决予以取消；可以用市场机制代替的行政审批，通过市场机制运作。对于确须保留的行政审批，要建立健全监督制约机制，做到审批程序严密、审批环节减少、审批效率明显提高，行政审批责任追究制得到严格执行"①。认真贯彻实施《行政许可法》，取消行政许可项目，废止不适应社会主义市场经济要求的政府规章和规范性文件，以2004年、2005年为例，取消的行政许可项目分别占省级自行设定行政许可项目总数的91.7%②和91.9%③。

---

① 《吉林省行政审批制度改革工作实施方案》，2022-05-02，http：//law. lawtime.cn/d435576440670.html.

② 《吉林省2005年政府工作报告》，district.ce.cn/newarea/roll/201203/23/ t20120323_23184049.shtml.

③ 《吉林省2006年政府工作报告》，district.ce.cn/newarea/roll/201203/23/ t20120323_23183263.shtml.

2. 实行行政审批权相对集中改革

吉林省政府政务大厅于2002年开始运行，46个部门设立服务窗口，896个行政审批项目进入，实现"一厅式"集中受理和办理，实行审批内容、法律依据、办理程序、办事条件、承诺时限、收费标准公开制度，为社会公众提供优质、规范、快捷的服务，截至2006年，所有入住政务大厅的部门成立行政审批办公室，通过授权启用"行政审批专用章"[①]，大大提高了行政效率、服务质量，保证了审批的公正、公开、透明。截至2006年底，全省已建成政务大厅46个，成为集行政审批等职能为一体的政府服务群众、服务社会的公共平台[②]；对省政府政务大厅各窗口单位行政审批情况进行检查评估，评估结果在政务大厅公布，接受监督、受理投诉，及时调查处理群众反映的问题，随时公布调查处理情况。

行政审批权限集中改革数年间显现系列成效：一是以行政审批权限相对集中改革为契机，大力推进政府职能转变，把工作的重点和热点从过去以行政审批为主转变为规划、研究、制定政策和加强监督检查。二是以规范行政审批行为为目标，推动行政审批模式发生转变。各服务环节在政务大厅形成一条龙，从根本上解决了"前收后审""前店后厂"等问题，减少了部门审批分散带来的不便。三是通过加强政务大厅服务窗口建设，树立服务型政府新形象。四是行政审批监督制度的建立促进了党风廉政建设。

3. 深入实行"扩权强县"

2005年，吉林省政府决定扩大县市的经济和社会管理权限，在吉林省政府网站上公布向县（市）下放经济社会管理权限的决定和省直部门向县市下放经济社会管理权限项目目录，打破了以往上级向下级"放权"采取逐级渡让权力的传统做法，省级部门绕开市级部门，直接"放权"给县

---

① 《吉林创建务实高效服务型政府》，http://news.cctv.com/china/20070715/100295.shtml.

② 《吉林创建务实高效服务型政府》，http://news.cctv.com/china/20070715/100295.shtml.

级政府行政部门；权限全部下放并完成对接，县（市）完成对接率达到83％，充分赋予了现实更大的自由发展空间，为县（市）经济社会发展提供了良好环境，有效地促进了县（市）经济的快速发展。

通过不断深化扩权强县改革，加快了转型升级，构建起经济强县的产业支撑体系；通过全面实施的"五大工程"，以机制创新推动了民营经济实现突破性发展；通过加快生产要素市场化改革，深入探索破解要素瓶颈制约；通过深化城镇化配套制度改革，推动试点市向中等城市跨越；通过省直管县体制改革，县域经济发展活力得以成功释放。

（二）进一步加快机构改革

1. 加快市、县政府机构改革

从2002年起，积极稳妥地进行了市（州）、县（市、区）及乡镇机构改革，撤并市县政府的自定机构和"翻牌局"；进一步扩大县级政府社会管理和经济管理权限，合理配置县级政府与上级政府的事权和财权，积极探索省直管县的体制；市级政府要下放属于县级政府的管理权限，县级政府要下放属于乡镇政府的管理权限；清理各级的行政审批项目，该取消的取消，该下放的下放，保留下来的行政审批项目和收费项目要全部面向社会公布；加强对政务大厅运行的管理，按照行政审批规范化、制度化的要求，制定和完善配套制度和规定，规范行政审批程序和行政审批行为，确保行政审批工作的规范运行和公平、公正、便民、利民。2004—2006年，吉林省在乡镇机构改革方面有突破性进展，共撤并291个乡镇，减少1874个乡镇领导职数。①

2. 深入省直行政类事业单位改革

省直各部门围绕优化资源配置、完善布局结构、聚集高层次人才，加大所属事业单位机构编制精简整合力度；进一步修改完善事业单位人事制

①《吉林乡镇大撤并》，《中国青年报》2006年7月26日，zqb.cyol.com/content/2006-07/26/content_1458546.htm.

度改革的相关配套文件；确立了事业单位岗位设置的科学合理、精简高效、动态管理原则，实现了事业单位人事管理由身份管理向岗位管理的转变，进一步规范了事业单位的岗位设置；省直事业单位人事制度改革已进入实施阶段，已经完成人员聘用工作的单位要与受聘人员签订聘用合同，并进行合同鉴证；开展全省事业单位人事制度改革试点工作；探索事业单位分类管理与改革的办法和途径。

吉林省省直行政类事业单位改革取得了显著成效，一方面从严梳理了行政职能，对省直行政类事业单位进行精心梳理，根据相关法律法规等认定依据，做到应改尽改；将省本级完全、主要和部分承担行政职能的事业单位列为改革范畴，将其承担的行政决策、行政监督、行政许可、行政裁决等行政职能全部划归机关；对行政执法事业单位行政职能全面清理，推进综合执法改革。另一方面从严明确改革路径，按照只转职能不转机构、转为部门内设机构、单独设置为行政机构、调整优化四条路径，做到量体裁衣，从严选择符合单位实际情况的改革路径。此外，可以从严规范机构调整，做到名实相符。为防止出现行政职能仅做表面回归，明确主管部门不得再将行政权力下放给事业单位，不再新设承担行政职能的事业单位；对剥离行政职能后的事业单位，重新梳理职责任务，加大整合力度，按"撤多建少"原则进行调整，减少机构数量。

（三）调整完善对县（市）专项转移支付制度

吉林省围绕充分调动县（市）发展经济的积极性、主动性和创造性，从财政管理体制、财政转移支付等方面建立激励机制，实行优惠政策[①]，激励县（市）加快发展经济，增加财政收入，改善人民生活；从2005年下半年开始实行省管县的财政体制（不包括延边州），在财政收支划分、转移支付、专项拨款、预算资金调度、政府债务管理等方面，省直接对县

---

① 《吉林省从2005年7月1日起改革 由省直管县财政》，http://www.prcfe.com/web/meyw/2005-06/27/content_226634.htm.

（市），调整财政分配关系，实行激励性转移支付制度，并逐步加大对县（市）的财政转移支付力度，每年增加1个百分点，连续支持五年。

经过一段时间的推进，完善了一般性转移支付制度，建立起一般性转移支付体系，逐步将一般性转移支付中属于省委托事权或省与市县共同事权的项目转列专项转移支付；建立了一般性转移支付稳定增长机制，通过存量调整和增量倾斜，加大一般性转移支付规模并提高比例，增加对财政困难市县的一般性转移支付；规范了一般性转移支付资金分配使用，充分考虑不同地区经济基础等特殊情况，客观真实地反映各市县间的支出成本差异，建立财政转移支付同农业转移人口市民化挂钩机制，增强市县提供基本公共服务的能力。

（四）强化政府服务职能

1. 实行责任清单

印发年度省政府重点工作目标责任表，按照职责分工，将重点工作目标进一步分解、细化，以利于切实抓好落实；为促进省政府工作部门认真落实年度重点工作目标，履行工作职责，提高行政效能，2007年出台政府工作部门绩效评估实施办法，采取定量评估与定性评估、领导评估与社会评价、平时评估与年终评估、跟踪评估与察访核实相结合的方式，对省政府确定的75项重点工作、部门围绕服务经济建设社会发展大局履职尽责和机关自身建设、专项资金使用三个方面进行评估考核。

政府责任清单涵盖政府权力运行的各个方面，构成了有机整体，有效避免了政府自身改革的"碎片化"倾向。行政审批事项目录清单和行政权力清单着眼规范权力运行，对政府该做什么做出明确界定，做到法无授权不可为；责任清单着眼解决政府部门职责交叉、推诿扯皮、不作为、不敢担当等问题，明确管理服务责任，做到法定责任必须为；负面清单明确不该干什么，做到法无禁止皆可为。

2. 加强服务型政府建设

2005年，吉林省提出了加强服务型政府机关建设的总体目标：按照以市场和企业为社会主体的要求，切实把服务作为政府机关履行职责、行使职能的起点，通过更新行政理念、改革行政体制、转变政府职能、创新管理方式，使政府治理模式由管制型向服务型转变。将政府职能逐步转到经济调节、市场监管、社会管理和公共服务上来，形成行为规范、运转协调、公正透明、廉洁高效的行政管理体制[1]，提出了九项任务，使政府治理模式由管制型向服务型转变[2]，全省服务型政府建设随之全面展开，并取得了明显成效：一是破除官本位、权力本位等陈旧观念，破除注重部门利益、地方保护等错误的管理思维方式，坚持以人为本、执政为民，坚持正确的政绩观和权力观；二是理顺政府职能，进一步改革政府机构，使政府组织机构更加合理、科学、高效；三是创新管理方式，进一步深化行政审批制度改革，严格控制审批事项，各有关部门不擅自设立和变相设立行政审批项目；四是按照行政执法与经济利益脱钩、与责任挂钩的原则，理顺行政执法体制，规范行政执法主体，明晰行政机关执法的职责权限；五是加快政风转变，进一步完善科学化、民主化、规范化的决策程序，对涉及群众切身利益的决策，充分听取群众的意见和建议；六是推行"阳光政务"，坚持以公开为原则、以不公开为例外，进一步扩大政务公开覆盖面；七是发展公共服务，寓社会管理于公共服务之中，健全社会保障制度。

3. 推行政风行风民主评议

自2004年以来，为积极推进服务型、法治型、责任型政府建设，为经济发展创造良好的软环境，构建和谐社会，吉林省采取"统一部署、四级联动、分级负责、议下评上"的方式，围绕经济发展的软环境、人民群众

---

[1]《吉林省人民政府关于加强服务型政府机关建设的意见》，吉政发〔2005〕20号，drc.changchun.gov.cn/zcfg/200512/t20051219_1289872.html.

[2]《吉林省人民政府关于加强服务型政府机关建设的意见》，吉政发〔2005〕20号，drc.changchun.gov.cn/zcfg/200512/t20051219_1289872.html.

关注的热点难点问题进行评估。在此基础上，聘请监督员扎实开展政风行风民主评议。评议政风行风采取"双评"的新方式，优差一起评，有力地促进了政风行风持续向好。

二、实现由单一管理向多元治理的转变

强调打造党委和政府管理，社会组织、社区单位、企业、公民等多元主体协同的治理体系，积极探索由单一管理转变为多元治理。

（一）推动社会组织协同治理

早在2001年，吉林省在全国率先制定了"十五"时期社会团体发展规划，将社会组织纳入了社会发展整体规划，推动社会组织承接政府转移功能，全省社会组织进入了培育发展与监督管理并重的新阶段。2002年以后，进一步规范社会团体的行为，加强对社会团体的管理，确保社会团体健康发展，更好地为社会稳定和经济发展服务。

（二）培育各类行业协会

为了充分发挥行业协会在基层社会治理中的积极参与作用，按照中央关于培育和发展行业协会精神，全省各级民政部门积极培育发展各级各类行业协会，行业协会快速发展，规范水平不断提高，其职能与作用日渐凸显，社会影响力日益扩大；为进一步规范和引导行业协会加强和完善行业规范、行业自律和行业管理，充分发挥行业协会的作用，有效服务社会。2005年，吉林省银行同业协会等41个行业协会被确立为全省行业协会示范单位。为进一步增强行业自律，2004年，全省多行业签署了行业自律公约，开通吉林省"互联网违法和不良信息举报网站"，公众可以通过该网站举报省内互联网的违法和不良行为。

（三）健全城市社区居民自治组织

在全国范围内其他各地城市社区居民自治组织改革发展的趋势推动

下，吉林省从2002年4月正式开始建设新型社区，将原有的5794个居委会整合为1439个社区[1]，全省城市社区居民自治组织初步建立。之后以各种务实举措不断推动全省城市社区居民自治组织的发展和完善，2006年，政府出资开发公益性就业岗位，充分实现救助保障服务，同时以市场化运作方式吸引服务实体加盟社区服务，仅朝阳区社区服务中心的加盟商总数就达到1147个。[2]

（四）加快现代企业制度建设

为了以科学合理的现代企业制度激发经济发展活力，吉林省采取多种措施促进改制企业规范管理和加快发展。按照"产权清晰、权责明确、政企分开、科学管理"的现代企业制度要求，吉林省大多数企业集团逐步建立了以资本为纽带的母子公司制度和企业法人治理结构，各项管理制度和运行机制日趋规范，建立现代企业制度成效显著，如改制企业体制创新优势得以充分发挥、经营机制得到转换、法人治理结构建设得到加强、企业得到依法规范和管理。

（五）创新国企改革吉林模式

在国家振兴东北老工业基地过程中，吉林省积极配合国有工业企业改革攻坚战，省内国有企业分离办社会职能工作取得新进展；完成了一汽集团和北车集团所属办社会职能机构移交协议签署工作；挖掘财政潜力，全力组织、支持和推进地方政府接收省属企业办社会职能机构；在清查资产、债务、人员，制订改革预案的基础上，出台了涉及改革成本、妥善处理职工劳动关系、鼓励域外资本和民营资本参与等7个方面的政策及多条补充政策，为期两年的吉林省国企改革攻坚战创造了国企改革吉林模式，走出了老工业基地的振兴新路。

---

① 《吉林和谐社区初露风采》，载《光明日报》2007年1月3日。
② 《吉林和谐社区初露风采》，载《光明日报》2007年1月3日。

三、实现由行政介入向法治服务的转变

不断创新政府治理理念，强化法治意识和服务意识，把管理融入服务，以服务促进管理，逐步实现由行政介入转变为法治服务。

（一）依法全面履行政府职能

为适应经济振兴和各项社会事业发展的需要，对各级政府及所属部门提出按照合法行政、合理行政、程序正当、高效便民、诚实守信、权责一致的基本要求，吉林省对行政行为加以严格规范，推进依法行政和法治政府建设；不断完善政府管理机制，创新政府管理模式，建立健全行政决策机制；基本实现全省政企、政事分开，政府职能基本到位；全省各级政府普遍建立起高效便捷、成本低廉的防范、化解社会矛盾的运行机制，社会矛盾得到有效的防范和化解；全省各级行政机关的行政权力与责任统一；全省各级政府内部的层级监督和专门监督制度全部建立健全起来；全省各级行政机关的工作人员特别是领导干部依法行政的能力明显增强，能够自觉运用法律手段管理经济、文化和社会事务，处理各种社会矛盾。

（二）强化执法责任制

责任是确保规则得以落实的最有效保障。为了明确行政执法责任，强化行政执法监督，保证法律、法规及规章的全面、正确实施，促进行政执法机关及其行政执法人员严格依法行政，吉林省陆续出台相关规定，明晰行政执法责任制，在对行政执法机关职责、行政执法人员行为、行政执法责任制监督与考核等加以严格规定的同时，依法界定执法职责，就建立行政执法责任制度、健全行政执法评议考核制度加以制度性规定。加强依法行政考核和行政执法检查，通过考评依法行政的组织领导、行政立法和制定规范性文件、行政决策、履行管理职责、行政执法责任制、执法队伍建设等内容，极大提高全省依法行政水平。

（三）推动社会各方参与行政决策

决策智力支撑体系的职能与作用得到充分发挥，一方面，调整完善了省政府决策智力支撑体系，推进政府决策科学化、民主化、法治化。2004年，由具有较高学术成就、较强实践能力的专家学者和实际工作者组成的省委决策咨询委员会成立，主要任务是对全省改革、发展、稳定工作中的重大方针政策问题进行咨询论证，对全省经济社会发展战略和中长期规划提供咨询意见，对全省政治文明和精神文明建设中的重大问题进行咨询论证，围绕中心工作，对重大决策实施情况和经济社会发展中存在的突出问题进行调查研究，提出决策建议，等等；另一方面，不断创新政府行政方式，建立健全了公众参与、专家论证和政府决定相结合的行政决策机制。明确"地方立法应当充分发扬民主，广泛听取各方面意见，保障人民通过多种途径参与地方立法活动"，提高地方立法质量；积极探索新型公共参与模式的构建，提高公共参与政府行政决策的民主性、科学性。

（四）落实纠错问责制

为进一步确保行政责任落实，全省按照构建教育、制度、监督并重的惩治和预防腐败体系的要求，坚持标本兼治、重在治本，惩防并举、注重预防的方针，大力加强行政管理方面的纠错问责制度建设，认真解决关系人民群众切身利益的热点难点问题。着重建立健全行政问责制度，建立行政执法责任制和行政过错责任追究制度，健全社会公示、听证制度，完善民主决策机制和政府绩效评估制度。

（五）规范和促进志愿服务

2006年开始施行《吉林省志愿服务条例》，有效推动全省的志愿服务事业，使志愿服务活动更加规范，志愿者及其组织的合法权益得到保障，志愿服务成为社会风尚；同时加快志愿服务社会化、制度化进程，成立省志愿服务联合会，吸收全省各地相继成立的志愿者协会，覆盖到最基层；确定每年5月最后一周为全省志愿服务活动宣传周，其中星期六为全省志愿服务日。

四、实现由事后处置向源头治理的转变

面对始终存在的社会管理风险，注重从事后处置持续前移治理关口。把工作重心从治标转向治本，从事后救急转向源头化解。

（一）强化司法行政基层建设

基层司法行政机关是司法体系及法治建设的最底层基础和第一道堡垒，为加强司法行政基层建设，吉林省积极解决和落实司法所机构、编制、经费、津贴、职级等问题，将司法行政基层建设列入全省"十一五"规划，切实确保经费和司法所基本办公条件，解决长期制约司法行政基层建设的瓶颈问题，保障各项司法行政事务良好进行。

（二）完善矛盾纠纷联合调处体系

公平有效的矛盾纠纷调处机制是社会关系和谐稳定必不可少的要素，按照"围绕稳定抓调解，化解矛盾保平安"的思路，吉林省积极探索司法所与公安派出所联合调处矛盾纠纷的新路子，通过建立联合调处机制，形成了调解的合力；构建起联合调处网络，动态把握调处重点；明确界定联合调处职责，确保落实，更好地维护社会稳定。

（三）构建社会治安防控网络

按"打防结合，预防为主"的方针，建立以指挥中心为主导、以派出所为基础、以治安专业巡逻队为依托、以其他警种为补充、以保安群防为辅助的网络化社会治安防控体系。实施派出所勤务制度改革，全面推行社区警务战略，把防控重点转向社区，有效遏制可防性案件；在城区防控取得良好效果的同时，在农村开展"村防工程"，加强农村社会治安防控，形成了以公安机关为主、群众性治安巡防为辅的防控体系，实现了社会治安持续稳定，群众的安全感明显增强。

（四）进一步畅通信访渠道

针对新时期的信访特点，不断创新方式，完善信访工作长效机制，收到较好效果，如全省普遍推广了信访听证、律师援助信访工作，保障了人民群众民主权利的有效行使；依托政务专网建立了信访信息系统，探索网上信访工作，被国家信访局确定为全国网上信访工作试点单位；确定了办理群众网上信件工作规则，注重维护信访秩序；把信访工作纳入领导干部和公务员考核体系的实施办法，实行严格的责任追究制度，并将信访部门作为培养后备干部的基地；实行信访问题首办负责制；实施法律援助和律师参与制度。

（五）推进信用体系建设

政府高度重视信用体系建设，扎实做好顶层设计，确立全省社会信用体系建设组织协调机构，成立吉林省信用建设领导小组，组建独立的信用监督管理办公室，建立社会信用体系建设联席会议制度。出台信用法规制度，2006年在全国率先制定实行社会信用体系建设"十一五"规划；实施信用分类监管，提高监管效率；探索部门间信息共享，推动联合征信建设。构建信用信息共享平台，"信用吉林网"有序囊括政策法规、行业信用体系建设、信用信息公开查询、数据征集、双公示记录、失信黑名单、奖惩信息等系列信息。逐步拓展行业征信体系，建立社会信用自律组织，2004年8月，吉林省社会信用体系建设促进会成立。

第二节　和谐社会与社会治理初步探索（2007—2011年）

为构建和谐社会，着重变革原有的政府管理社会的一元化社会治理模式，推动建立以政府管理为主导、社会各部门各群体参与、公众自我约束的多元化社会治理结构，不断探索治理体系和治理能力现代化。

一、推进法治政府建设和依法行政

吉林省高度重视推进依法行政和法治政府建设工作，以增强依法行政的意识和能力、推动科学民主决策、提高制度建设质量、规范行政权力运行为重点，大力推进体制和机制创新，采取了一系列有效措施全面提高依法行政水平，不断增强政府的公信力和执行力，为经济社会发展提供了有力的法治保障。

（一）加强立法及法规审查

为了进一步明确行政治理的法律依据，吉林省围绕政府中心工作和群众关注的热点难点问题确定立法项目，积极开展创制性立法；完成国务院法制办、省人大关于法律、法规征求意见稿；开展规章和规范性文件备案审查工作；各地、各部门在制发规范性文件时，也都注重发挥法制机构等主体的审核把关作用，提高加强审查的自觉性，积极开展实践行动；持续开展地方性法规、规章和规范性文件清理工作。

（二）进一步推动政府职能转变

第一，深入清理和规范行政权力。2010年，对51个部门、838项审批项目进行了全面清理，最终确认保留中省直部门审批项目比原来减少了15.9%；2011年，在全省各级行政机关开展清理和规范行政权力工作，建立制约有效的权力运行机制、从严治政的法治机制。通过清理和规范行政权力，在全省各级行政机关建立"结构合理、配置科学、程序严密、制约有效的权力运行机制，立党为公、执政为民、办事简便、行政高效的服务机制，依法行政、廉洁从政、科学执政、从严治政的法制机制，政令畅通、有令必行、令行禁止、执行有力的执行机制，依靠群众、相信群众、贴近群众、民意上达的反馈机制，有诉必应、有案必查、有错必纠、有责必问的监督惩戒机制"①。

第二，进一步减少和下放行政审批权限。2008年，在前两次减少和下放行政审批权限的基础上，进一步减少和下放行政审批权限和年审年检项目各50%以上，同时加强对全省减少和下放行政审批项目落实情况的监督，提高了简政放权的含金量，审批与监管的突出矛盾得到有效解决，进一步推动了政务服务均衡发展，助力优化吉林省营商环境。

（三）推进政务公开、便捷和规范

严格落实并全面实行政务公开。一是大力推进重点领域政务公开，围绕经济社会发展中心任务，做好在投资企业的全程服务和投资者生产经营过程中的政策兑现及相关服务工作，大力改善发展软环境。二是大力推进与群众关心的热点问题有关的政务公开，做好政府信息公开、公共企事业单位办事公开，有效避免因信息不公开、行政不透明而引起的侵害群众利益、影响社会稳定事件的发生。三是深化行政审批权相对集中改革，切实转变政府职能，深入开展行政审批流程再造，全面推行首办负责制、并联审批制和向办事群众发放明白卡制度，提升服务效率。四是建立健全重大决策的听证公示制度，加大行政处罚、行政征收、行政强制等的公开力度，推动行政权力公开透明运行。五是健全和完善载体建设，大力推行社会听证、专家咨询等政务公开形式，推进行政审批电子监察系统建设等。

加强各级政务服务平台建设管理，全省共设立140个政务大厅，启动运行48个政务大厅行政审批电子监察系统，全省80%以上的行政审批事项通过政务大厅公开办理；全省各级行政机关建立门户网站1467个，降低了行政成本，提高了行政效率。加强监督考核，在多年开展依法行政考核的基础上，重点对依法履行职责、规范行政行为、强化行政监督等方面进行考核，进一步引导推动依法行政。

---

① 《吉林省清理和规范行政权力工作实施方案》，https://www.cnki.com.cn/Article/CJFDTOTAL-JLZB201115006.htm.

（四）进一步规范行政执法行为

全省33个市（县）及经济开发区开展了相对集中的行政处罚权工作，从体制上解决了城市管理多头重复执法的问题；全省9个市（州）政府和大部分县（市、区）政府建立了行政执法案卷评查制度，促进了行政执法行为的规范；全省绝大多数行政机关按照省政府要求，建立和完善了行政处罚自由裁量权制度，并对行政处罚自由裁量权进行了细化、量化，有效减少了行政权力的滥用，促进了严格执法、公正执法和文明执法；省政府进行了大规模的行政执法检查和依法行政考评，涉及260个市、县政府和部门；各地、各部门开展"行政执法热点追踪"活动，查处和纠正了一批社会反映比较强烈的热点案件。

二、深入开展平安吉林建设

吉林省一直站在经济社会发展全局的高度，大力推进平安吉林建设，全省形成了平安吉林建设的浓厚氛围。

（一）加强社会治安防控体系建设

2008年出台《吉林省社会治安综合治理条例》，全省把社会治安防控体系建设作为工作的重中之重，打造街面防控、社区防控、单位内部防控、视频监控、虚拟社会防控、区域警务协作"六张防控网"；加强群防群治队伍建设，全省群防群治队伍达到27万人；加大对公安机关"三基"建设的投入，有效提高了装备水平和快速反应能力；实施"平安之声"万村联防互助网工程，覆盖全省除边境村屯以外的所有村屯，在农村"两个文明"建设中发挥了重要作用；推进全省城市视频监控系统建设，在金融单位、大型商场、交通要道、重点目标、复杂场所等布设视频监控系统，并逐步向农村延伸，截至2011年底，已建县级以上公安监控中心89个、视频监控点22万多个[①]，成为社会治安管理的"天网工程"。

（二）深入推进社会治安整治行动

全省政法机关集中整治社会治安重点部位和突出问题，有效地遏制了各种锋芒性犯罪，社会治安的总体形势稳中向好。吉林省公安机关大力整合社会资源，着力提升公安机关社会管理效能，2007—2009年，吉林省群众安全感满意度一直保持在92%以上；2009年，深入推进社会治安整治行动，各地以侵财犯罪、刑事犯罪为主攻目标，以系列犯罪、团伙犯罪和流窜犯罪为打击重点，组织开展了"打黑除恶""命案攻坚"、打击"假发票、假币"犯罪专项行动，以及禁毒等一系列破案攻坚会战，有效遏制了刑事犯罪的高发势头；2011年，组织开展了集中惩治和预防黑恶势力犯罪、多发性侵财犯罪、涉众型经济犯罪、危害食品药品安全犯罪、跨国犯罪专项行动；全省"清网行动"撤网率达到90.94%，受到公安部通令嘉奖；建立以跨区域协作为重点的打击犯罪新机制，推进刑事技术、技术侦查和网侦技术建设，提升精确打击能力，进一步提高群众安全感满意度；加强边境管控，整合党政军警民各种资源，坚持"五位一体"、富民兴边、爱民固边、合力治边、外交睦边，全省三分之二边境村屯实现零发案，维护了边境的稳定和安全。

（三）重视社会矛盾纠纷排查化解

吉林省高度重视社会矛盾纠纷排查化解，在治理过程中，始终把排查化解矛盾纠纷作为一项突出且重要的工作任务。通过建立健全矛盾纠纷排查工作制度、推广"N+1"矛盾纠纷排查调处工作模式，各地依托综治工作中心，搭建排查化解矛盾纠纷工作平台，建立人民调解、行政调解、司法调解相结合的"三调联动"机制，有效地排查、预防和化解了大量的社会矛盾纠纷。

---

① 《吉林省深入开展平安吉林建设》，载《吉林日报》2012年4月27日。

（四）加大信访积案化解力度

第一，推广预约下访制度。2007年，通过创新信访工作方式，针对上访群众中有很大一部分生活比较困难，长期上访严重影响到群众正常生产生活的实际情况，推广预约下访制度，并推广到全省，切实方便了人民群众依法控告申诉，有效就地解决涉警信访问题。

第二，全方位排查解决棚户区改造信访问题。遵循"属地管理、分级负责""谁主管、谁负责"的原则，针对棚户区改造信访工作防纠纷解矛盾开展全方位排查，2006年大规模棚户区改造过程中的上访数量创历年来最低，部分地区实现零上访，全省建设系统信访形势呈现信访总量、集体访数量、非正常上访数量明显下降，群体性事件明显减少的局面。

第三，实行信访专项救助机制。2008年，在全国率先建立了信访专项救助机制，从财政中拨出专门经费，通过规范经费的投入、使用和管理，明确救助原则、救助对象和救助标准，使有限的资金发挥了最大功效，有效解决了部分无从调查处理的疑难案件和部分上访困难群众的生活问题。

第四，开展各类与信访相关的专项活动。通过推进农村经济发展和社会和谐稳定、推行"千名律师解千难"法律服务活动、集中开展清理化解涉诉信访积案专项活动等，有力有效地保障了社会稳定、经济发展、群众安居乐业。

三、牢固维护公共安全

（一）推进安全生产形势持续向好

吉林省高度重视安全生产工作，各地区、各部门深入开展了安全生产执法、治理和宣传教育行动，全面加强了安全生产法制体制机制、安全保障能力和监管队伍建设；通过严格落实生产经营单位安全生产主体责任，突出加强监管，深入开展隐患排查治理和重点行业（领域）安全整治，严格安全问责制度，加强组织协调，推进安全生产综合治理，安全生产工作取得积极进展，各地区安全生产形势持续向好，生产安全事故总量和死亡人数逐年下降，2010年比2005年分别下降58%和45.1%[①]，连续六年实现了"双下降"。

（二）强化防灾减灾救灾工作

吉林省将"居安思危，有备无患"作为应急管理的根本原则，坚持预防与处置并重、常态与非常态相结合，强化防灾减灾和应急管理工作，明确省应急委员会职责，完善工作制度，应急管理水平持续不断提高。[②]同时，进一步完善基层应急队伍体系建设[③]，各类突发事件得到有效处置。2009年，扎实有序有效开展甲型H1N1流感防治；全力以赴抗击2010年历史罕见的洪涝灾害，夺取了抗洪抢险救灾和恢复重建的重大胜利；积极应对日本福岛核泄漏环境应急事件，有效维护环境安全及群众生命财产安全。[④]

（三）加强食品药品安全监管

吉林省按照"党政同责，一岗双责，齐抓共管"的要求，牢固树立"安全无小事，隐患就是事故"的责任意识，强化底线思维，明晰责任，强化措施，逐级细化任务分工，严防各类安全事故的发生。2011年，在全省县级以上政府全部独立设置食品安全委员会办公室，以食品安全大检查、大排查、大整改为载体，组织开展11项专项整治，完成为期两年的药

---

①《吉林省安全生产"十二五"规划》，https://www.qianzhan.com/regieconomy/detail/198/20120706-e8eeb457d8e143c0.html.

②《吉林省应急委员会工作规则（试行）》，www.law-lib.com/law/law_view.asp?id=341124#:~:text=.

③《吉林省人民政府办公厅关于加强基层应急队伍建设的实施意见》，吉政办发〔2010〕12号，xxgk.jl.gov.cn/szf/gkml/201812/t20181205_5348309.html.

④《2012年吉林省人民政府工作报告》，www.jl.gov.cn/zw/jcxxgk/gzbg/szfgzbg/201411/t20141119_6625520.html.

品安全整治任务，食品药品安全保障能力进一步增强[①]；深入开展食品药品安全集中整治和打击制售假冒伪劣商品专项行动，切实保护知识产权[②]；针对2010年发生的严重汛情，部署抗灾期间食品药品安全监管工作，保证全省人民群众汛期饮食用药安全。

（四）以"强基富民固边"工程促进边境繁荣

2011年，吉林省将"强基富民固边"作为一项系统工程进行设计，确定边境地区未来五年在基础设施建设、合力强边固防等七个方面的发展目标[③]，进一步加强民族团结，维护国家安全，确保边疆巩固安宁；针对边境地区驻军和民兵预备役部队特点，积极组织动员现役官兵和民兵预备役人员投身边境地区经济建设，促进边境地区的繁荣和边防稳定。经过努力，边境地区经济社会发展有较大进步，地区生产总值、财政收入年均增长速度高于全省平均水平，城乡居民收入达到全省平均水平，特色优势产业初具规模，对外开放实现新突破，基础设施和公共服务明显改善，基层基础建设取得新进展，边境地区更加和谐安宁，全面建成小康社会的基础更加坚实，各族群众的生活更加美好。[④]

---

① 《2012年吉林省人民政府工作报告》，www.jl.gov.cn/zw/jcxxgk/gzbg/szfgzbg/201411/t20141119_6625520.html.

② 《2011年吉林省人民政府工作报告》，www.jl.gov.cn/zw/jcxxgk/gzbg/szfgzbg/201411/t20141119_6625521.html.

③ 《中共吉林省委吉林省人民政府关于实施"强基富民固边"工程支持边境地区加快发展的意见》，htmps://www.gov.cn/gzdt/2011-06/03/content_1876251.htm.

④ 《吉林：强化基础设施建设 推进"富民固边"工程》，http://www.gov.cn/gzdt/2011-06/03/content_1876251.htm.

四、加强基层社会治理

（一）抓好基层基础建设

在全省加强了基层组织建设，实施了农村基层组织建设"三项工程"、城市社区基层组织建设"五有一创"工程和创先争优活动"三帮扶"工作，增强了基层组织领导和管理社会的能力；政法机关推进审判、检察、公安工作下沉，在基层筑起了维护社会平安稳定的防线；综合治理部门进一步完善了全省基层社会治安综合治理机构，形成了协调各方、综合治理的良好局面；全省在乡镇、街道普遍建立了综合治理维稳工作中心或社会服务管理中心，实行"N+1"工作模式，统筹解决处理基层涉稳方面的问题，使大量的矛盾纠纷化解在基层和萌芽状态；截至2011年底，全省建立"百姓说事点"9696个、人民调解组织15019个，专兼职调解人员5000多人①；在全省组织开展了覆盖社会各个单元的平安家庭，平安乡镇、街道，平安村屯、社区，平安市场，平安校园等24项基层平安创建活动，形成了纵横交织、全面覆盖的平安建设网络，涌现出一批无案件、无犯罪、无事故、无邪教的基层单位；2011年，全省群众安全感达到91.54%，同比增长0.66个百分点；2010年，吉林省的社会治安综合治理工作进入全国优秀行列。②

（二）加强特殊人群服务管理

重点加强了实有人口服务管理、特殊人群服务管理、"两新组织"管理服务、互联网虚拟社会建设管理，以及社会矛盾化解、社会治安管理等专项工作，并且取得了明显成效；白山市"绿色家园"建设经验被中国关工委推广，在全省推行；到2011年，全省已经建立刑释解教人员"彩虹基

---

① 《"百姓说事点"真给大家办实事》，载《光明日报》2012年1月14日。
② 《吉林省深入开展平安吉林建设》，载《吉林日报》2012年4月27日。

地"233家，安置过渡性就业人员4952人，安置率为84%，帮教率为98%，重新犯罪率仅为0.29%。[①]

（三）激发社会组织活力

1. 培育和发展社会组织

吉林省始终站在强化社会建设的高度，十分重视社会组织的培育和发展，坚持把发挥社会组织的作用作为加强社会管理的重要内容，相继出台了加强社会团体管理的十几个政策法规，社会组织在吉林省得以蓬勃且规范的发展，截至2008年底，吉林省社会组织共16569个，其中，法人社会团体5094个、民办非企业单位3015个、社区社团3668个、农村专业经济协会4768个、基金会24个。

2. 创新社会工作开展模式

第一，实行联席会议制度。2011年5月正式建立，通过经常性的例会，加强沟通，共同研究，协调落实社会工作发展。各市（州）、县（市、区）也都建立了由人才办协调落实、民政部门具体负责、相关部门积极参与的工作机制。从社工人才培养、使用、评价、激励等环节入手，加快社会工作专业化、职业化发展进程。[②]2011年，在全国首开先河启动"双百千万"人才计划——万名社会工作人员培养计划，围绕培养、开发、使用、激励等环节，加大工作力度，开发岗位，建立基地，明确责任，扎实推进。

第二，确定发展路径。结合吉林省实际，以"立足民政、由内而外，先行先试；依托社区、城乡并重，逐步拓展"作为发展的基本思路，并提出了推进社会工作实务的三个试点流程，即民政事业单位、城乡社区、民办社工机构，受到民政部的肯定，并转发全国各地借鉴。

第三，开展试点探索。以民政部确定的首批长春市朝阳区、第二批吉林市丰满区和延吉市北山街道试点城区为示范，在全省开展了试点探索；

---

① 《彩虹桥怎样铺设回家路》，载《人民日报》2013年2月1日。
② 《吉林省社会工作专业人才发展规划（2011—2015）》。

长春市探索了"政府+协会+高校"的社会工作推进模式，吉林市探索了"以社工协会为引导，依托社区构建社工网络，立足民政事业单位提升转换、项目带动"的社会工作推进模式，延吉市以北山街道为重点，探索了立足体现民族特点的社会工作的做法等；在全省开展了社会工作服务示范创建活动，指导各地创建了一批示范样板；2个地区、6个社区和1个单位被民政部确定为首批全国社会工作服务示范地区、社区和单位，起到了积极的示范引领作用。

第四，强化宣传动员。从2011年开始连续六年开展社会工作主题宣传日活动；发挥榜样带动作用，将全国社区社会工作者模范谭竹青的命名纪念日确定为长春市社会工作宣传日；大力宣传"社区工作者楷模"——长春市宽城区长山街道花园社区党委书记、居委会主任吴亚琴先进事迹，推动社会工作在全省社区广泛传播。

（四）加强城乡社区建设

第一，明确目标。为加快吉林省城乡社区建设，促进社会和谐稳定，2010年12月提出"到2015年，实现城乡社区组织全覆盖，基础设施全覆盖；全省90%以上市辖区的城市社区、70%以上县（市）的城市社区建设成为管理有序、服务完善、文明祥和、环境优美的社会生活共同体"①的工作目标。

第二，探索试点。自2007年以来，吉林省开始实施农村社区建设试点，将农村社区建设纳入吉林省富民和城乡社区建设专项工作，纳入当地经济社会发展总体规划，之后被列为部门绩效考核内容。

（五）重视基层法治创建活动

针对农业大省的实际，吉林省将区域法治创建工作的重头戏放在县

---

① 《吉林省人民政府关于加强城乡社区建设工作的意见》，吉政发［2010］37号，xxgk.jl.gov.cn/szf/gkml/201812/t20181205_5349685.html.

（市、区），积极开展法治县（市、区）、法治城市创建活动，深入开展"民主法治示范村"创建活动，大力开展"模范法治乡（镇）"创建活动，积极推进法治先进县（市、区）、法治城市创建工作，扎实开展"法治创建年"活动，即以村（居）为基础，以乡（镇、街）为依托，以县（市、区）为龙头，全面开展依法治理，并在此基础上，开展民主法治示范村，法治示范乡（镇、街），法治先进县（市、区）创建活动，在条件成熟的市（州）开展法治城市创建活动，形成"联创联治"格局，进而全面开展各层次、各领域的创建活动。

第三节　社会治理体系基本建立（2012—2016年）

随着国家振兴东北老工业基地政策的实施，吉林省的改革步伐开始深入，加快制度创新，优化管理资源，推进行政体制改革和服务型政府建设，明确政府在经济调控、市场监管、社会治理和公共服务等方面的职能，探索城市社区服务制度化和非营利组织发展，初步形成党委领导、政府负责、社会协同、公众参与的社会治理体系和格局。

一、持续推进法治政府建设

吉林省高度重视法治政府建设，积极推动主体责任落实，加快建设职能科学、权责法定、执法严明、公开公正、廉洁高效、守法诚信的法治政府。

（一）以指标体系加强激励

为给法治政府建设工作提供客观合理的评价标准和实践参考，从2014

年起，吉林省逐步确立和完善法治政府建设指标体系[①]，用于规范行政执法行为，创新行政管理方式，加强政府自身建设，进一步提高全省各级行政机关及其工作人员特别是领导干部依法行政的意识和能力；省内各地区、各部门以指标体系为准绳，逐项细化责任分工，积极贯彻落实法治政府建设各项指标。

（二）深入推进依法行政

第一，明确目标。《吉林省2011—2015年依法行政规划》明确了"政府机关工作人员依法行政的意识和能力明显提高，政府行政决策机制不断完善，立法质量进一步提高，规范性文件监督管理制度充分建立并得到有效实施，行政执法水平明显提高，对行政行为的监督得到强化，行政复议能力进一步加强"[②]规划目标。

第二，夯实基础。县级以上政府全部建成政务大厅，省本级重大项目办理承诺时间缩短50%以上；作为国家8个试点省市之一，全面启动绩效管理，行政管理效能得到提升；坚持问题导向、民意优先，推动吉林省简政放权、放管结合、转变政府职能工作向纵深发展[③]，切实激发市场活力，增强发展动力。

（三）不断深化政务公开

第一，规范推进政府信息公开工作。按《中华人民共和国政府信息公

---

①《吉林省人民政府关于印发吉林省法治政府建设指标体系的通知》，吉政发〔2014〕26号，www.changchun.gov.cn/zw_33994/xxgk/gkzl/cczhengbao/2014n/d07qzb_1980/szfwj_1982/201702/t20170215_1615297.html.

②《吉林省2011—2015年依法行政规划》，https://www.cnki.com.cn/Article/CJFDTOTAL-JLZB201120006.htm.

③《吉林省人民政府2015年推进简政放权放管结合转变政府职能工作方案》，xxgk.jl.gov.cn/szf/gkml/201812/t20181205_5349838.html.

开条例》要求，通过规范和深化主动公开工作、依法依规做好依申请公开工作、强化信息公开保密审查和信息解读工作，推进行政审批信息、财政预算决算和"三公"经费、保障性安居工程建设与分配和退出信息、食品药品安全信息、环境保护信息、安全生产信息、价格和收费信息、征地拆迁信息、以教育为重点的公共企事业单位信息的公开。[①]

第二，加大公共资源配置信息公开的力度。持续下大力气推进省本级行政权力运行信息公开，将省政府保留的近4000项行政职权整理成权力清单并公开发布，对财政资金所有支出细化到项级科目进行公开。

第三，不断扩大公众参与。充分发挥社会公众的监督作用，通过社会监督，促进政府有效施政，健全政务"五公开"工作机制，切实发挥政府网站和新闻媒体的平台作用，推行"互联网+政务"[②]。

（四）完善政务服务平台

加强各级各类政务服务平台建设。打造全省统一的"一张网"政务云平台，实现互联网与电子政务外网接入。至2016年上半年，省本级280项进入厅行政审批及相关项目实现网上预审和网上预约，部分项目全程网上办理；政务服务"一张网"上线运行，基本完成省、市两级公共资源交易平台整合；吉林"互联网+公安"综合服务平台成为全国公安机关最佳便民服务平台。

（五）落实廉政建设责任制

第一，重视党风廉政建设责任制落实。各级党政领导班子和领导干部把落实党风廉政建设责任制纳入重要工作日程，完善抓落实的责任体系，

---

① 《吉林省人民政府办公厅关于进一步做好当前政府信息公开重点工作的通知》，吉政办发〔2013〕37号，xxgk.jl.gov.cn/szf/gkml/201812/t20181205_5348225.html.

② 《关于全面推进政务公开工作的实施意见》，https://www.gov.cn/zhengce/2016-09/29/content_5113336.htm.

按照"五权"要求扎实推进"一把手"工程,坚持"一岗双责",实行逐级负责制,制定落实党风廉政建设责任制考核实施细则,明确了考核的范围、内容、标准、办法、程序及考核结果的运用等,反腐倡廉工作取得新成效。

第二,坚持厉行节约。2012年机构编制和公用经费保持"零增长";2013年清理封存超标公务用车,取消近万辆公安专段牌照,根治"特权车";整改违规办公用房70余万平方米,停止审批11个已开展前期工作且手续基本完备的楼堂馆所项目,停止开工14个已审批未建设项目;公务活动就餐、住宿和乘坐交通工具、公务接待等得到严格规范。

(六)推进行政复议权改革试点

为进一步加强行政复议工作,健全行政复议案件审理机制,在长春、白山两市及所属县(市、区)开展行政复议体制改革试点工作。改革试点采取设立行政复议委员会、集中行政复议权的行政复议机制,通过行政复议委员会的成立和运作,统合原来分散在政府各部门内的行政复议力量,及时有效地纠正违法或不当行政行为。经过数年的不懈探索,取得了良好的先行先试效果。

(七)深化政风行风建设

为塑造和保持清正明朗的政风行风,吉林省逐年发布年度全省纠风工作的实施意见,深入推进政风行风建设,健全完善纠风工作长效机制,着力解决发生在群众身边的不正之风问题和社会反响强烈问题。白山市创新群众听证评议载体,探索实行了纠风工作听证评议制度,引导群众积极参与纠风工作,进一步解决好群众的诉求,推进政风行风建设向纵深发展。

二、推动社会组织高质量发展

对推动社会组织改革发展的意义有了更深的认识,牢牢把握社会组织的政治、社会和公益属性，明确了不足和努力方向，推动社会组织高质量发展。

（一）加强社会组织党建工作

吉林省在深刻认识到社会组织是党的基层组织建设重要领域的基础上，切实加强全省社会组织党建工作，持续完善社会组织党建工作管理体制和工作机制，实现社会组织内党的组织和党的工作全覆盖，不断强化壮大社会组织党务工作者队伍[1]，有力促进全省社会组织在党建引领下健康发展，有序活动，积极参与基层社会治理和公共服务。

（二）积极推进社会组织管理体制改革

为改进和加强对社会组织的综合监管，不断探索管理体制改革。推行社会组织直接登记，2012年首先在民政工作领域的社会福利类社会组织中开展直接登记试点，试点范围限于民政工作领域的社会福利类社会组织[2]；2016年积极推行直接登记和登记备案双轨制的登记方式，并确定省本级52家试点单位开展行业协会商会与行政机关第一批脱钩试点，推动社会组织管理体制改革取得实质性进展。[3]

（三）规范管理社会组织

开展社会组织评估工作，加强社会组织监督管理。完善社会组织评估

---

[1]《吉林省加强社会组织党的建设工作实施办法（试行）》，jljgdj.org/xwzx/djyw/201605/t20160518_7647430.html.

[2]《关于开展社会组织直接登记试点工作的实施方案》，吉民发［2012］77号，mzt.jl.gov.cn/mzyw_74261/zfdt/201607/t20160719_2608244.html.

[3]《关于改革社会组织登记管理制度促进社会组织健康有序发展的实施意见》，mzt.jl.gov.cn/zl_74324/2017qsmzgzhy/ldjh_71151/201701/t20170122_2600394.html.

制度，明确评估机构、评估对象和内容、评估程序、评估等级和指标[①]，96%的市（州）县（市、区）开展了社会组织执法监察和评估工作。通过评估，"对宣传社会组织作用、提升社会能力、提高社会组织公信力、规范社会组织发展发挥了重要的作用"[②]。

加大社会工作岗位设置开发力度，坚持按需设岗，将符合条件的社会工作专业人才配置到相应社会工作专业岗位，落实相应的薪酬待遇；按照分类原则，根据群团基层组织、城乡社区以及相关事业单位、社会组织的性质与特点，适应不同领域社会工作发展的实际需要开发设置社会工作专业岗位，优先开发重点领域急需紧缺社会工作专业岗位；坚持服务基层宗旨，切实解决广大社会工作专业人才的职业晋升发展问题，积极引导、重点保障社会工作专业人才到基层一线和艰苦地区开展专业服务活动。至2015年，全省有424家民政事业单位设置了社工岗位，设置率达到80.2%；在城市社区设置社工岗位2103个，设置率达到100%。[③]

（四）加强社会组织培育孵化

持续加大对社区公共服务类等社会组织的扶持力度，重视加强社会组织孵化中心（站）建设，明确了社会组织孵化中心（站）的建设目标，规范了社会组织孵化中心（站）的建设标准，为各地推进社会组织孵化中心（站）建设提供了政策遵循[④]，到2016年底，92%的市（州）县（市、区）

①《吉林省社会组织评估管理暂行办法》，吉民发〔2014〕31号，mzt.jl.gov.cn/mztyw_74291/shzzgl/fgwj/201811/t20181112_5233418.html.

②王先明：《关于社会组织评估的思考与建议》，载《社团管理研究》2012年第7期。

③《吉林省民政厅召开2015年全省民政工作视频会议》，http://ccn.people.com.cn/n/2015/0112/c366510-26369102.html.

④2015年《关于进一步加强社会组织孵化中心（站）建设的通知》，mzt.jl.gov.cn/mzyw_74261/zfdt/201607/t20160719_）2608098.html.

建立了社会组织孵化工作站。通过开展各类组织的培育，帮助其完善发展规划，提高品牌辨识度和社会知名度，满足社区居民多样化的服务需求。

（五）实行政府购买社会组织服务

深刻认识政府向社会力量购买公共服务对于满足人民美好生活需求的重要意义，吉林省积极贯彻《国务院办公厅关于政府向社会力量购买服务的指导意见》，在全省范围内规范有序地开展政府向社会力量购买公共服务工作[1]；率先在民政系统开展政府购买社会组织服务试点[2]，着力促进社会组织承接政府转移功能[3]，引导社会组织充分利用专业优势、成本优势，在整合资源、密切联系群众、为人民群众提供更多的公共产品，解决人民群众的操心事、烦心事、揪心事等方面发挥重要作用。

三、进一步推广社区社会工作

通过培育本土社区社工机构等举措，切实发挥社会工作在提供社区服务等方面的优势，满足人民群众对于公共服务的多种需求。

（一）全面推动设置社区社工站

为在社区层面不断夯实各类社会工作的实体平台，从2011年开始，吉林省将社区社工站建设纳入全省目标责任制重点工作任务，逐年推进完成，截至2016年底，全省城市社区已基本搭建起"一区一中心、一街一社、一社多站、一站多岗"的社会工作平台，仅长春市朝阳区就在8个街道

---

① 《吉林省人民政府办公厅关于政府向社会力量购买服务的实施意见》，吉政办发〔2014〕6号，/xxgk.jl.gov.cn/szf/gkml/201812/t20181205_5348392.html.

② 《关于在吉林省民政系统开展政府购买社会组织服务试点工作的指导意见》，mzt.jl.gov.cn/mzyw_74261/zfdt/201607/t20160719_2608243.html.

③ 《关于确定具备承接政府职能转移和购买服务条件社会组织目录的指导意见》，吉民发〔2015〕40号，mzt.jl.gov.cn.

成立了社工服务社，在53个社区设立了全覆盖的社工服务站。

（二）加强孵化培育社工机构

大力培育社工机构，以之吸引大量优秀的社会工作专业人才。结合社会组织孵化中心（站）建设，为社会工作者、志愿者提供参与社会实践和学习交流的载体和机会；设立了省级实务实训孵化基地，依托基地建设，有计划地选派专业团队深入社区指导实务工作，加快推进社会工作实务的发展；鼓励支持社会力量创办民办社会工作服务机构，先后孵化培育了30余家社区社会工作机构。[①]

（三）深化社工实务活动

积极开展各类社工实务活动，引导和扶持本土社工机构发展，培养锻炼社会工作专门人才。确立"第一年高校专家引领、第二年培养本土机构、第三年实践实务服务"的计划，先行在延边朝鲜族自治州的部分社区进行了探索，通过长春工业大学社会工作专业专家团队的帮扶，培育了以延吉市公园街道园辉社区社工协会为代表的9家社区社会工作机构；从2016年开始，每年通过福彩公益金购买近30个社区社工机构的专业服务。[②]

（四）开展社会工作服务示范创建

积极发挥示范创建的引领带动作用，以民政部确定的社会工作服务示范创建城区、社区和单位的试点为先导，在全省城市社区开展了社工服务站"四有"创建活动，即有服务平台、有专业队伍、有实务服务、有培育机制，使社会组织、社工专业人才和社区志愿者得到场地、资源和参与社

---

① 《关于加快培育发展民办社会工作服务机构的指导意见》，http://mzt.jl.gov.cn/bsfw_74187/grbs/shgzz/bsyj/201609/t20160920_2596651.html.

② 《栽得梧桐树 引得凤凰来——吉林省打造高层次社会工作人才队伍》，《中国社会报》2018年5月25日.

区服务的平台和空间，在巩固成效的基础上，不断扩大试点范围。

四、大力加强城乡社区建设

（一）加强社区服务型党组织建设

为夯实社区党建基础，2012年全面启动实施社区"五有一创"工程，并且取得显著成效；全省社区党组织综合运用市场化、信息化、社会化、区域化等服务方法和措施，从群众最关心的服务需求入手，重点开展"七种服务"，提升居民群众的幸福指数；合作开发了"社区党建和服务民生综合平台"，实现了"党员信息一网通、公共服务一线通、党员活动一卡通"等100多项服务功能，让社区工作更规范、管理方式更灵活、服务手段更有力。

（二）率先完善基层民主协商

加强城乡社区协商，进一步明确推进城乡社区协商的目标任务和具体要求[①]，并将这项工作纳入全省民政重点工作目标责任制体系进行考评和专项督查；在"一县三区"开展了城乡社区协商试点；全省所有城乡社区均建立了议事协商委员会，在社区（村）党组织的领导和指导下，组织、协调和实施协商工作；全省60个县（市、区）全部制定了"社区（村）协商目录"，将涉及重大事项决策、基层群众切身利益的热点敏感问题全部纳入城乡社区协商范畴；城市社区普遍推行"搜集意见、确定议题、制订方案、发布公告、组织协商、结果运用"的"六步议事法"，农村社区普遍把协商融入村务决策程序之中，严格执行以"四议两公开"为主要形式的"六步工作法"。

城乡社区协商配套制度建设的不断完善有效调动了广大居（村）民参与民主管理的积极性和主动性，有效促进了基层群众在社区（村）治理中

---

① 《关于加强城乡社区协商的实施意见》。

提升自我管理、自我服务、自我教育、自我监督的能力水平，有利于通过"平等对话"的方式妥善解决群众普遍关心的热点和敏感问题，进而化解社会矛盾，实现基层社会和谐稳定。2016年9月，民政部在吉林省召开了全国城乡社区协商工作推进会暨村（居）委会换届选举座谈会，总结推广吉林省推进城乡社区协商的工作经验。

（三）推进社区公共服务综合信息平台建设试点

2015年，长春市依托信息化手段系统整合了全区公共服务信息资源，成为吉林省乃至东北地区社区公共服务综合信息平台建设唯一试点[①]，先行先试展开律建，开展建设"一门式"政务服务模式，全面推进"前台口受理，后台协同办理"的"一门式"行政服务，实现一处场所、一个机构、一套班子、一类软件、一种标准和一口受理审批服务，不仅方便了居民群众办事，还能实现受理数据沉淀、工作量考核、数据统计、管理分析等功能，为有针对性地制定相关政策和服务民生提供了科学依据，有效推进了城市基层治理体系改革，实现政府简政放权、管理下沉。

（四）开展和谐社区建设示范单位创建

积极参加有关创建活动，在2016年的全国和谐社区建设示范单位创建活动中，长春市被评为"全国和谐社区建设示范城市"，朝阳区等6个城区被评为"全国和谐社区建设示范城区"，南关区桃源街道等8个街道被评为"全国和谐社区建设示范街道"，宽城区团山街道长山社区等39个社区被评为"全国和谐社区建设示范社区"。将创建达标作为确保基层各项服务水平的新标准，同时推动整体的社区建设。

---

① 《吉林省唯一试点社区公共服务综合信息平台开通》，央广网，2015年7月20日，jl.cnr.cn/jrjl/20150720/t20150720_519259498.html.

五、努力普及法治宣传教育

认真实施"六五"普法规划，不断深化"法律六进"工作，扎实推进区域法治创建，大力开展法治文化建设，为加快吉林振兴发展提供良好的法治环境。

（一）抓好重点对象法治宣传教育

完善领导干部学法用法工作制度，把领导干部和公务员学法用法工作视为"六五"普法工作的重中之重；深化"法律进机关"工作，省、市、县司法行政机关组织三级普法讲师团，深入各地机关，根据法律需求，有针对性地开展法律知识专题讲座。

针对青少年的特点和接受能力，深入开展"法律进学校"工作；在全省组织开展了"小手牵大手""带法回家""法律伴我成长"等活动；积极推进法治宣传教育进中小学校课堂，确保课时、教材、师资、经费"四落实"；健全学校、家庭、社会"三位一体"的青少年法制教育格局，其间，全省已有7870所中小学校配备了法制副校长，占中小学校总数的99.44%，聘请法制辅导员8944名，建立青少年学生法治教育基地3221个。[①]

根据吉林农业大省的特色，以"法律进乡村"为载体，坚持围绕农业发展、农村繁荣稳定、农民法律素质提高，开展形式多样的普法宣传教育；加强专兼职普法队伍建设，依托司法所、基层法律服务所、百姓说事点等，积极组织律师、农村"法律明白人"、法学院校大学生等普法志愿者深入基层、深入村屯，引导农民依法理性表达诉求，维护自身合法权益；进一步加强农村普法阵地"四个一"建设，全省建立乡镇法治辅导站1413个，设立行政村法律图书角9365个，设立法治宣传栏11348个，培养农村"法律明白人"22万余人。[②]

---

① 《吉林省普法工作情况新闻发布会》，http://jlio.gov.cn/szfxwfbh/46989.jhtml.
② 《吉林省普法工作情况新闻发布会》，http://jlio.gov.cn/szfxwfbh/46989.jhtml.

（二）积极引导推动法治文化建设

多种举措务实推进全省社会主义法治文化建设，在全省组织开展"法治文化在身边"主题活动；开辟了吉林手机报普法专栏，利用各类大众传媒开展普法活动；举办了全省法制公益广告、漫画、动画、微电影作品征集活动；组织"弘扬法治精神，培育法治文化"主题巡回演出活动，开展法治文化阵地建设，全省建设省、市级法治文化阵地150个。[①]通过加强法治文化建设，树立宪法法律至上、法律面前人人平等的法治理念，营造人人学法、全民守法、严格执法、公正司法的良好法治文化氛围，培育并提升吉林人民的规则意识和法治精神。

（三）切实推进多层次多领域依法治理

在深入开展法治宣传教育的基础上，深化法治城市、法治县（市、区）创建活动，开展争创"民主法治示范村""模式法治乡（镇）"，先进法治县（市、区），先进法治城市的"四级联创"活动，同时抓好"依法行政示范单位""诚信守法企业""依法治校示范校"等行业创建活动，全省9个市（州）、60个县（市、区）全部开展了区域法治创建活动；全省已创建"民主法治示范村"5260个，占全省村总数的56.2%，其中有48个行政村达到国家级"民主法治示范村"标准[②]；吉林市、辽源市被评为全国"六五"普法中期先进城市，长春市双阳区等11个县（市、区）被评为全国"六五"普法中期先进县（市、区），全面促进了各级党委依法执政能力的提升，促进了政府依法行政、司法机关公正司法、基层民主政治建设、公民法律素质和社会法治化管理水平的提高，为吉林省经济社会全面发展提供了坚实的法治保障。

---

① 《吉林省普法工作情况新闻发布会》，http://jlio.gov.cn/szfxwfbh/46989.jhtml.

② 《吉林省普法工作情况新闻发布会》，http://jlio.gov.cn/szfxwfbh/46989.jhtml.

六、有效进行应急管理

（一）安全生产综合改革创新取得新成效

作为2014年度全国8个安全生产领域综合改革试点省份之一，吉林省深入探索并实施具有吉林特色、符合吉林省情的"四化融合""三位一体""两线同步"安全监管防控制体系建设；启动"互联网+安全监管"行动计划，建立了25个安全生产信息系统，切实强化线上监管；探索"人+制度"监管模式，建立数据统计分析、巡视督查、隐患追责问责等制度，深入推进依法治安，线下日常监管工作不断得到加强；全面启动城市安全发展"市长"工程，把城市安全发展作为民生工程，纳入各级党委、政府和相关部门督导检查的重点内容；以"数字吉林"建设顶层设计为引领，开展安全生产信息化建设；强化主体责任和综合监管、属地监管、行业监管责任，全面实行"网格化"管理。

（二）防灾减灾救灾体制机制不断完善

全省所有市（州）、县（市）都成立了本级减灾委员会，基本形成了党委政府统一领导、部门协同配合、分级分类管理、社会广泛参与的防灾减灾组织体系；组建了省减灾委专家委员会，完善灾情信息沟通、会商评估和发布机制，实现了信息共享；省减灾委各成员单位加强专业应急救援队伍和抢险救援应急机制建设，分别建立省、市、县、乡、村五级灾害信息员队伍和注册气象信息员队伍各近万人；建立健全自然灾害应急救助资金分级负担和拨付机制，建立了省级救灾物资分区域联储代储和紧急运输机制，提高了应急物资保障能力；积极推动防灾减灾工作标准化、规范化、法治化，重视自然灾害救助应急预案工作，为防灾减灾工作提供制度保障；面对2013年的连续特大暴雨袭击和松原地震，及时启动三级应急响应，紧急转移并妥善安置受洪水威胁群众25万余人，把灾害损失降到最低，并迅速开展生产自救和灾后恢复重建。

七、探索适合吉林发展的环保新路

砥砺前行，果断摒弃"先污染，后治理"的发展老路，探索适合吉林发展的环保新路。

（一）水污染防治不断深化

重视吉林省内及周边相关流域和区域的水污染防治和水环境建设，大力组织实施《清洁水体行动计划》，经过数年努力，逐步形成了以县（市、区）为板块的流域和区域治理、提升水环境标准的新格局，吉林省13个重点流域考核断面中，有11个断面达到国家考核要求，其他断面水质得到明显改善。[①]

（二）大气污染防治取得积极进展

结合吉林省实际情况，扎实落实《大气污染防治行动计划》，着力解决重点行业和重点领域大气污染防治的突出问题；加快推进减排工程建设，持续加大环境监管力度，健全减排保障机制，主要污染物污染减排工作取得良好成绩，率先在全国实现了污染减排"四个全覆盖"。2014年、2015年，全省共完成大气污染防治140项重点工程。仅2015年，就淘汰1529台小锅炉，并完成全省1049个加油站储油库和油罐车的油气回收改造，724家餐饮服务场所安装了高效油烟净化装置。[②]

（三）开展美丽乡村建设

因地制宜从村庄特色和发展水平出发，确定美丽乡村的创建标准，尊重农民群众的意愿，切实把农村环境整治和产业发展、文化建设、公共建

---

① 《长春伊通河14个需截流排污口已截流13个水质改善》，http://www.sohu.com/a/46575181_115402.

② 《吉林省"十二五"环保工作综述》，http://www.sinospectroscopy.org.cn/read news=35134.

设一起推进，美丽乡村与城乡一体化、新型城镇化统筹建设。[1]在长吉一体化区域松花江、辽河流域重要饮用水源地周边的69个县建设农村综合整治示范村2225个，明显改善了整治地区的农村生态状况，受益人口达400万人。[2]

（四）搭建环境保护大数据平台

启动建立污染源动态更新数据库，对重点污染源实行在线监测和视频监控，加快建设环保部门的"千里眼""顺风耳"和"记录仪"，切实提高环境管理的信息化、科技化和现代化水平。努力摸清本省的环境家底，完成查清污染源数据的工作任务，构建环境保护大数据，初步完成工业企业、集中式污染治理设施、伴生放射性矿等内容的监测工作。

八、扎实推进平安吉林建设

深入推进社会治安防控体系建设，坚持将其纳入经济社会发展的总体规划，形成党政主导、齐抓共管的工作局面，全省社会治安形势持续稳定，人民群众的安全感始终保持较高水平。

（一）完善社会治安防控体系

构建立体化、信息化、智能化社会治安防控体系，创造性地推进情报导控、街面巡控、视频监控等治安防控"十张网"，着力强化风险管控、强化实战指挥、强化科技运用、强化整体联动，不断提高社会治安防控整体效能；深入研究推进"五化"建设的目标、任务和具体措施，着力破解社会共治、法治保障、科技运用、基层基础、精细管理等方面的难题和短板，有效提升社会治安防控能力。

---

[1]《吉林省努力建设好生态宜居美丽乡村》，载《吉林日报》2018年7月31日。
[2]《走在绿色发展大路上》，2016-01-20，https://www.sohu.com/a/55435681_16252.

（二）推进基层平安创建

广大基层是社会治安综合治理的第一道防线，为使人民群众切身体验和保持实实在在的安全感，吉林省着眼把问题发现在基层、解决在基层，大力加强基层组织、队伍、机制和基础设施建设，全面推动社区网格化管理方式和综治中心建立并完善，深入推进平安村屯、平安社区、平安校园、平安医院等基层平安建设活动，有效夯实社会治安防控体系的基层基础。

（三）加强和创新社会治安综合治理

为推动社会管理创新，使之全面转向多元共治格局下的社会治安综合治理，吉林省构建了框架性政策保障，有力推动其落实。不断深化社会治安综合治理试点工作，在继续抓好原来确定的辽源市、延吉市、农安县综合试点的基础上，增加了长春市、抚松新城为综合试点，同时在其他市（州）进行专项工作试点，通过试点积累了大量有益经验，逐步复制推广。

（四）深化爱民固边战略

作为边疆多民族省份之一，为促进各民族团结、巩固边防，吉林省大力实施兴边富民行动，不断加大对边境地区的支持力度，有力地促进了边境地区经济社会的发展繁荣。边境地区的发展速度明显加快，交通道路、水利、电力等基础设施和边境一线农民的居住条件明显改善；贫困边民的基本生活得到保障，边民教育、卫生、文化等基本公共服务条件逐步完善；特色产业长足发展，自我发展能力明显增强，人民生活水平有较大提高；社会治安状况良好，民族团结进步事业全面发展，兴边富民行动取得了明显的成效。[1]

---

[1]《吉林省兴边富民行动规划（2011—2015年）》，xxgk.jl.gov.cn/szf/gkml/201812/t20181205_5348620.html.

第四节　推进治理能力现代化（2017—2021年）

吉林省深入学习践行"国家治理体系和治理能力现代化"的重大命题，探索在法治轨道上推进治理体系和治理能力现代化。

一、加强基层社会治理

多年来，吉林省不断提高社会治理的社会化、法治化、智能化、专业化水平，切实增强人民群众的获得感、幸福感、安全感，牢固打造基层社会治理的"吉林品牌"。

（一）全面推动"三长"联动基层治理模式

为切实形成共建，共治，共享的基层社会治理新格局，近年来，吉林省不断在基层社区进行治理模式的探索。2020年，长春市全面推动"三长"联动基层治理模式，全市13400个网格，每个网格配备1名网格长、1名楼栋长、1名单元长，开展基层社会治理工作，以"小联动"推动"大治理"，引导社会力量积极参与社区共建、共治、共享，极大增强了社区居民的幸福感、安全感、获得感。

（二）推进"无讼村屯"建设

在农村社区加强平安建设，推动创建"无讼村屯"，使之与诉源治理、法官进网格等工作结合起来，通过上门宣传、情感说服等方式，注重引导村民运用法治思维和法治方式解决矛盾纠纷，最大限度地将矛盾化解在萌芽状态，将矛盾纠纷从个案处理转变为源头治理，让"小事不出村，矛盾不成讼"。

将诉讼服务向农村乡镇下沉，回归人民法庭参与基层社会治理的职能，调整优化全省法庭布局，全省将原有的169个人民法庭增加到203个，在未设法庭的乡镇新设巡回审判点429个，与院机关合署办公的66个法庭全部外迁到辖区独立办公，并在人民法庭全面推进"一站式"多元解纷机制建设，满足基层群众的司法需求，推进"无讼村屯"建设。[①]

（三）部署实施"一村一警"工程建设

加强城乡社区警务管理。注重农村警务工作创新，2019年以来部署在全省广大农村实施"一村一警"工程建设。全力推动城乡社区警务与基层社会治理深度融合，着力打造新时代"枫桥经验"的升级版。进一步改革完善派出所警务运行机制，大力推进社区民警专职化，使社区民警真正沉入社区，将主要的时间和精力用在社区警务管理上，彻底解决警务工作"最后一公里"问题，助力平安社区（乡村）建设。

二、推动社会组织"放管服"改革

（一）持续深化社会组织党建工作

2019年成立社会组织联合党委，全省社会组织党组织组建率达到47%，党组织覆盖率达到85%，党的工作动态实现全覆盖。加强全省互联网业党建工作，加强对互联网企业的政治指导，2017年率先在全国成立省级互联网业联合会和联合会党委，积极发挥网络社会组织的桥梁纽带作用。广泛动员互联网企业、网络社会组织和网络名人履行社会责任，依托互联网行业科技人才、互联网技术和新媒体传播等方面的优势作用，深入实施网络公益工程，展现互联网行业的社会责任与担当。深入实施"红网工程"，创新开展全省网络名人"聚焦振兴发展　e启幸福吉林""重走抗联路"等网络主题活动。

---

① 《吉林省基层社会治理新格局亮点扫描》，http://www.sohu.com/a/424605243_406982.

（二）严格落实社会组织重大事项报告制度

为加强对全省社会组织的综合监管，确保各类社会组织健康发展，社会组织的各项活动规范有序地进行，符合相关政策、法规及社会公共利益，严格落实社会组织重大事项报告制度，把社会组织重大事项报告情况纳入社会组织年检与信用体系建设的重要内容，并作为社会组织获评先进、奖励、评估的重要参考；对于未事先报告而开展活动的社会组织依规给予相应处理处罚[1]，起到有力的震慑作用。

（三）推动社会组织开展志愿活动

进一步健全志愿服务工作机制，深入推进志愿服务制度化、常态化，一支支志愿服务队伍活跃在城市乡村，志愿服务理念更加深入人心。目前，吉林省有志愿服务组织近2万个。广大志愿者和志愿服务组织把使命和担当融入围绕中心服务大局。2017年，"阿里巴巴天天正能量"与新文化报共同发起设立"吉林省志愿者关爱基金"，发起长期"志愿者关爱计划"，在第四届"志愿者关爱行动"中，10名优秀志愿者获得了"十佳志愿者"称号，2个特殊的公益组织获得了优秀志愿者组织奖；省志愿服务发展基金会与梨树县志愿者协会联合打造"天天向善"公益助学项目；省、市、县以及志愿服务协调小组成员单位建立健全了应急志愿服务指挥协调机制和志愿服务队伍，从而更好地发挥志愿服务在应对重大突发事件中的重要作用，提高社会治理的现代化水平。

---

[1]《吉林省民政厅关于严格落实社会组织重大事项报告制度的通知》，xxgk.jl.gov.cn/zcbm/fgw_97981/xxgkmlqy/201908/t20190807_6024337.html.

三、平安吉林建设成效斐然

（一）实施扫黑除恶新行动

为有效清除黑恶势力这一和谐社会的巨大毒瘤，消除其给人民生命财产安全带来的危害以及对整个社会繁荣稳定造成的消极影响，确保社会生态及政治、经济生态的持续改善，吉林省统筹推进扫黑除恶百日攻坚战、打击整治涉互联网黑恶犯罪专项行动，清仓任务线索报结率100%，境内目标逃犯抓获率100%，开展10大行业领域突出问题专项整治行动。①

（二）严厉打击网络违法犯罪

为确保网络安全，牢固守住网络这一日益重要的阵地，吉林省紧盯影响人民群众安全感的突出问题，坚持攻大案、破小案并重，统筹推进打击跨境赌博、命案积案攻坚等专项行动，并取得丰硕成果；强力推进打击网络贩枪等专项行动，打击网络违法犯罪活动，命案现案破案率保持100%。

（三）深入开展矛盾纠纷排查化解

为加强社会治安综合治理，增强人民群众的幸福感、安全感，着重完善研判预警机制，最大限度地预防和减少民转刑、刑转命案件的发生；推动建立多元矛盾纠纷化解机制，截至2020年底，在全省973个基层派出所和9972个城乡警务室设立了调解室或调处点②；深化"一村（格）一警"工程建设，全省9338个行政村和11487个城区网格全部配齐辅警③，增强了城

---

① 《吉林警方去年共破获电诈犯罪案件1928起抓获5422人》，http：//baijiahao.baidu.com/s？id=1688586214718624231&wfr=spider&for=pc.

② 《吉林省公安厅"向人民报告"新闻发布会发布词》，http：//gat.jl.gov.cn/jwzx/xwfb/202103/t20210302_7954425.html.

③ 《2020，吉林公安平安吉林建设成效斐然》，http：//gat.jl.gov.cn/jwzx/mtgz/202101/t20210115_7911150.html.

乡社区警务工作实力，延伸了工作触角，架起了警民联系的新桥梁。

（四）着力优化安商兴业的法治环境

为在全省范围内进一步改善营商环境，为经济发展服务，紧扣"六稳""六保"部署，打好"放管服"改革组合拳，接连推出助力企业复工复产八项措施、支持"地摊经济"发展系列举措，大力推进线上"一网通办"、线下"一门通办"，在全国率先实现居民身份证一日办理、20项户籍业务"全省通办"，公安行政审批"最多跑一次"事项占比97.18%。[①]

四、提升基层应急管理能力

加强基层尤其乡镇（街道）、村（社区）的应急管理体系和能力建设，不断推进提升各级基层的安全生产和防灾减灾救灾水平。

（一）扎实开展防灾减灾活动

完善有关气象灾害防御、气象灾害预警信息发布与传播、防雷减灾、应急工作检查管理、因灾倒塌损坏房屋核查评估、救灾储备物资管理等规章制度，编制完善了自然灾害救助、气象、地震、城市供气供水等应急预案，为防灾减灾工作提供制度保障。

加强多种灾害的监测预警体系建设，各减灾成员单位建立了汛期24小时救灾应急值守制度，建立了"水文山洪监测点9596个、气象观测站点1457个、地震监测台站63个、卫生事件报告机构1474个、水质和空气监测站78个、林业测报点168个"[②]，有效提高了监测预警预报能力。

持续加大防灾减灾技术开发力度，各减灾成员单位加快科技成果转化

---

① 《向人民报告！2020年吉林公安成绩单出炉》，2021-01-09，https://www.thepaper.cn/newsDetail_forward_10727621.

② 《吉林省综合防灾减灾规划（2016—2020年）》，xxgl.jl.gov.cn/szf/gkml/201812/t20181205_5350026.html.

和推广应用步伐；积极开展全省地理国情监测工程、北斗综合减灾示范工程和"吉林一号"卫星遥感观测项目，推动省级自然灾害应急救助指挥信息化建设；开展地震大地测量、预警实验，自主研发气象综合自动监测服务系统，在自然灾害预测预警中发挥了重要的支撑作用。高度重视农业救灾减灾工作，本着坚持科学指导、因地因时制宜、分类精准施策、尊重农民意愿的原则，充分发挥农业专家和农技推广人员的作用，及时采取有效措施，努力减少灾害损失。

多渠道开展防灾减灾宣传教育活动，组织应急疏散演练，举办专题知识讲座，提升全省城乡居民的防灾减灾意识和社区防灾减灾工作水平。

（二）抓好安全生产

深入推进安全生产领域改革，施行《吉林省安全生产条例》（2017）；加强安全生产监管，推进安全生产监管"五大转变"："从治标为主向标本兼治、重在治本转变，从事后查处向事前预防转变，从行政手段为主向依法治理转变，从单一安全监管向综合治理转变，从运动式监管向机制化监管转变，实现全省安全生产监管工作制度化、标准化、规范化。①"加强安全生产暗访工作，掌握安全生产真实情况，并对应急预案的编制、评审、公布、备案以及实施加以明确规定。

组织开展专项活动，把2017年确定为"安全生产责任深化年"，将2018年确定为"安全生产治理年"；开展2019年"安全生产月"和"白山松水安全行"活动，有效推动了安全生产能力建设和安全发展长效机制的建立；开发了吉林省安全生产责任保险信息管理系统，应急管理部门可以通过安责险系统业务看板、数据查询、统计分析等功能，掌握本地区安全生产责任保险制度实施情况，促进安全生产责任保险制度的高质量运行和各项责任落实到位，提升安全生产的信息化、精细化、智能化水平，有效

---

① 《吉林省加强安全生产监管工作实施办法》，xxgk.jl.gov.cn/szf/gkml/201812/t20181215_5421927.html.

防范化解重大安全风险。

进一步落实安全生产责任制，开展生产专项整治行动，建立问题隐患和制度措施"两个清单"和部门安全生产主要责任清单，按照综合监管、行业监管（管理）和专项监管相结合的原则，以及"谁主管谁负责、谁审批谁负责、谁监管谁负责"的要求，进一步明晰部门安全生产责任；加强安全生产工作目标责任制考核，对责任落实、法治建设、专项治理、基础建设和改革创新等工作落实情况及年度重点工作进行有效考核。

加大安全生产教育培训力度，对全省安全生产教育培训进行专项治理，对全省安全生产培训机构和考试点开展专项督导检查；加强安全生产行政执法能力，提高培训和应急管理部门新进行政执法人员执法资格培训，严格安全教育培训机构验收核查。

五、加快推进生态文明建设

吉林省持续推进生态文明建设，促进绿色发展，加快建设美丽吉林，不断开创环境保护工作新局面。

（一）深化生态文明体制改革

全省生态文明建设顶层设计日益完善，以建设美丽吉林为目标，共完成12项重点改革任务[1]；对农业农村污染治理展开攻坚战行动，进一步加强了农村饮用水水源保护，推进农村生活垃圾污水及养殖业污染治理，加快解决农业农村突出环境问题；注重区域空间生态环境评价工作，完成了辽河流域"三线一单"试点工作；加大力度推进环保产业振兴的发展，培育环保产业新的经济增长点，设定环境质量管理总体目标。[2]

---

[1] 《我省全面深化改革工作综述》，载《吉林日报》2020年8月31日。
[2] 《吉林省环境保护"十三五"规划》，www.jl.gov.cn/gb/2017/zb_201708/szfbgtwi/202007/t20200713_7358048.html.

（二）深入打好污染防治攻坚战

为全面加强生态环境保护，以改善生态环境质量为核心，聚焦生态环境领域突出问题，开展污染防治攻坚战行动，落实责任，依法监管，社会共治，全省生态环境质量持续改善；启动污染防治攻坚战生态环境监管"2019夏季攻势"，从生态系统的整体性出发，全面启动实施蓝天、碧水、青山、黑土地、草原湿地"五大保卫战"，将"山水林田湖湿草"作为一个生命共同体精心打造，推进山水林田湖草沙一体化保护和修复，注重生态环境综合治理、系统治理、源头治理，强化多污染物协同控制和区域协同治理，推动实现减污降碳一体推进，有效保障全省重大战略的实施。

（三）高效推进生态环保督察整改

吉林省扎实推进各级生态环保督察及问题整改，统筹开展中央环保督察和"回头看"反馈问题整改工作，及时主动开展省级环保督察，对各级督察反馈的问题以及群众投诉举报的案件全部拉条挂账，建立起"三本账"管理模式和"四项机制、八项制度"，对标对表，综合推进督察问题整改到位，达到解决相关生态环保问题的实际效果。

（四）全面推行河长制、湖长制

2017年，吉林省全面推行河长制，截至2020年，全省已对272个湖泊设立了河长，18118名河长、湖长走马上任，河湖长制度不断完善；重点河湖治理保护取得重大突破，相继完善辽河流域水环境保护，全面推进辽河流域185个水污染治理建设项目，实现辽河流域6个国考断面全面达标；河湖管护工作始终保持高压态势，以前所未有的力度开展河湖"清四乱"等专项行动，截至2020年底，全面清理了8773个河湖"四乱"问题，使河湖面貌得到明显改善；全力推动河道管理范围划定，至今完成规模以上64条主要河流及全部152座湖泊管理范围划定工作，为强化河湖监管奠定了基础；

着力推进污水处理设施建设改造，全省107个工业集聚区全部建成污水集中处理设施，1655个入河排污口全面完成整治。[1]

（五）推动全民环保活动

全省深入开展基层环保宣传，宣传吉林省生态环境保护举措成效，展示吉林省在大气、水、土壤等方面的生态环境变化，普及生态环境保护领域的相关知识，号召居民做好垃圾分类，让绿色、低碳、环保深入人心。推动吉林省生态环保志愿者团队发展，培育壮大环保志愿者队伍，打造"1+N"生态文明进社区新模式，大量环保志愿者和社会组织积极行动，吉林省生态环保志愿者协会被评为"2021年吉林省学雷锋志愿服务先进典型标兵"，3人入选"2022年全国百名最美生态环境志愿者"。注重绿色制造体系建设，组织认定省级绿色示范工厂50家[2]；全省及各市（州）重点产业发展专项资金重点向绿色制造示范单位倾斜；生产企业踊跃参加"绿色制造体系建设示范活动"等，生态文明理念日益深入人心。

六、完善社会信用体系

近年来，吉林省将"信用吉林"建设作为推进治理体系及治理能力现代化的关键支撑，社会信用体系建设取得了长足进步。以长春市为例，社会信用体系建设成效显著，创下多项纪录：城市信用排名在36个省会及副省级以上城市居第10位，成为全省首个同时荣获国家"特色平台网站""全国中小企业融资综合信用服务特色平台"称号的城市，城市信用检测指数连续三年上升。

---

① 《只为河湖长安水长清》，https：//baijiahao.baidu.com/s？id=1706106013596412386&wfr=spider&for=pc.

② 《吉林省绿色制造体系建设实施方案》，gxt.jl.gov.cn/xxgk/jwwj/201908/t20190805_6021455.html.

（一）夯实法规制度基础

吉林省高度重视社会信用体系建设，根据国家有关法律、法规规定，结合本省实际情况，加快制定和修订规范征信活动和信用服务市场等方面的地方性法规、政府规章和规范性文件，包括《吉林省社会信用体系建设实施方案》《吉林省政务诚信建设实施方案》《吉林省社会信用条例》等，为吉林省社会信用体系的建设和运行提供制度保障，推动社会信用体系日益成熟完善。

（二）加强政务诚信建设

通过完善政务信用信息"清单"、政务主体信用档案、信用承诺、政务信息公开共享、奖惩以及政务信用权益保护机制，加强对政府采购、政府和社会资本合作（PPP）、招标投标、招商引资、政府债务、街道和乡镇等重点领域的政务诚信建设，大大提升了政府公信力。同时，以企业需求为核心主题，以信用为基础手段，持续深化"放管服"改革，全力打破制约企业发展的瓶颈，助力营商环境不断优化。

（三）推进商务诚信体系建设试点

作为全国商务诚信体系建设试点工作第二批试点省份之一，吉林省积极推动信用约束机制建设，完善信用管理制度，宣传商务诚信文化，着力打造"守信得益，失信受制"的良好信用环境和法治化、市场化的营商环境，并且取得积极成效，2018年，吉林省试点工作在国家评估验收中排名第一。2017年底，开通吉林省商务诚信公共服务平台门户网站；2018年5月，开始试运行吉林省商务诚信公共服务平台；2019年10月24日，吉林省商务诚信公共服务平台正式上线①。

---

① 《吉林省商务诚信体系建设有新动作》，吉林省商务厅，http://swt.jl.gov.cn/swdt/201910/t20191025_6120676.html。

（四）完善公共信用评价

为加强公共信用建设，吉林省积极开展公共信用综合评价和企业公共信用风险分类评价，2020年，对全省40个行业61万个企业进行信用分级分类评价，提供综合信用评价结果自主查询功能，组织实施公共信用评价结果应用工作，将结果推送给各级各相关部门作为行业信用分级分类监管的参考依据，有效地督促企业增强合规经营、守信践诺和诚信自律意识，积极通过履约整改和信用修复，信用水平大幅提升。

（五）建立信用奖惩制度

根据2016年《国务院关于建立完善守信联合激励和失信联合惩戒制度加快推进社会诚信建设的指导意见》，2017年起，吉林省开始建立并不断健全守信联合激励和失信联合惩戒制度①，已经基本建成省、市、县三级信用信息数据共享平台体系，实现信用信息全面融合，信用信息的应用范围不断扩大，加快完善"诚信典型范围清单""严重失信行为及主体范围清单""守信激励政策措施清单""失信惩戒政策措施清单"等清单制度，推动政府和社会联动，实行跨地区、跨部门、跨领域信用联合奖惩，在全省范围内形成了"一处失信，处处受限"的局面。

---

① 《吉林省建立完善守信联合激励和失信联合惩戒制度加快推进社会诚信建设的实施方案》，https://www.creditchina.gov.cn/lianhejiangcheng/difangtuijinqingkuang/201801/t20180114_106365.html.

第三章

吉林省社会治理的现状

吉林省社会治理的社会化、法治化、智能化、专业化程度不断提高，人民群众的幸福感、获得感、安全感稳步增强，走出了一条具有吉林特色的社会治理创新之路，以社会治理现代化促进了吉林的全方位振兴和全面发展。

第一节　政府职能转变和法治政府建设持续推进

吉林省各级行政机关以习近平新时代中国特色社会主义思想为指导，以依法治国思想为指导，认真贯彻落实党中央、国务院决策部署，推进政府职能转变和依法行政。

一、政府职能转变持续深化

政府职能转变是行政体制改革深化的目标和关键步骤，对解放和发展生产力、引导经济持续健康发展、保障社会公平正义都具有极其重要的意义。面对新时代的新使命，吉林省加快转变政府职能，建设科学高效、公正合理的政府治理体系。

（一）围绕治理体系和治理能力现代化转变政府职能

在推进治理体系和治理能力现代化的过程中，必须优化作为治理主体之一的政府的组织结构，使政府机构的设置更加科学，职责体系更加明晰，权责关系更加协同。[①]吉林省重视完善政府的社会管理、生态环境保护等职能，坚决克服政府职能错位、越位、缺位现象，全面提高政府效能。坚持简政惠民原则，动态调整省级政府部门权责清单，持续推进行政权力的清理和下放工作；进一步理顺不同部门、上下层级之间的职责关系；不断加大向基层下沉公共管理职能及资源的力度。

（二）围绕构建社会主义市场经济体制转变政府职能

构建高水平社会主义市场经济体制要求更加尊重市场经济的一般规律，使市场在资源配置中发挥决定性作用，最大限度地减少政府对微观经济活动的直接干预，大力保护市场主体权益并激发其活力；同时创新和完善宏观调控，有效弥补市场失灵，使经济发展更持续、更安全。为此，吉林省不断促进优化法治化营商环境，建立了五级书记抓营商环境工作机制；落实吉林省营商环境优化提升实施方案，多个领域采取多项具体措施，部署营商环境提升行动，并从多个维度实行考评[②]；深化"放管服"改革，工程项目审批系统综合运行指标稳居全国第一；便利企业设立和经营，实行开办企业"网上办、一天办、免费办"，全面推行企业简易注销登记程序，深化"证照分离"改革，建立"证照分离"改革信息共享

---

①《加快转变政府职能》，《人民日报》2020-12-03，http：//news.cnr.cn/native/gd/20201203/t20201203_525351110.shtml.

②（2020年度）《解读〈吉林省营商环境考核实施方案（试行）〉》，http：//www.daan.gov.cn/gzcy/zxft_10595/202012/t20201216_884749.html.

平台，启动"证照一码通"试点，全面落实涉企经营许可事项告知承诺制度；提升政府采购透明度，实现"互联网+政府采购"全覆盖。

（三）围绕建设人民满意的服务型政府转变政府职能

为人民服务是党及各级政府的根本宗旨，面对人民日益增长的美好生活需要与不平衡不充分发展之间的矛盾（当前社会的主要矛盾），应坚持以人民为中心的发展思想，为保障和改善民生而不断优化政府服务，给发展创造良好的环境。为此，吉林省重视数字政府建设，加强顶层设计，提升建设成效，创新"吉林模式"。统建了"吉林祥云"云网一体化基础设施体系，实施省直政务信息系统"迁移上云"工作。搭建向上链接国家平台，向下覆盖省、市、县政府部门的全省一体化综合政务服务平台，推进基础数据库建设项目，提升电子政务外网纵向骨干网和省级横向接入网的传输能力。加强政务服务事项规范化管理，实现全省政务服务事项基本要素统一，推进"减证明、减材料、减要件"，实现省、市、县、乡、村五级"一套系统一个平台"行政审批。开发"吉事办"提供覆盖全省的政务信息服务，强化政务服务"一网通办"，增加掌上政务服务种类，实现高频政务服务事项全流程在线办理和"跨省办理"，电子证照种类、数量在全国名列前茅。①

二、法治政府建设持续加强

（一）有力保障法治政府建设

为推动和保障法治政府建设取得实际成效，吉林省政府带头履行推进法治建设第一责任人的责任，并对法治政府建设进行专门的研究和部署，将法治政府建设纳入经济社会发展总体规划。在完成全省第一轮法治政府

---

① 《吉林省数字政府建设"十四五"规划》，http://xxgk.jl.gov.cn/zsjg/fgw_136504/gkml/202107/t20210701_8124484.html。

示范创建工作后，及时具体安排第二轮申报国家级法治政府建设示范创建相关工作。高度重视法治政府建设重大责任事项约谈和挂牌督办，加强对法治政府建设重大责任事项的监督管理。①紧密结合实际，制定法治政府建设指标体系，作为评估、考核全省各地区、各部门依法行政和建设法治政府状况和水平的重要标准，起到了良好的激励和规范作用。

（二）不断加强科学决策和民主监督

为健全完善行政决策，吉林省严格执行《重大行政决策程序暂行规定》，认真履行决策程序，积极落实重大行政决策和其他法律事项合法性审查制度，充分发挥政府法律顾问团的作用，确保政府重大行政决策合法合规；主动接受各级人大和政协的监督，认真办理人大代表建议和政协交办议案，满意率达到100%；发挥纪委监委、审计、检察机关的监督职能，推进"四项监督"，实现审计监督全覆盖；落实决策、执行、管理和结果公开制度，引导全省基层政府以群众需要为导向，不断完善政务公开事项标准目录，政务公开法治化、标准化、规范化水平不断提升。

（三）持续规范行政执法行为

为全面加强和规范行政执法，吉林省不断探索创新行政执法模式，深化行政执法体制改革，推动行政执法效能得到明显提升。全面落实行政执法"三项制度"，建立"四张清单"，编制行政执法"四张流程图"，为严格规范公正文明执法奠定了坚实基础；开展行政执法专项整治行动，协调推动省直行政执法部门对本系统、本行业重点执法领域开展行政执法专项检查；加强行政执法监督，严格抽查制度，抽查结果公示率达到100%，行政执法规范化水平显著提高。

---

① 《吉林省人民政府关于2021年度法治政府建设情况的报告》，http：//www.jl.gov.cn/zw/tzgg/gsgg/gg/202203/t20220304_8406745.html#：~：text.

第二节　信用吉林和诚信社会建设大大加强

吉林省着重开展信用吉林建设，在崇尚诚信的价值观引领下，越来越多的政府部门、企业、商家和居民将守信践诺作为立身之本，全省范围内社会信用体系日益健全完善。

一、社会信用体系构成内涵日益丰富

（一）政务诚信成为楷模

把政务诚信作为信用体系建设的首要任务，通过打造强有力的政务诚信，使政务诚信成为诚信中的楷模[1]，充分发挥引领作用，促进商务诚信等信用体系建设，提升企业、公众对政府的信任度和自身的获得感，由此带动社会、企业、个人的诚信行为。日益健全政务信用记录制度，依托"信用吉林""信用中国"等网站，对各级政府和公务员的政务信用信息逐步依法依规予以公开。[2] 不断提高重点部门的诚信程度，监管和降低信用风险，组织开展失信专项整治行动，目前吉林省信用综合服务平台双公示准确率达到96.59%以上，双公示有效占比达到90%以上，全省城市信用监测排名已进入全国前100名。[3]

---

[1]《吉林省政协聚焦诚信体系建设》，http://www.szzet.net/type-7/n38283217.htm.

[2]《吉林省政务诚信建设实施方案》，http://xxgk.jl.gov.cn/PDFfile/201812/5347450.pdf.

[3]《吉林省社会信用体系建设"十四五"规划》，http://xxgk.jl.gov.cn/zsjg/fgw_136504/gkml/202107/t20210729_8157680.htm.

（二）商务诚信全面加强

在生产领域，完善安全生产和质量承诺制度，健全生产经营单位产品安全、质量信用档案。在流通领域，完善流通企业信用档案，加强信用分类监管。在金融领域，推动金融业统一征信平台建设，加强信用产品的研发和推广，严厉打击金融领域违法失信行为。在税务领域，完善纳税人纳税信用信息数据库，加强纳税信用等级评定和分类管理。在价格领域，推行明码标价和收费公示制度，完善经营者价格诚信制度、价格诚信信息披露发布和奖惩制度。在工程建设领域，制定市场主体和注册执业人员信用标准，健全不良行为记录公示制度、市场准入退出制度、信用评价机制等。在政府采购领域，通过加强信用管理来保护政府采购当事人的合法权益，规范采购行为，建立供应商不良行为记录名单。在招标投标领域，扩大信用信息公开和共享的范围，建立信用评价指标和评价标准体系，落实违法行为记录公告制度。在交通运输领域，健全交通运输诚信考核评价制度、诚信披露制度等。在电子商务领域，推行电子商务主体身份标识制度、网店产品质量认证制度等。在文化、体育、旅游、会展和广告领域，健全市场主体信用档案，引入第三方信用服务机构开展经营主体及从业人员信用评价。在中介服务业，健全服务机构及其从业人员的信用档案，建立信用信息数据库，完善信用记录披露制度。

（三）社会诚信蔚然成风

在医药卫生和计划生育领域，建立健全量化分级管理、不良执业行为记分、医疗机构法人约谈、通报公示、非法行医"黑名单"等制度，健全药品价格和医疗服务价格公示制度。在社会保障领域，健全养老、医疗、失业等社会保险领域，以及社会救助、救灾、慈善、彩票、婚姻、收养等方面的诚信制度，建立跨部门、多层次的居民家庭经济状况核对信息系统。在劳动用工领域，完善重大劳动保障违法行为公示制度和"黑名单"制度，健全用人单位守法诚信档案。在教育、科研领域，完善教学科研人员、学生信用评价制度，健全试验原始记录和检查制度、学术成果公示制度、论文答辩前实验数据审查制度、毕业和离职研究材料上缴制度以及学术道德问责制度。在知识产权领域，探索重大侵权、违法假冒信息披露发布制度和"黑名单"制度。在环境保护领域，完善企业环境保护信用评价制度、分类监管制度和环保"黑名单"制度。在统计调查领域，建立覆盖全省的统计信用评价标准体系，加强统计执法。对于社会组织，健全信用档案，加强信用监管，强化社会组织诚信自律。

（四）司法公信牢固树立

加强司法领域信用信息系统建设，完善人民法院被执行人信息查询系统；加强公安系统信用信息资源整合；将公民交通安全违法及交通事故发生情况纳入诚信档案；将单位遵守消防安全法律法规情况纳入诚信管理；健全检察机关行政执法和刑事司法相衔接信息平台与行贿犯罪档案查询信息平台；完善司法行政系统信用信息平台。加大司法公开力度，扩大审判、检务、警务和司法行政信息公开范围，推进"阳光审判""阳光检务""阳光警务"，创新律师、公证、基层法律服务、法律援助、司法考试、司法鉴定等信息管理和披露的方式。提升司法执法水平，完善执行联动机制，加大对诉讼失信与执行失信的打击力度，提高审判和执行的质量和效率。

二、社会信用体系建设逐渐完备

（一）推进基础建设

推进吉林省信用信息数据交换平台建设，依托吉林省信用综合服务平台，实现了省、市、县三级共享共用模式，建设了涵盖9个市（州）的信用综合服务平台。与省法院系统成功对接，通过政务专网接口，向省信用综合服务平台推送失信被执行人信息和高法判决信息并进行公开公示，方便社会公众查询失信信息。建立企业、事业单位和社会组织信用信息公共数据库，推进企业信用信息公示系统建设。建立信息共享协作联动机制，联通相关的信用业务系统，实现了一体化服务平台建设、数据信息共享和技术应用。实行全领域、全环节的信用报告应用机制，形成了以行政领域为主、社会管理与市场领域协同的"信用+"联动应用体系。

（二）健全信用法规

不断完善信用法律法规体系，建立了国内第一个企业信用量化标准[1]等地方性行政法规，以及一系列信用体系建设相关的政策制度文件，囊括企业、自然人、社会团体、事业单位和政府机关五类信用主体，社会信用立法和制度建设持续推进，特别是自2022年1月1日起施行《吉林省社会信用条例》，对社会信用信息的有序归集、共享、公开和使用等进行规范，进一步发挥社会信用在创新社会治理方式、提高监管能力和服务水平方面的基础性作用。目前，全省基本实现了社会信用信息跨地区、跨行业、跨领域共建共享，信用联合奖惩、信用监管、信用便民惠企等信用应用服务稳步展开，更好地激发了市场主体活力，助力经济高质量发展。

（三）实施联合奖惩

高度重视企业和公共信用信息管理，制定完善信用基准性评价指标体系和评价方法，扎实开展企业公共信用风险分类评价和公共信用综合评价，基本建成了公共信用指标及评价体系。有效推进信用分级分类监管，并按照信用信息的类别和失信程度制定基础性评价标准和方法，建立失信行为修复制度，初步形成了公共信用综合监管体系。建立跨部门、跨地区信用联合奖惩机制，在日常监管、行政许可、资质等级评定、招标采购、资金扶持、公共资源交易、进出口管理、评先评优、定期检验等工作中以

---

[1]《企业公共信用风险分类评价规范（试行）》，credit.jlbc.gov.cn/xydt/bddt/202110/t20211021_371908.html.

省信用信息数据交换平台中的企业信用信息作为参考依据，在公共服务过程中，对守信者实行优先办理、简化程序等"绿色通道"支持激励政策，通过各行业失信黑名单制和市场退出机制等执行失信联合惩戒，完善"吉林信用网"上失信举报平台，健全失信举报联合核查制度，基本形成了公共信用联合奖惩体系。

（四）扩大诚信宣传教育

为打造不敢失信、不能失信、不愿失信的社会环境，吉林省积极创新诚信宣传模式，开展"诚信建设万里行""诚信点亮中国""信用吉林、美丽吉林""信用记录关爱日""网络诚信企业行"等一系列宣传活动，大力弘扬诚信文化，举行"契约文化展览""学习诚信传统文化，弘扬守信正能量"主题宣传月等活动。塑造模范典型，组织开展吉林省"百名诚信人物"评选活动，开展大学生"诚信点亮人生，创业成就辉煌"主题校园创业大赛，争创社会信用体系建设示范城市，创建守信激励创新试点，使全省诚信环境明显改善。普及诚信教育，在各级各类教育和培训中强化诚信教育内容。加快信用专业人才培养，大力培养信用管理人才及相关从业人员，引进学者、教师充实研究和师资队伍，组织开展信用管理及从业人员的继续教育和业务培训。

第三节　生态环境治理现代化日益成熟

吉林省始终高度重视生态文明建设，将其融入经济社会发展全局统筹谋划。从1999年获批国家生态省建设试点到如今的加快建设生态强省，吉林省持之以恒推进生态文明建设，着力推进生态环境治理体系和治理能力现代化，构建高质量的生态经济体系，努力打造美丽中国"吉林样板"。

一、生态文明制度体系逐步建立

积极践行绿水青山就是金山银山的理念，坚持节约资源、保护环境的基本国策，坚定走生产发展、生活富裕、生态良好的文明发展道路，大力建设美丽吉林。

（一）加强生态环境保护政策规划

全省上下牢固树立新发展理念，全面加强生态文明建设和生态环境保护，将其纳入地方政策及规划框架，已完成全省生态环境保护规划体系中大气、水、土壤等8个分规划编制工作，深入推进生态环保领域"放管服"改革，常态化实行环境影响评价审批和监管执法"正面清单"，坚持关口前移、超前对接，推进重大项目环评审批；坚决打好蓝天、碧水、青山、黑土地、草原湿地"五大保卫战"，污染防治攻坚战阶段性目标任务圆满完成，生态环境质量明显改善，人民群众的获得感、幸福感显著增强。

（二）健全生态环境保护地方性法规

吉林省高度重视生态环境保护工作，全面统筹推进《环境保护法》等国家相关法律法规的贯彻实施，并及时制定或修订了《吉林省生态环境保护条例》《吉林省大气污染防治条例》《吉林省黑土地保护条例》等环境与资源领域的地方性法规，形成了日趋完善的生态环保法规体系。以辽河流域水污染治理为例，《辽河流域水环境保护条例》的颁行将辽河流域的治理纳入规范化、法治化轨道，东辽河水质明显改善，逐步实现了人水和谐的美好水生态环境目标。

（三）形成生态环境综合执法合力

吉林省重视生态环境保护行政执法的加强和创新，全省完成了生态环境机构改革和省以下环保"垂改"，深入推进生态环境综合执法改革，成立省生态环境保护综合行政执法局；成立生态环境犯罪侦查总队，专职负责打击生态环境领域违法犯罪；设置环境资源审判庭，推进环境资源审判专门化、专业化；全力推动跨区划检察改革和生态环境专门检察办案团队建设，完善检察一体化办案机制；11家单位共同成立环境治理司法协同中心，全省上下形成一套全方位的生态环境执法机构体系，发挥生态环保综合执法职能作用。

（四）开展生态环保普法宣传

为在全社会牢固树立生态文明观念，推进生态文明建设，增加广大群众的生态环保意识和法律知识，吉林省不断加大生态环境普法宣传力度，创新普法宣传方式，拓展普法宣传阵地，将每年的9月26日设立为"吉林生态日"，以此为契机，以加快建设生态强省为载体，大力推动生态文明理念深入人心，深入践行绿色的生产生活方式，把保护生态、珍惜资源、爱护环境融入日常的工作、学习、生活当中，使之成为全社会的行动自觉，为加快建设生态强省营造浓厚的社会氛围。

（五）深化生态环保领域"放管服"改革

为实现生态环境保护与经济社会平衡发展，吉林省持续推动生态环保领域"放管服"改革，已经完成环境评价审批全程网上办理，增加告知承诺制试点的园区数量，按时高质量完成生态环境部委托的4个省内国家级产业园区规划环境评价审查；"排污许可"事项实现"跨省通办"，重大项目服务实现"五对接"，四级环境分区管控体系覆盖省级、重点区（流）域、地市、环境管控单元，"大水网"项目顺利获批。[1]持续开展"环保专家进基层"活动，在环保技术方面为基层和企业排忧解难，有效地助力实现绿色低碳发展和营商环境优化。

---

[1]《吉林省生态环境厅全力助推经济高质量发展》，http://www.jl.gov.cn/zw/yw/zwlb/sz/202111/t20211125_8303094.html.

（六）完善生态环保监管制度

加强政府和相关部门对生态环保事项的监管，全面落实生态环境保护主体责任，有效提升了生态环境行政监管的水平、能力和成效。在详细总结吉林省级历年生态环境保护督察经验的基础上，逐步完善省级生态环境保护督察制度，及时组织实施督察，确保整改效果。建立健全固定污染源排污许可制度，在省内范围推动实现全覆盖。完成省以下环保机构监测监察执法制度"垂直式"改革，极大增强了执法效能。推进环境评价审批制度改革，助力实施"网格化"环境监管。

（七）拓展生态环保监督渠道

强化生态环保领域的公众参与和社会监督，拓宽信息公开、信访、投诉、举报渠道，主动接受各级人大法律监督和政协民主监督，自觉接受社会公众、群团组织、行业协会和新闻媒体等社会监督，建立健全群众信访举报案件常态化办理机制，完善"12369"环保热线和群众有奖举报制度，落实环境信访举报登记、受理、分办、调查、处理、反馈工作制度，加快解决群众身边的突出环境问题，提升群众满意率。

二、生态环境治理体系日渐完善

加快补齐环境治理短板，积极构建导向明晰、决策科学、实施得力、奖惩有效、多元参与、良性互动的生态环境治理体系。

（一）完善治理保障体系

加快推进环保产业振兴发展，在产业集聚、企业创新研发、人才培养、投融资环境等方面为环境治理提供重要的物质和技术基础[1]；全力推进

---

[1]《吉林省人民政府办公厅关于加快推进环保产业振兴发展的若干意见》，吉政办发〔2019〕40号，www.jl.gov.cn/gb/2019/zb_201919/szfbgtwj_84817/202007/t20200713_7357499.html.

生态环境污染责任保险，2021年，全省在生产的涉重金属企业45家，参保企业34家，参保率达到76%，保险保障金额近亿元；建立耕地、草原、森林、水流和湿地五种生态保护补偿制度，全省流域上下游生态补偿取得初步成效，累计用于奖励的资金近亿元。

（二）提升综合行政执法能力

深化生态环境执法改革，统筹协同推进执法机构垂直管理和综合行政执法改革，在县（市、区）级积极推进并探索"局队合一"的体制，2020年组建了吉林省生态环境保护综合行政执法局，负责省级生态环境保护领域行政执法事项和重大违法案件调查处理，协调处理重大生态环境问题和跨行政区生态环境问题，加强对市县执法队伍的组织协调和稽查考核，监督指导市县执法队伍建设。全省的生态环境执法力量进一步增强，执法职责进一步明确，执法效能进一步提升。

执法体制机制建设取得新进展。积极适应生态环境保护执法工作新形势、新任务、新要求，综合行政执法体制机制执法权限、事项清单、机构设置实现新进展。健全完善环保项目"邻避"问题联席会议机制、环保税征收数据共享机制，以及环保、公安密切行政执法和刑事司法衔接机制。加快推进全省"三项制度"落实，全面推进行政执法公示、执法全过程记录、重大执法决定法制审核制度。[①]

积极推进全省执法专业化、规范化和标准化建设。不断强化执法人员岗位培训和考核，鼓励通过市场化的方式购买培训服务；进一步创新执法"大练兵"方式，将污染防治攻坚战作为练兵的重要平台，全省执法人员的执法能力水平得以提升。

持续推进生态环境执法信息化应用，建成以移动执法为基础的生态环

---

① 《吉林省生态环境厅全面推进行政执法公示制度执法全过程记录制度重大执法决定法制审核制度的实施方案》，xxgk.jl.gov.cn/zcbm/fgw_98007/xxgkmlqy/202006/t20200602_7250581.html。

境监管执法平台。升级改造污染源在线监控系统，有序推进视频智能监管系统。建立了以"双随机、一公开"日常监管为基本手段，以重点监管为补充，以信用监管为基础的新型常态监管机制，健全完善了污染源企业和执法人员名录库。

（三）健全环境安全风险防控机制

严守生态环境底线，严格环境准入管理，完善突发环境事件应急预案和环境风险防控三级体系，全省范围开展了环境风险综合评估、隐患排查和整治活动，"十三五"期间，全省未发生较大及以上突发环境事件。加强核与辐射安全监管，强化危险废物、尾矿库和化学品等高风险领域的风险防控，稳步推进"无废城市"建设，加强重金属污染防控，突出生态环境风险隐患排查治理，坚决守住环境安全底线，风险防控达到较高水平。健全"邻避"问题防范化解机制，严格履行社会稳定风险评估、公众参与等程序，有效保证了环境安全。

（四）开展污染防治攻坚战

有力实施蓝天、碧水、青山、黑土地、草原湿地"五大保卫战"，全面完成国家污染防治攻坚战的各方面各项考核指标，在2020年全国污染防治攻坚战成效考核评价中，吉林省被评为优等，全国排名第九。[①]开展蓝天保卫战，推进燃煤锅炉淘汰和燃煤发电机组超低排放改造，遏制秸秆露天焚烧，推广无害化处置，建设机动车排放遥测点，淘汰柴油车辆；开展碧水保卫战，推进"两河一湖"治理，推动提高污水处理能力，整治河流排污口，划定农村"千吨万人"饮水水源地；开展黑土地保卫战，实现化肥、农药施用量负增长，对耕地进行安全利用或严格管控，完成农用地环境质量分类，建立建设用地风险控制、治理和修复清单，加快治理农业农

[①]《吉林省生态环境保护"十四五"规划》，http://xxgk.jl.gov.cn/szf/gkml/202201/t20220126_8387488.html.

村污染；开展青山和草原湿地保卫战，大力造林，保护和恢复历史矿山地质环境、草原、湿地，建设各级自然保护区，包括生物多样性保护区，持续开展"绿盾"专项行动和侵占破坏生态环境问题调查整治。建立污染防治攻坚战成效考核机制，较好完成国家污染防治攻坚战成效考核的37项指标。

第四节　公共服务效能逐渐增强

吉林省深入贯彻以人民为中心的发展思想，从群众关心关切的问题着手，把保障和改善民生放在重要位置，着力推进覆盖城乡的基本公共服务体系建设，健全基本公共服务制度，完善服务项目和基本标准，加大基本公共服务投入倾斜力度，各级各类公共服务设施不断完善，保障能力和人民群众的获得感显著提升。

一、深入推进基本公共服务均等化

（一）制定政策规划

近年来，吉林省不断完善地方性政策规划，持续加快推进基本公共服务均等化，取得了令人瞩目的成效。2020年，出台《吉林省推进基本公共服务均等化"十三五"规划》，推进全省基本公共服务均等化发展，为推进吉林新一轮振兴发展保驾护航；强化基本公共服务领域省与市县共同财政事权和支出责任，明确基本公共服务领域省与市县共同财政事权范围，落实和制定基本公共服务保障基础标准，推进市县以下支出责任划分改革。

（二）细化规范标准

参照国家标准，实行《吉林省基本公共服务具体实施标准（2021年版）》，细化充实相关服务标准和服务流程，明确服务内容的依据，落实各级部门支出责任，确保执行标准服务事项。一是涵盖了广大人民群众普遍享有的基本公共服务项目，以此来保障人民群众最基本的受教育、就医、养老、文化等权益；二是针对老幼病残困等社会弱势群体，在居住、就医、求学等方面给予特殊保障，满足其基本生存需要，避免陷入生存困境；三是强化健康管理、职业培训、创业指导等方面的服务能力，通过优化服务为群众赋能，从根源上提升生活质量。

二、加强社会心理服务体系建设

完善社会心理服务体系，培育自尊自信、理性平和、积极向上的社会心态，以良好的社会心态筑牢社会稳定发展的社会心理基础，这是社会治理的大势所趋。吉林省以建成与社会发展和功能定位相适应的、可持续发展的社会心理服务体系为目标，积极探索社会心理服务的模式和机制，促进公民身心健康，维护社会和谐稳定。

（一）健全社会心理服务平台网络

有针对性地搭建心理服务平台，成立社区心理服务团队，通过服务热线、微信公众号、小程序等，为城乡社区防控一线工作者、社区居民等提供心理咨询、危机干预、心理压力咨询和心理健康咨询；设立心理援助热线，提供24小时免费心理健康服务；搭建三级心理危机干预服务体系，积极预防、干预相关人员的精神心理问题；完成基层心理健康服务平台建设、学生心理健康服务网络建设等指标。

不断完善心理服务网络，组建全省高校心理咨询服务专家团队，面向全省高校师生开展咨询督导、心理健康科普课程和心理健康热线服务工作；全省66所普通高等学校全部开设心理服务热线和网上心理服务平台，为学生及家长开展心理援助服务[①]；教育系统网络心理服务平台——"长春市青少年心灵港湾"集合全市优秀心理教师，持续在线为广大青少年和家长提供专业的心理疏导服务；动员高校利用心理学科优势，组建志愿者团队，面向社会提供相关心理服务。

（二）完善社会心理服务的形式和模式

不断丰富心理服务形式：创办心理健康援助中心，为特殊人群提供专项公益性心理咨询服务；建立贫困大学生心理健康档案，提供心理咨询和辅导服务；为弱势群体及其聚居区进行心理健康咨询和宣传教育活动；对"三无"人员、低保户、残疾人、下岗职工、失业人员和农民工、外米务工人员等群体免费开展面对面服务；建立心理危机干预热线，对有关人员进行心理干预；成立服务队，深入社区、军营、学校、农村开展心理咨询和心理危机干预服务。

在此基础上，通过社会心理服务体系建设试点等途径，持续摸索独具特色的社会心理服务模式：按"党工委负责、党员带头、专家参与、媒体宣传、员工受益"的原则，借助"工会互联网+普惠服务"等平台，健全职工心理服务、咨询和干预机制，协调12351心理健康服务热线、心理咨询窗口及法律援助渠道；以线上和线下联动方式，积极开展未成年人心理健康辅导工作，努力完善学校、家庭、社会"三位一体"的心理健康教育机制，促进未成年人人格发展；建立家、校、医联动的青少年健康教育模式，实施"护蕾计划"，发挥健康课堂和作用，注重中小学生的心理危机干预，提高青少年心理健康教育整体水平；坚持救助与心理服务并重，完善精神障碍康复服务机制，对独居老人、贫困儿童、残疾人等重点人群提供多种形式的心理援助；利用聘请专业心理咨询师、建立心理调节室、组织心理健康培训等方式，积极引导信访人员心理健康，为其提供心理咨询

---

① 《吉林各高校普遍开设心理服务热线》，http：//m.gmw.cn/baijia/2022-04/01/1302878254.html.

服务；通过购买服务的形式，为特殊岗位的工作人员和社区矫正对象等提供心理疏导、干预服务。

（三）加强心理服务人才队伍建设

完成严重精神障碍患者管理、心理服务人才队伍建设等指标。发挥心理疏导志愿者的作用，成立心理疏导志愿服务专家团队，通过心理咨询服务热线提供心理疏导、情绪梳理等志愿服务，心理服务志愿者队伍日益壮大，积极参与社会心理服务，守护人民心理健康。强化社会心理服务人才培训，举办"吉林省心理健康服务专业知识和技能培训班"，长春市组织"社会心理服务人才（心理咨询师）培训"，组织深入学习社会心理服务的理论和技能，增强服务意识、提高服务水平；吉林市举办未成年人心理健康教育人员在线培训，为未成年人健康成长提供了坚实的专业保障。

（四）拓展心理健康科普宣传

开展普及心理健康知识、训练心理行为、心理热线援助、三级心理健康培训等活动；举办"社会心理服务论坛"，研究探讨社会心理服务体系建设实践中的成功经验、创新做法、典型案例，分析问题和不足，展望机遇和路径，助力吉林省社会心理服务的深入开展；长春市举办社会心理服务体系建设重点项目——"儿童青少年心理行为问题的预防与干预"线上研讨会；吉林市组织开展了以"阳光心态·幸福人生"为主题的"心关爱·进吉林"心理科普大讲堂大型公益活动，宣传健康意识和科普知识，取得了良好的效果。

三、发展吉林特色公共法律服务

以"构建由政府主导、财政支撑、司法行政统筹、社会广泛参与、覆盖城乡居民、具有吉林特色的公共法律服务体系"为目标，扎实推进吉林特色公共法律服务体系建设，基本形成了省，市（州），县（市、区），乡镇（街道），村（社区）的五级公共法律服务体系。

（一）强化组织保障

将公共法律服务体系建设纳入吉林省"十四五"规划，并编制专门的《吉林省公共法律服务体系建设"十四五"发展规划》；成立省级公共法律服务指挥中心，指导、推进公共法律服务体系建设工作；召开"关于推进吉林省公共法律服务体系建设"咨政协商座谈会，交流探讨重点和难点问题，为公共法律服务体系建设建言献策；创新法律援助工作，成立法律服务律师团，维护劳动者权益，促进建立和谐的劳动关系。目前，已形成群策群力的组织保障体系，使公共法律服务体系建设的战略位置更高、推动力量更强、协调落实更有力。

（二）完善相关制度

深化制度建设，加强制度落实，高起点、高站位规划公共法律服务体系建设。相继制定出台推进全省公共法律服务体系建设的若干规范性文件，下辖各地普遍因地制宜制定了公共法律服务体系建设实施意见和规划，确保公共法律服务体系建设有序开展；加快公共法律服务标准化建设，明确对公共法律服务领域的政务公开事项进行梳理，完成公共法律服务领域政务公开事项标准目录的编制工作，及时发布公共法律服务领域政务公开对应事项信息等要求[①]；加强对公共法律服务的监督和评价工作，建立接受群众评价工作机制，运用多种手段多维度对公共法律服务进行监管，对服务质量及时反馈、沟通、改进、规制；完善奖惩制度，开展星级司法所认定的活动，密切关联从业人员的薪酬、职责、业绩和实际贡献，对成效显著的单位和个人给予奖励，对落实工作不到位的严格追责。

---

① 《吉林省司法厅关于全面推进公共法律服务领域基层政务公开标准化规范化工作实施方案》，xxgk.jl.gov.cn/zcbm/fgw_97987/xxgkmlqy/202004/t20200 426_7175443.html.

（三）提升法律服务便捷程度

加强便民利民服务和覆盖城乡的服务网络建设，确保服务更加高效便捷。"吉林法律服务网"正式上线运行，12348热线平台向全省人民提供全天候免费法律咨询服务，在全省各县（市、区）和乡镇（街道）广泛建立公共法律服务中心（工作站）、司法所，开辟法律服务"绿色通道"，全省村（居）法律顾问实现全覆盖，在全省公示所有法律服务机构及其人员的基本情况，应用网络地图即可导航法律服务机构位置。①不断推出便民服务措施，服务场所普遍设置便民窗口，设立联络点、工作站、信息员等，开展巡查和上门服务，拓展公共法律服务申请受理渠道，简化受理程序；为方便异地服务，积极搭建公共法律服务跨区域协作平台，推进网上、邮寄、代理等受理方式和途径，为妇女儿童、老年人、残疾人等提供专项服务；公共法律服务无人亭亮相、公共法律服务机器人登场。

（四）拓展法律服务作用领域

围绕民生实事、助企惠企、化解纠纷、保护生态等发展战略，以及中心工作、热点工作开展服务。开展"营商环境建设法治护航五大行动"，"落实'三抓'部署服务企业发展'123'工程"，"走进千家商会服务万户企业""十百千万"为民实践活动，"法律援助惠民工程"，企业免费"法律体检"等多种形式的专项服务；探索创建地方特色法律服务，为"人参特色小镇"建设提供助力服务，利用"天池和"实现旅游纠纷远程视频调解景区全覆盖，开展"守护白山松水法律服务在行动"；为维护社会稳定，在教育、就业、扶贫、扫黑除恶等民生领域提供各类法律服务，有效降低各领域法律风险，排查解决各类矛盾和纠纷，助力社会和谐稳定和经济繁荣发展。

①《吉林省公共法律服务体系建设"十四五"发展规划》，http：//xxgk.jl.gov.cn/szf/gkml/202108/t20210806_8172032.html.

第五节　基层社会治理新格局初步形成

近年米，吉林省基层的社会治理社会化、法治化、智能化、专业化水平不断提高，人民群众的获得感、幸福感、安全感稳步增强，构建起独具特色的基层社会治理新格局。

一、夯实基层社会治理基础

深入学习贯彻关于基层治理的重要论述和视察吉林重要讲话重要指示精神，落实中央决策，对全省加强城乡基层治理工作、"基层建设年"进行了部署安排。

（一）党建引领基层治理

吉林省改革创新，建立了党建引领城乡基层治理统一领导体制，构建起"大党建"格局。

第一，坚持高起点谋划、系统性布局。实施创新城市基层党建的"吉林行动"计划，创建"1+8"组织体系建设模式（以1个领导体制统领8项重点任务），开创了"区域统筹、条块协同、上下联动、共建共治共享"的城市基层党建工作的新模式[①]；聚焦基层治理缺乏顶层设计、条块分割等问题，建立党委统一领导、组织部门牵头、相关部门齐力发挥作用、平战兼备的城乡基层治理领导体制。

第二，充分发挥"党委城乡基层治理工作委员会"的作用。全省9个市（州）、长白山开发区和60个县（市、区）全部分设独立工作机构；各级

[①]《吉林省：党建引领，改革赋能，创新推动城市基层党建高质量发展》，http://baijiahao.baidu.com/s? id=1688045807052453119&wfr=spider&for=pc。

委员会均下设乡镇（街道）管理体制改革专门工作组，在委员会办公室的统筹协调、调度指导下，破解基层治理难题堵点问题，取得了较好的社会效果，确保党建引领基层治理触角延伸至每一个社区网格和农村屯组。

第三，构建形成书记领航的责任体系。全面落实城市基层党建"书记一号工程"，制定"十百千万"书记项目清单，推动各级各部门党组（党委）书记认领6100多个书记项目；设立省委书记社区党支部联络点，打造全省标杆支部，全面推进社区党组织建设和城市基层党建工作。

第四，有效提升城市基层党建工作整体效应。依托社区党组织建立城市党建联盟，推动社区党建与单位、行业党建的互联互通；为不断加强城市党建的"外溢效应"，结合各领域党建特点，创新开展机关党组织与社区党组织"双百共建"活动，确保城市各种资源的有机联系、统筹利用。

第五，坚持党建引领、协同共治。加强和改进城乡网格化服务，把党组织建立到网格上，设立网格党支部或党小组[1]；组织党员干部包联网格，担任街长、路（巷）长。

（二）推进基层社会治理体制创新

制定县（区）职能部门、乡镇（街道）权责清单。全省各地梳理公布本地乡镇（街道）、村（社区）权责和公共服务事项目录清单，建立职责清单长效管理机制，各乡（镇）、街和各相关职能部门要严格按照清单事项进行办理，并接受社会各界监督。

第一，推进社区减负。进一步清理规范各级党委、政府职能部门在社区设立的工作机构和加挂的各种牌子，精简社区会议和工作台账；全面清理基层政府各职能部门要求社区出具的各类证明；实行基层政府统一对社区工作进行综合考核评比，取消对社区工作的"一票否决"事项；制定社区权责清单和公共服务事项目录清单，建立社区职责准入制度，应当由基

---

[1]《加强和改进城乡网格化服务管理工作的意见》，吉政法联发〔2020〕6号，www.mhk.gov.cn/zwgk/xxgk/xzj/sxz/sxzml/202010/t20201027_40245.html.

层政府履行的法定职责不得要求社区承担；依法需要社区组织协助的工作事项严格落实"权随责走，费随事转"，为社区提供经费和必要的工作条件。

第二，加强基层群众性自治组织规范化建设。积极培育发展社区社会组织，持续实施培育发展社区社会组织专项行动①；深化村民自治实践，加强农村群众性自治组织建设，健全党组织领导的村民自治机制，完善村民代表会议制度，丰富村民议事协商形式，推进民主选举、民主协商、民主决策、民主管理、民主监督实践；坚持发展新时代"枫桥经验"，充分发挥村民委员会、群防群治力量在公共事务和公益事业办理、民间纠纷调解、治安维护协助、社情民意通达等方面的作用，全面实施村级事务"阳光工程"。

第三，完善村（居）自治载体。深化基层民主自治实践和制度创新，指导各地依法组织实施村（居）民委员会换届选举工作；拓宽基层群众参与民主实践的制度化渠道，探索建立基层党组织领导下的村（居）民议事协商机制，开展村级议事协商创新实验试点工作，全省共有11个村庄入选全国村级议事协商创新实验试点单位；推进村级小微权力清单制度建设，规范村级权力运行，提升村级治理水平，截至2021年底，实现了所有县（市、区）全覆盖。

二、健全社区管理和服务机制

完善城乡社区治理机制，实现党领导下的政府治理和社会调节、居民自治良性互动，提升城乡社区治理的法治化、科学化、智能化、精细化水平和组织化程度，推进绿色社区、和谐社区、幸福社区建设。

---

① 《吉林省培育发展社区社会组织专项行动实施方案（2021—2023年）》，mzt.jl.gov.cn/mztyw_74291/shzzgl/fgwj/202106/t20210604_8093997.html.

（一）推动社会治理和服务资源向社区下沉

建立完善机关党员干部常态化下沉社区、长效化服务群众机制，不断丰富机关党组织和社区党组织"双百共建"活动内容，把机关党的组织优势、资源优势、人才优势转化为党建引领基层治理的效能；深化机关干部下沉社区的成果，进一步推动省直机关各级党组织和广大党员干部下沉在一线、服务在一线、坚守在一线，落实从应急状态转向常态化的过渡时期各项措施；法院系统将法官下沉社区网格，利用辖区内各基础网格和专属网格开展"网格+调解""网格+普法""网格+执行"等系列活动，目前全省范围内基本做到了每个网格都有专门的网格法官负责。

（二）发挥示范创建行动带动作用

深入开展各类社区治理示范创建行动，着力打造了一批特色鲜明、内涵丰富的典型示范社区，切实引领带动了全省城市社区建设的整体水平得以提升，核定207个社区为2021年度全省社区治理示范单位，予以通报表扬。全省各社区以示范典型为榜样，积极探索更多鲜活的社区治理经验，不断创新吉林省社区治理局面。

（三）改善社区服务设施

不断提高城乡社区综合服务设施的整体水平，给广大社区居民提供"一站式"服务，逐渐增加基本公共服务的种类，提高服务质量。公共事务服务中心覆盖全省所有城市社区，目前全省城市社区服务活动场所的平均面积为828平方米。在全国率先全面推进农村社区建设，所有村部进行"社区化"改造，办公服务场所的平均面积为283平方米，全部建有"一站式"服务大厅、多功能室、文体活动室等场所。[①]

---

① 《吉林省城乡社区治理工作取得显著成效》，http://new.qq.com/omn/20210925/20210925A0CAAY00.html.

（四）加强农村社区警务

重视加强农村社区警务，创新农村警务工作模式，推动深化"一村一警"工程建设；依托移动互联网，搭建农村警务管理应用平台，自主研发集六大功能于一体的农村警务App，极大促进了农村辅警工作的效能提升，截至2021年底，全省9338个行政村实现"一村一警"全覆盖。^①

三、引导社会力量参与基层治理

（一）扶持引导社会组织

近年来，不断加大社会组织培育扶持力度。实施培育发展社区社会组织专项行动，对社区社会组织负责人和业务骨干进行培训；大力培育新兴领域的社会组织，促进社会组织从业人员增加；全面完成行业协会商会脱钩改革，实现"应脱尽脱"，进一步释放发展活力。截至2021年底，全省共有社会组织20111家，较2020年增长17%。

第一，净化社会组织发展环境。以取缔、劝散、引导登记等方式开展打击整治非法社会组织专项行动，净化社会组织生态空间；开展清理整治"僵尸型"社会组织专项行动，全力解决挤占社会资源、耗费行政管理成本等突出问题；开展规范整治市场行为专项行动，联合推进全省近3000家义务教育阶段的学科类校外培训机构转制工作，清理规范行业协会商会收费。

第二，引导社会组织参与基层社会治理及服务。实施购买社会组织参与社会服务项目，面向全省各级各类社会组织购买社会服务项目。动员社会组织参与"千企助千村"活动，启动公益帮扶项目，提供资金和物资，助力乡村振兴。引导社区社会组织积极开展"我为群众办实事"实践活

---

① 《吉林省社会治理体系建设亮点采撷：基层治理的吉林实践》，http://www.sohu.com/a/479820183_120798024.

动，开展各类关爱活动。①

（二）加强社工队伍建设

为切实保障和提高社区基本公共服务的质量，吉林省重视社会工作专业人才队伍建设，在城市社区设立"社工岗"，推动社区专职工作者职业体系建设改革创新，9个市（州）、长白山管委会以及67个县（市、区、开发区）制定出台了具体贯彻落实意见和相关配套制度措施；将"社工岗"作为全省重点民政工作目标责任制重点评估内容，纳入全省督查考核计划；各地推动改革攻坚任务落实，建立"三岗十八级"等级薪酬体系，有序推进选任招聘、工龄认定、岗位定级、薪酬套改、管理考核等工作，进一步充实社区工作力量。截至2021年底，全省各地共配备"社工岗"人员1.8万人。②

（三）健全志愿服务机制

深入推进志愿服务制度化、常态化，截至2021年底，全省有实名注册志愿者287万人③；依托全省社工站三级服务体系建设，同步建立志愿服务体系；探索建立"道德银行""积分制管理"等激励机制；推广使用全国志愿服务信息系统，推进数据归集；连续十年开展年度学雷锋志愿服务先进典型评选活动，以弘扬志愿服务精神，更好树立榜样标杆；省志愿服务联合会积极发挥组织作用，号召全省广大志愿者投身社区公共卫生应急等事务，截至2022年4月17日，全省志愿者累计上岗707.99万人次；在中宣

①《吉林省社会组织工作实现跨越式发展》，http：//www.mca.gov.cn/article/xw/mtbd/202202/20220200039758.shtml.

②《吉林："社工岗"政策落实取得阶段性成效》，http：//baijiahao.baidu.com/s？id=1708313474424555241&wfr=spider&for=pc.

③《全省志愿服务工作综述》，http：//baijiahao.baidu.com/s？id=1721178686786945357&wfr=spider&for=pc.

部、中央文明办开展的"志愿服务关爱行动"中，累计建立服务项目1691个，报名80560人，审核通过52185人，日均服务时长10.1小时。①

（四）深化"三长"联动

吉林省不断务实探索基层社区社会治理的有效方式，2020年7月，习近平总书记视察吉林时，对长春市"四级"社区党建网络工作体系和"三长"联动工作机制给予充分肯定。截至2021年底，长春市实现城区"三长"全覆盖，并开始推进"三长"联动向农村延伸，已建成农村网格17023个，全市城乡网格达到22553个，城乡"三长"队伍达到24.4万人。②

第六节　市域社会治理现代化水平显著提升

市域社会治理现代化是社会治理现代化的切入点和突破口，体现了治理层级的提高，有助于构建富有活力和效率的新型基层社会治理体系，解决基层治理多重困境，推进基层治理现代化。③吉林省在市域层级着力健全完善党委领导、政府负责、民主协商、社会协同、公众参与、法治保障、科技支撑的社会治理体系，构建人人有责、人人尽责、人人享有的社会治理共同体，不断推进市域社会治理体系和治理能力现代化建设。

---

① 《危急关头迸发最暖心力量——吉林省疫情防控"志愿服务关爱行动"综述》，http://www.sohu.com/a/539207999_120640988.

② 《"三长"联动工作机制为社区注入现代化活力》，http://www.sohu.com/a/479256551_121106822.

③ 李晓燕：《市域社会治理现代化中基层治理的进阶式发展》，载《北京社会科学》2022年第7期。

一、加强市域社会治理体系建设

（一）完善市域社会治理体制机制

吉林省不断健全完善市级党委总揽全局、协调各方的领导体制，联动融合、集约高效的政府负责机制，平等尊重、包容和谐的民主协商机制，程序科学、环节完备的群团助推机制，开放多元、互利共赢的社会协同机制，人人尽责、人人享有的公众参与机制。在《全国市域社会治理现代化试点工作实施方案》《全国市域社会治理现代化试点工作指引》的基础上，结合吉林省实际情况，制定或修订与市域社会治理有关的地方性法规规章，形成市域社会治理地方法治保障体系。同时，注意突出治理布局和治理手段的现代化，凸显区域特色。经过实践探索，努力进一步把市域体制机制的优势更好地转变为社会治理效能，以治理能力现代化把市域打造成防范化解"五类风险"的终结地。

（二）推进市域社会治理现代化试点

为积极探索具有吉林特色、时代特征的市域社会治理新模式，吉林省及时部署全省市域社会治理现代化试点工作，不断推介省内各地区的成功经验。强化分类指导，传承红色基因，抓实社会治理服务中心建设，打造"一站式"矛盾纠纷调处新模式，推动基层平安建设，聚焦和服务群众需求。引导吉林市、四平市、通化市、双辽市等地积极落实推进试点工作，锐意进取改革创新，整合各方资源，激发红色动能，广泛构建起具有地方特色和时代特点的市域社会治理现代化试点城市新格局。

（三）提升市域社会治安防控能力

为增强市民的获得感、幸福感、安全感，防范化解政治、社会治安、重大矛盾、公共、网络等安全风险（"五类风险"），吉林省重视提升社会治安防控能力，推动建设更高水平的平安吉林。不断创新市域社会治理的方式和手段，坚持并深化政治、法治、德治、自治、智治的有机融合（"五治融合"）。推进党建进机关、进企业、进校园、进农村、进社区。把社会主义核心价值观融入法治建设和社会治理。加强村规民约、行业规章、团体章程等建设。加强立体化、信息化、智能化社会治安防控体系建设，突出防控新型网络安全风险等各类稳定风险，重点打通地方、部门、企事业单位之间的信息和数据壁垒，强化智治支撑。

二、打造"枫桥经验"吉林样板

近年来，吉林省深刻把握"枫桥经验"的核心要义，推动引导各地各部门在坚持和发展新时代"枫桥经验"方面做出了许多有益的探索和尝试，打造出了具有吉林特色的"枫桥经验"样板。

（一）创建"枫桥式公安派出所"

社区派出所是"枫桥经验"的典型体现和集中代表，吉林省一贯重视并组织各地全面开展"枫桥式公安派出所"创建活动，省内有2个派出所（其中包括敦化市公安局官地派出所）成功入选公安部2019年命名的100个全国首批"枫桥式公安派出所"，在全省范围内起到了良好的榜样带动作用。①例如，长春市公安局南关分局清明街派出所获此殊荣，并以此为激励，充分发挥示范引领作用，先后被授予"全国公安系统优秀基层单位""全国公安机关执法示范单位""全省十佳派出所""人民满意政法标兵单位"和东北三省唯一、全国仅有十家的"全国公安派出所所长教官培训基地实践教学点"等多项荣誉。②

---

① 《我省2个派出所被命名为全国首批"枫桥式公安派出所"》，http：//gat. jl.gov.cn/jwzx/gayw/201912/t20191202_6195687.html.

② 《长春公安：清明街派出所被公安部命名为全国首批"枫桥式公安派出所"》，https：//m.thepaper.cn/baijiahao_5114746.

（二）拓展"枫桥经验"践行实体

吉林省勇于探索，成功尝试将"枫桥经验"运用于其他类型的基层治理机构。例如，集安边境管理大队麻线边境派出所成立"义警工作站"，招录社会志愿者担任义警，填补基层警员警力的空缺。①该模式首先在农村得到推广，针对边境地区村屯分布散、距离远、警力有限的实际情况，充分发挥义警地理环境熟、村屯结构清、邻里情况明的优势作用，以民警、驻村辅警作为群防群治组织者，建立并完善了纠纷调解处理机制，借民力办民事，让群众一同参与矛盾纠纷化解，可有效缓冲对立情绪，增强第三方公信力，节约警力资源，助力打造幸福村屯。

（三）培树"枫桥经验"地方品牌

吉林省积极引导全省各地将自身优势与"枫桥经验"相结合，塑造异彩纷呈的各个地方品牌。例如，2020年以来，长白朝鲜族自治县积极推进矛盾纠纷前端治理，推进矛盾化解重心下移，健全基层社会矛盾纠纷排查化解机制，扎实推进"无讼社区（村屯）"创建工作，将"无讼"触角延伸到每一个角落，在全县各乡镇建立了9个"调解工作室"，在20个村屯建立了"法官说法点"，开展法律咨询及纠纷化解工作，丰富和拓展了"枫桥经验"的内涵、功能，不断显现出良好的治理效果：矛盾尚未发生时，精准普法无诉讼；矛盾发生未成诉，多元化解在萌芽；矛盾成诉先调解，司法确认作保障。②

①《麻线边境派出所"义警工作站"构建社会治理新格局》，https：//www.sohu.com/a/412912061_100015286.

②《吉林省长白朝鲜族自治县：造就无讼村屯 续写枫桥经验》，《农民日报》2021年8月19日，http：//tuopin.ce.cn/news/202108/19/t20210819_36824126.shtml#：~：text=.

（四）创新"枫桥经验"实践机制

吉林省灵活创新，把"枫桥经验"体现在多种多样的基层社会治理运行机制之中。例如，蛟河市在全市推行"六六议事堂"百姓说事议事机制，将其固定为长效工作机制。所承担的职责主要包括：研究解决乡村内部矛盾纠纷及信访问题；发挥诉前调解助力作用，为法院民事诉讼工作卸载减负。成功引入了法官和法律服务工作者两大元素，实施"一个乡镇一名指导法官，辐射多个人民调解员"的调解模式。截至目前，蛟河市已在103个村实行"六六议事堂"制度。①将自治、法治、德治相结合，发挥基层党委、村党支部引领作用和人民调解委员会载体作用，整合各项行政和社会资源，化解矛盾纠纷，培育文明乡风、良好家风、淳朴民风。

第七节　经济民生安全保障进一步加强

近年来，吉林省全面贯彻关于振兴东北的重要指示精神，坚持稳中求进，扎实做好"六稳"工作，努力保持经济安全平稳健康发展。

一、巩固粮食安全

吉林省肩负着稳定国家粮食安全的重任，实施"藏粮于地，藏粮于技"战略，有力推进乡村全面振兴和农业农村现代化。

---

① 《蛟河市搭建"六六议事堂"百姓说事平台，探索"666"基层社会治理新模式》，http://www.jlpeace.gov.cn/jiaoheshi/gzdt/202107/78adf3b5e1cc4cf0839f40f13c35a1cd.shtml.

（一）推进黑土地保护

东北地区是世界三大黑土区之一，作为一种性状好、肥力高，非常适合植物生长的土壤，黑土地是大自然给予人类的生产粮食的丰厚宝藏。吉林省将黑土地保护提升到维护国家粮食安全的战略高度，成立省委书记、省长共同担任组长的黑土地保护工作领导小组，积极统筹谋划：组建包括四位院士的黑土地保护专家委员会；与中国科学院开展东北地区"黑土粮仓"科技会战；全省各地层层压实五级书记主体责任。

第一，完善黑土地保护法规政策和标准体系。实施《吉林省黑土地保护条例》《吉林省黑土地保护工程实施方案（2021—2025年）》和《吉林省黑土地保护总体规划（2021—2025年）》，推进人才、资金、项目、政策等向黑土地保护聚集，确定了黑土地保护工作的目标和实施路径，制定了全国首个保护性耕作技术标准规范，建立"吉林省黑土地保护与利用标准化技术委员会"，推动黑土地保护标准体系的完善。

第二，探索吉林特色保护之路。大力推广保护性耕作，构建"东部固土保肥、中部提质增肥、西部改土培肥"的黑土地保护策略，形成"秸秆条带覆盖还田"等黑土地保护技术模式。[1]启动"吉林省农业机械化智慧云平台"作为黑土地保护性耕作远程电子监测系统，安装终端监测设备，对土地质量实施监测，首创对土配方、施肥信息进行监测的手机监测系统，建设黑土地耕地质量大数据信息平台，对监测结果进行科学分析研判，指导因地制宜开展综合治理。[2]细化黑土地保护与利用"五步走"工作法，使"梨树模式"黑土地保护标准化示范区增补为第十批国家农业标准化示范区。在全省9个县（市、区）实施黑土地保护和利用的试点，成立项目领导组和专家指导组，以合作社为实施主体，集中连片组织实施，综合运用

---

[1]《打赢黑土地保卫战，吉林有3招》，http://m.thepaper.cn/baijiahao_14081655.

[2]《吉林倾力保护"耕地中的大熊猫"》，中国吉林网，http://baijiahao.baidu.com/s？id=1705697061029797789&wfr=spider&for=pc.

配套技术提高效果。按时完成年度高标准农田建设任务，推进排灌渠道、田间道路、护坡、农田电网等农田综合设施建设，采取坡耕地治理、肥沃耕作层构建和盐碱内涝治理等叠加措施保护黑土地，加强抗旱灌溉设施建设，开展高标准农田项目选址、工程设计等在线培训。[①]

（二）增强种业总体实力

处于农业整个产业链源头的种业是建设现代农业的先导和基础，对于确保粮食安全具有重大意义。吉林省不断提升育种技术创新能力和良种供应保障能力。全省现代种业整体实力不断增强，近五年，全省审定重点农作物新品种712个，通过国家品种审定委员会审定品种229个，良种覆盖率为100%，主要农作物品种每三年更新一次。[②]

加快农作物种业的创新发展。统筹种业发展资金用以支持"储备救灾备荒种子"、引进种质资源、实施"强种贷"、建设省级良种繁育基地建设等项目，不断扩大"现代种业发展基金"规模，支持吉林省现代种子产业研发和引进优良动植物品种，促进种业"育繁推"整体发展[③]；实施"吉林省主粮作物良种科技创新重大专项"和一批种子产业重点研发项目，为种子产业振兴发展提供有力的科技支撑。

（三）确保农业稳产增收

第一，严格执行粮食生产责任制，严格控制耕地红线。稳定粮食播种面积，划定粮食生产功能区和主要农产品保护区。加快国家粮食安全产业

---

① 《吉林省完成200余万亩高标准农田建设项目评审》，中国农网，http：//baijiahao.baidu.com/s？id=1728632611048297273&wfr=spider&for=pc.

② 《坚决扛稳国家粮食安全重任——吉林省多措并举提高粮食生产水平纪事》，载《吉林日报》2021年6月16日。

③ 《吉林省出台一揽子粮食生产支持政策全力提升粮食产能》，载《农民日报》2022年4月9日。

带建设，实施"千亿斤粮"生产工程。严格落实耕地保护补贴、农机购置补贴等国家惠农政策和实际种粮农民一次性补贴。

第二，逐年提高农业机械化水平。2021年，全省主要农作物综合机械化率超过90%，位居我国粮食主产省的第二名。建立科技特派员制度，引导各类农业科技人员下乡下村。推动农业信息化，在全国范围内，12316平台、12582平台与农民互动服务量、测土配方施肥手机信息服务覆盖面、易农宝App省域用户量都占第一。①

第三，注重粮食生产关键环节的指导服务工作。保障春耕生产物资充足，统筹推进防控和备耕生产各项工作；作物生长关键期，及时关注天气变化，因地因时加强技术指导服务。2022年4月启动农民返乡转送和备耕工作，组织专家利用"吉农云"，为新型农业经营主体和广大农民提供春耕期间"云指导"技术服务，通过组织开展生产互助，组织龙头企业、种植大户、合作社等提供生产托管服务和代耕代种等，帮助无法返乡农民耕田种地。

（四）开展农产品质量安全监管

第一，坚持加强农产品质量安全监管。近年来，主要农产品监测合格率连续稳定在97%以上，重大农产品质量安全事件零发生，确保食品源头安全。健全农产品质量安全监管体系建设，组织制修订和实施近700项标准。落实政府属地管理责任，加强部门监督责任，强化生产经营单位主体责任。

第二，完善监管机制。确立省、市、县、乡、村五级网格化监管机制；建立农牧业、市场监管、卫生保健联席会议机制；与北方9个省区共同建立农产品质量安全省际监管联动机制。设立省级农产品质量安全专项资金，并逐步增加资金额度，争取世界银行贷款、全国农产品质检体系建设

---

① 《吉林省农业农村厅："农机+农技"，为农业插上科技翅膀》，http：//www.cailianxinwen.com/manage/homePage/getNewsDetail？newsid=301078.

项目等投资。①对农产品、农业投入品和农业产区环境开展风险监测、风险评估、监督抽查；建立产地准出、生产记录档案、产品溯源、监测即时传输、网格化监督、举报投诉等制度。

第三，细化监管清单和名录。加强常规监管。将农业生产企业、合作社、养殖场、种植（养殖）大户确定为重点监管对象，对生产全过程进行检查指导和质量安全控制。开展省、市、县检测机构能力验证，提高检验检测水平。培育优质安全品牌，开展"三品一标"产品认证并加强管理，对认证主体实施奖励和补贴政策；加强安全县创建，实行资金投入倾斜优惠政策。

二、确保能源资源安全

吉林省立足本省能源资源的天然优势，持续做优做精常规能源产业，不断深化能源供给侧结构性改革，做大做强新能源产业，为全省建设清洁、低碳、节能、高效、安全的能源产业体系奠定了坚实基础。

（一）完善能源政策规划

发布《吉林省能源发展"十四五"规划》，就全面完善能源发展战略和规划实施的推进机制、引导绿色能源消费制度和政策体系、建立绿色低碳能源开发利用新机制等提出一系列任务措施。②编制《吉林省新能源和可再生能源发展"十四五"规划》，以创新驱动、生态优先、科学有序、产业融合、城乡统筹为原则，制定全省可再生能源发展目标体系，在可再生能源发电层面、可再生能源非电利用层面和氢能产业发展层面分别提出了

---

①《抓源头 保安全——吉林省加强农产品质量安全监管工作综述》，http://www.moa.gov.cn/xw/qg/201911/t20191129_6332602.htm.

②《吉林省人民政府办公厅关于印发吉林省能源发展"十四五"规划的通知》，http://xxgk.jl.gov.cn/szf/gkml/202208/t20220824_8550117.html.

量化目标和重点任务。①

（二）推动实现碳达峰、碳中和目标

持续推进经济社会发展全面绿色低碳转型，将碳达峰、碳中和纳入全省经济社会发展全局，颁行《吉林省能源安全暨碳达峰碳中和工作领导小组成员名单及机构职责》《吉林省2021年能源安全保障工作的实施意见》《吉林省碳达峰实施方案》②等规章，有力推动吉林省绿色低碳循环发展经济体系的建立和完善，促进碳达峰、碳中和目标的实现。在全国碳排放权交易市场第一个履约周期结束之际，吉林省发电行业45家企业重点排放单位履约完成率高达99.83%。③

（三）建设国家级清洁能源基地

提出充分发挥西部地区丰富的风力资源和未利用土地优势，建设吉林省"西部国家级清洁能源基地"，全力支持西部地区扩大风电、光伏发电等清洁能源发展，完成国家建设"松辽新能源基地"的目标任务，将资源优势转化为产业优势和经济发展优势。在能源消费方面，以发展清洁低碳能源为主攻方向，推进非化石能源加快发展与化石能源高效清洁利用；在能源布局方面，按照"优化中东部、打造西部"的原则实施差别化开发，形成东、中、西部区域优势互补、协调互动的能源供应格局，建成国家级清洁能源基地；在能源科技方面，以发展需求为导向，集中力量开展重大能源科技攻关和推广应用，提高能源装备制造水平，培养经济增长和产业

---

① 《〈吉林省新能源和可再生能源发展"十四五"规划〉政策解读》，http：//nyj.jl.gov.cn/zcfg/zcjd/202211/t20221111_8626865.html.

② 《吉林省人民政府关于印发吉林省碳达峰实施方案的通知》http：//xxgk.jl.gov.cn/szf/gkml/202208/t20220801_8528190.html.

③ 《吉林省生态环境厅顺利完成全国碳市场第一个履约周期工作任务》，http：//www.sohu.com/a/514758612_121106822.

升级新引擎。

（四）发展重大能源工程

开展"气化吉林"惠民工程，积极推进国家管网集团与"气化吉林"惠民工程的深度融入，引导和推进地方管网以市场化方式融入国家管网，努力打造"全省一张网"，积极融入"全国一张网"。"气化吉林"惠民工程自2011年实施以来，多地陆续建成省内、省际甚至中俄东线等天然气管道，吉林省的天然气"孤岛运行"成为历史，实现了与国家主干管网互联互通，对全省能源结构的优化调整具有重要的推动作用。"气化长春"项目成果显著，共建区域天然气管网218公里[①]，为区域招商引资创造了条件；建设长春"城市LNG应急调峰储配站"，提高天然气主线管道对乡镇的覆盖能力，长春净月高新区新立城镇成为省内首个实现燃气供热供气的乡镇，对改善农村生态环境具有重要的意义。

（五）打造氢能产业发展新高地

吉林省重视利用丰富的可再生能源资源，创新推动氢能产业发展。在白城、松原等西部城市建设国家级"绿氢"供应基地，共建氢气走廊，拓展光伏产业发展空间；充分发挥长春市在氢能源汽车研发生产方面的优势，推动一汽解放氢燃料电池客车、红旗氢燃料电池汽车等氢能源汽车的研发示范，规划开通长春至白城氢能源客运专线，打造氢能源汽车示范城市；吉林大学与中科院长春光机所等科研单位在白城筹建氢能产业研究院和氢能产业园。目前，正在积极推动"白城—长春—延边""哈尔滨—长春—大连"氢能走廊建设，科学布局氢能产业，打造"中国北方氢谷"。[②]

---

①《项目建设战犹酣 "气化长春"加速跑》，http：//baijiahao.baidu.com/s？id=1709019013380475101&wfr=spider&for=pc.

②《吉林省积极打造"哈尔滨—长春—大连"氢能走廊》，http：//ccfao.changchun.gov.cn/ywdt/zwdt/syw/202210/t20221028_3077129.html.

三、强化金融安全

吉林省深化金融体制改革开放，全面推进安全高效的金融生态环境建设，有效防范金融风险，助推金融高质量发展。

（一）完善金融监管体制

吉林省金融监管体制不断健全完善，2018年10月，根据《中共吉林省委吉林省人民政府关于印发〈吉林省机构改革方案〉的通知》，组建省地方金融监督管理局；2022年1月1日起施行《吉林省地方金融监督管理条例》，就规范地方金融组织、加强监督管理、防范和处置金融风险等做了规定，进一步推动吉林省地方金融监管制度体系、金融监管配备、科学有效监管、金融监管协同机制的建立健全，对提高吉林省地方金融治理能力、实现金融高质量发展具有重要意义。

（二）加强金融风险防控化解

完善金融业态监管办法，充分发挥风险监测预警平台作用；开展"扫街清楼"风险摸底排查行动，完成全省金融风险全视图绘制工作；加快处置政府督办的重点金融风险案件，降低重点高风险机构的风险资产规模，加强对高风险机构的处置化解；推动公安机关与金融监管部门协作打击金融领域违法犯罪活动；加强互联网金融业务监管，健全互联网金融行业管理，进一步严格互联网金融业务审批或备案、网站备案、电信许可的行业准入程序，构建跨部门联动的管理模式，严格从业机构经营行为监督；严厉打击互联网金融领域犯罪。[①]

---

① 《吉林省人民政府办公厅关于促进互联网金融规范健康发展的若干意见》，http://xxgk.jl.gov.cn/szf/gkml/201812/t20181205_5348073.html.

（三）推进互联网等金融风险整治

有效开展金融风险摸底排查整治行动，全面摸底排查全省各类金融风险；适时开展互联网金融风险专项整治，明确全省互联网金融基本数量，充分评估互联网金融风险状况，确保风险排查、问题整改、监管全面覆盖[①]；建立健全长效监管机制，多举措提高投资者风险防范意识；专项整治P2P网络借贷风险、互联网保险风险、股权众筹风险、第三方支付风险、房地产互联网金融风险、互联网金融广告风险等，清理和纠正违法违规行为，有效防范和化解互联网金融领域的风险。

（四）防范和处置非法集资

吉林省不断加大打击和处置非法集资的力度，从而完善管理体制，2018年11月，将原来的省防范和打击金融诈骗工作领导小组办公室更名为省打击和处置非法集资工作领导小组办公室；持续健全非法集资防范与处置工作机制，重点防范和化解集资诈骗；实行非法集资案件风险攻坚取得重大成效，陈案处置率达到80.7%，累计结案317件。[②]

（五）保护消费者金融信息安全

吉林省高度重视个人金融信息保护，全省范围内推动全面落实中国人民银行发布的《个人金融信息保护技术规范》（JR/T 0171—2020）；把消费者金融信息保护纳入全省整体的金融消费者权益保护规划，建立消费者金融信息管理系统，根据消费者金融信息的重要性、敏感性和业务需求，确定员工调取信息的范围、权限，严格执行信息使用授权审批程序；扩大宣传"国家反诈中心"App的注册、使用方法及相关功能。

---

① 《吉林省互联网金融风险专项整治工作方案》，xxgk.jl.gov.cn/szf/gkml/201812/t20181205_5349452.html.

② 《吉林省人民政府办公厅关于印发吉林省金融业发展"十四五"规划的通知》，http://xxgk.jl.gov.cn/szf/gkml/202109/t20210929_8234397.html.

（六）开展"政银保"服务乡村振兴等活动

"政银保"是我国近年来一种以政府财政投入的基金做担保、银行等金融机构为符合贷款条件的担保对象提供贷款、保险公司对贷款提供保证保险的新型融资方式。2021年8月，吉林省签署"政银保"服务乡村振兴战略合作协议①，本着优势资源互补互助，发挥三方各自优势，在粮食生产、新型农业经营主体发展、乡村产业发展、黑土地保护、农村三产融合等方面开展合作，携手保障粮食安全，助力乡村产业振兴，创新金融服务模式，拓展融资渠道，探索形成金融服务"三农"的有效模式，有力促进乡村振兴和农业农村现代化建设。

四、切实维护食品药品安全

吉林省深入贯彻落实国家对公共安全的要求，在深化药品监管体制改革、推动建立药品安全议事协调机构、统筹监管体制机制创新、完善检查执法体系和行刑衔接机制、强化部门间综合监管协同等方面实现了重大突破，药品监管事业迈上新台阶，全省公共安全工作取得显著成效，药品安全形势持续稳定向好。

（一）加强药品安全监管能力建设

1. 健全监管制度体系

完善药品分类分级监管制度，动态调整医疗器械分类分级监管目录，提升监管靶向性；推动建立省、市、县三级药物警戒体系，着力构建与产业规模相适应的监测评价人才队伍；加强药品联动执法办公室和执法协作办公室建设，进一步夯实行刑衔接、行检衔接机制，持续保持打击药品领域违法犯罪高压态势；建设并运行药品信用等级评定系统，逐步形成企业

---

① 《"政银保"服务乡村振兴战略合作协议签约仪式在长春举行》，http：//agri.jl.gov.cn/xwfb/bmdt/202108/t20210827_8199089.html.

自律、政府监管、社会协同、公众参与、法治保障的药品监管社会共治新格局。

深化运用清单化管理、图表化推进、手册化操作、模块化运行、机制化落实"五化"工作法，对行政许可、行政处罚、行政强制和行政检查编制四张"流程图"，制定依法行政规范化手册、监管清单、工作模板、任务图表，打造可复制的经验样板，增强了机关规范化建设的针对性、实效性和可操作性。

2．开展专项整治行动

开展"药安吉林"百日整治行动，严格依法查处违法行为，保护群众健康和生命安全，打造"药安吉林"品牌；组织开展药品质量、网上销售、口罩质量、安全生产等专项整治行动，对全省从事网络销售的药品生产企业、药品批发企业、药品零售连锁企业、药品零售企业、药品零售连锁门店等进行登记，并要求开展自查和整改，对网络监测、投诉举报、舆情监测、监督检查、监督抽检等渠道反映的有关防控药械案件线索第一时间依法严厉查处。通过专项整治行动，监管机制得以完善，消除监管盲区，提升监管能力，确保药品安全形势持续稳定向好，仅2022年第一季度，全省各级药品监管部门共查办药品违法违规案件75件、化妆品违法违规案件15件、医疗器械违法违规案件21件。①

3．夯实监管长效机制

吉林省强化建设长效的药品监管机制，推动落实药品上市许可持有人制度，完善实施医疗器械注册人制度；建立药品注册数据管理平台，对药品注册监管行为加以规范；严格按照药品生产质量管理规范组织监督检查，生产过程的质量安全监管得以全面加强和切实规范；推动建立省、市、县三级药物警戒体系，有效推动全省药物警戒体系建设，监测评价的能力和水平不断提高；建立药品和医疗器械使用环节的质量风险预警、评价监管体系和应急

---

①《吉林省药监局持续推进药品安全专项整治行动》，http：//baijiahao.baidu.com/s？id=1731154949322137853&wfr=spider&for=pc.

机制，对医药领域重大风险的防范和化解起到了积极作用。

4. 提升监管信息化、智能化水平

为全面提高药品监管能力，吉林省注重加强药品监管的信息化、智能化，按照"监管+互联网""互联网+政务服务"的要求开展"智慧药监"信息化建设，深度融合信息技术和监管工作，逐步形成以"人防+技防""严管+智管"的监管新格局。在"2021药品数智发展大会"上，吉林省"智慧药监"平台入选国家药品监督管理局2021年智能监管典型案例。[①]

5. 强化传染病防控产品监管

不断改革和完善疫苗管理体制，构建了覆盖疫苗全生命周期监管的安全责任体系和疫苗信息化可追溯体系，实现了疫苗品种"来源可查，去向可追"；建立了疫苗管理联席会议制度，构建了新时期疫苗监管新体制；积极探索线上和线下开展药品安全专项整治行动，强化对防控产品的整治，突出防控器械的监管，并进行全覆盖监督抽验，确保防控物资质量安全；完善疫苗质量安全事件应急预案，建立健全防范和化解疫苗质量安全风险应急机制。

（二）加强食品安全监管能力建设

1. 全面推行食用农产品合格证制度

食用农产品质量安全构成食品安全的核心和基础，在《食用农产品合格证管理办法（试行）》的指导下，吉林省自2019年试行食用农产品合格证制度并不断积极推进，协调市场监督管理部门加强监督检查，做好进货查验工作，实现合格证制度与市场准入制度的有效衔接，进一步完善了农产品质量安全监管措施，取得了良好成效，2021年共计4.1万吨农产品达附带合格证上市。2021年11月起，加快推动全省食用农产品承诺达标合格证

[①]《吉林省"智慧药监"平台入选2021年国家药监局智慧监管典型案例》，http://mpa.jl.gov.cn/zxfw_84842/xwlm/sndt/202110/t20211002_8236696.html。

制度试行工作，强化指导、宣传培训和监督管理（日常巡查检查和农产品质量安全监测等），进一步压实农产品生产主体责任，促进农产品产管衔接。[①]

2. 加强重点领域监督管理

高度重视学校食堂饮食安全管理，将校园食品安全管理纳入地方政府绩效考核指标，严格落实学校食品安全校长（园长）责任制和校外供餐单位食品安全主体责任；推动学校食堂"互联网+明厨亮灶"管理，将食堂食品的加工视频信息接入学校或教育部门网站、App和第三方平台。完善保健食品安全监督管理，在全国率先开展国产保健食品"跨省通办"工作，上线备案好差评系统，将相关数据全部实时上报国家政务服务平台。加强应急期间食品保供企业的监管，按闭环管理要求对生产过程中的关键环节严格控制，加强对销售过程的监管，加大对可疑食品的抽查力度；加强对餐饮服务的监督，落实日常健康检查等制度；完善进口冷链食品监管检查机制和追溯管理制度；推进市县监管仓库建设。

3. 开展各类专项整治行动

全省各级相关部门合力开展保健食品行业专项清理整治行动和民生领域损害群众利益保障食品安全不力问题专项整治、保健食品虚假宣传和违规销售问题专项整治行动，将保健食品标签、说明书虚假标注及广告虚假宣传等问题作为重点。开展农村假冒伪劣食品专项整治和农村假冒伪劣食品专项执法行动罚没物品销毁活动，在全省范围内打击生产经营等违法违规行为，公布查处的十大典型案例，2021年度，集中销毁42个品种超14吨假冒伪劣食品[②]；对果蔬、肉蛋和养殖水产品农药兽药残留超标、"瘦肉精"滥用等问题开展专项整治，超额完成国家规定的每千人4批次抽检要

---

① 《关于做好全省食用农产品承诺达标合格证制度试行工作的通知》，吉林省农业农村厅，http：//agri.jl.gov.cn/zwgk/tzgg/202111/t20211119_8290959.html.

② 《吉林集中销毁农村假冒伪劣食品超14吨 儿童食品居多》，http：//m.gmw.cn/baijia/2021-11/18/1302684488.html.

求。①针对节日期间食品市场供需两旺、安全风险相对集中的情况，全省公安机关及时聚焦重点领域和重点环节，开展打击制售假劣食品药品行为的专项行动。

4. 推进食品安全能力提升工程

开展"名优特"食品加工小作坊创建工程，带动全省食品加工小作坊卫生环境、硬件设施和管理水平显著提高，满足群众对传统和地方特色食品的多样化需求。执行食用农产品批发市场快速检验室建设规范和验收规范两项地方标准，实施食用农产品批发市场检验能力提升工程建设，实地督导全省高质量完成工程建设，保障百姓"菜篮子"消费安全。

第八节　应急管理能力明显提高

吉林省各地各级有关部门不断提升应急防范和处置能力，应急管理工作取得显著成效，应急管理体系日趋完善，初步形成比较完备的地方应急法规、政策和标准体系，以及优化、协同、高效的工作机制；依托本省国家综合性消防救援队伍，推动"全灾种"应急救援队伍建设，结合灾害分布和产业结构特点、应急救援基地和专业救援队伍分布，将全省划分为3个应急联动协作区，将4个救援基地、39支专业救援队纳入省级应急救援力量，不断推进应急演练常态化建设，截至2021年底，全省共举办2.7万场演练，参加演练人数达283万人次，出动装备3.1万台次；879个乡镇街设立应急管理机构，10662个村屯（社区）基层网格员达到4.5万人，灾害信息员

①《吉林省食品安全形势整体有序可控》，http：//baijiahao.baidu.com/s？id=1708118328538420980&wfr=spider&for=pc.

达到1.4万人，实现省、市、县、乡、村五级全覆盖。①

一、提高安全生产水平

按照吉林省规划部署，坚持改革创新，强化落实责任，深化综合治理，狠抓隐患排查，全省安全生产工作保持持续稳定态势。

（一）压实安全生产责任

严格落实安全生产责任制，加强安全生产专项督导，明确责任分工，细化工作安排，重点督导各级政府和相关部门压实安全生产责任，并通过抽查企业检验政府工作成效；对履职尽责不用力、落实安全措施不得力的地区、单位和企业及时提出处理意见，依法依规追究有关责任人的责任。

（二）健全相关制度和机制

第一，完善风险监测预警机制。2019年开始陆续启动危化、煤矿、尾矿库风险监测预警系统建设，截至2021年底，全省超100家危险化学品企业已接入危化企业风险监测预警系统，其中包括80家重大危险源企业，建成3890个实时监测点位，全省39家煤矿企业已接入煤矿企业风险监测预警系统，建立起5870个实时监测点位，全省30家三等以上尾矿库接入尾矿库企业风险监测预警系统，建成464个实时监测点位。②

第二，建立综合治理机制。深入研究建立把控源头、双重预防机制和全过程事故防控体系，在煤矿、非煤矿山、特种设备、危险化学品、消防、建筑施工、交通运输等重点行业分行业开展安全生产综合治理，在信息化监管、煤矿重大灾害治理、非煤矿山采空区治理、危化品安全提升、

---

①《吉林省推进应急管理体系和能力现代化 为加快推动高质量发展提供安全保障》，http://www.sohu.com/a/444691448_120214180.

②《"点名"抽查 线上"巡查"在线"组团"吉林省应急管理厅多措并举保安全》，http://k.sina.com.cn/article_7517400647_1c0126e47059034nj6.html.

公路安全防护等领域开展生命安全防护工程。^①

第三，确立违法行为举报奖励制度。实行重大事故隐患和安全生产违法行为举报奖励制度，要求并鼓励生产经营单位建立健全举报奖励机制，完善举报渠道和便利途径，对查证属实的举报情况，生产经营单位自我整改，对举报人给予相应奖励。

（三）开展安全生产督导检查

第一，在全省范围内组织开展重点项目开工前安全生产指导。帮助企业解决安全生产规章制度不完善、管理不规范、隐患排查处理不到位、员工安全生产意识不强等问题，确保重点项目安全投产，2022年2月至今，已为513个重点项目提供指导，为765个项目提供上门指导，发现问题隐患2325项，提示注意安全事项3865项^②。

第二，开展巡查排查。深入各级、各行业主管部门开展年度安全生产巡查行动，深入查找安全监管上的不足，挖掘存在的突出问题，深入分析问题根源并推动解决，借助风险监测预警系统开展线上"巡查"，实时关注重点领域、重点部位，2021年，对77座重点矿井全面会诊。^③

第三，推进专项整治。开展安全生产专项整治三年行动，按照"五个不能"要求，对全省危险化学品，煤矿，非煤矿山，消防，道路运输，交通运输（民航、铁路、邮政、水上和城市轨道交通）和渔业船舶，城市建

---

① 《吉林省安全生产监督管理局关于法治政府建设情况的报告》，http://yjt.jl.gov.cn/gwtg/gdlm/201801/t20180131_6347142.html.

② 《吉林省重点项目开工前期安全生产指导服务工作见成效》，http://baijiahao.baidu.com/s?id=1726194166541906703&wfr=spider&for=pc.

③ 《省应急管理厅通报2021年煤矿防治水专家会诊情况》，http://baijiahao.baidu.com/s?id=1727883674280723258&wfr=spider&for=pc.

设，工业园区，危险废物等行业进行为期三年的专项整治行动①，推动各主体从被动接受安全生产监督向主动加强安全生产管理有效转变，最大限度预防和遏制各类安全事故。

（四）建设应急救援力量

推动专业救援力量及救援基地建设。支持中石油吉林石化公司消防支队及吉林省危险化学品应急救援基地、中国黄金吉林海沟黄金矿业有限责任公司救护队及吉林省非煤矿山应急救援基地、通化矿业集团救护大队及吉林省矿山应急救援基地、中石油吉林油田集团公司储运保障维修中心、中国石油天然气股份有限公司吉林油田分公司消防支队和吉林省油气管道综合应急救援基地等的发展，在负责本企业生产安全事故应急救援任务的同时，承担所在应急联动协作区各类应急救援任务。

（五）加强应急演练

按季度调度各地及企业的演练情况，对演练内容谋划和演练组织、实施、评估等工作进行督导和整改，完善应急预案。一次次应急实战演练让应急救援队伍在"真枪实弹"中得到全面锻炼和检验；贴近实战的演练让所有演练人员身临其境，抢险救援能力得到全面锻炼；常态化应急演练进一步磨合指挥协调机制，加强部门间预案衔接，切实完善部门间、军地间及各方面救援力量联合响应机制，形成应急抢险救援整体合力。

（六）深化宣传教育

第一，深入学习贯彻关于安全生产的重要论述。组织各地各部门各单位深入领会关于安全生产的重要思想，通过专题研讨、集中宣讲、培训辅导等多种形式，推动专题学习向市、县、乡镇（街道）党组织和企事业单

①《吉林省启动安全生产专项整治三年行动》，http://m.thepaper.cn/newsDetail_forward_7475646.

位延伸,增强各级领导干部的安全意识。

第二,宣传贯彻安全生产法。广泛开展主题宣传活动,督促企业法定代表人、实际控制人、实际负责人自觉把安全放在第一位,贯穿工作全过程、各方面,切实担起安全生产"第一责任人"的责任,严格履行安全生产法规定的各项职责;加大以案释法和以案普法的宣传力度;组织居民小区、学校医院等开展灾害避险逃生演练,分类推动应急科普宣传教育和安全体验基地规范化、科学化建设,举办线上"新安全生产法"有奖知识竞答活动,强化提升公众安全素质。

第三,开展"白山松水安全行"活动。结合工作实际和区域特点,采取多种形式开展专题行、区域行和网上行等活动,协调各级主要媒体报道安全隐患排查治理情况,及时曝光重点行业领域、单位场所和关键环节存在的隐患问题,及时宣传推广创新管理举措、重点工程安全建设等方面的经验做法。

第四,开展"安全生产月宣传咨询日"活动。创新开展群众喜闻乐见、形式多样、线上和线下相结合的安全宣传咨询活动,邀请公众人物、行业专家、媒体人员等开展形式多样的宣传活动,利用各传播载体集中推送;推进安全宣传"五进",组织安全监管人员、消防救援人员、灾害信息员、社区网格员、安全志愿者等参与"进门入户送安全""安全志愿者在行动"和应急演练体验活动,推动安全宣传进企业、进农村、进社区、进学校、进家庭,不断深化社会安全共治。

二、提升防灾救灾减灾能力

近年来,吉林省采取多种举措,有力有效防范应对多轮强雨雪、寒潮、大风等极端天气灾害,实现连续41年无重大森林火灾[1],防灾救灾减灾能力显著提升。

---

[1]《2022年吉林省人民政府工作报告》,http://www.jl.gov.cn/zw/jcxxgk/gzbg/szfgzbg/202202/t20220207_8391758.html.

（一）完善组织管理体制

吉林省一直高度重视防灾救灾减灾工作，将健全统筹协调体制、健全属地管理体制、完善社会力量和市场参与机制、全面提升综合减灾能力确定为全省改革任务，确定了防灾减灾重点项目、推进防灾减灾体制机制改革等工作任务和职责分工，规范地震违法违规案件查处程序，明确防震减灾相关部门职责，调整完善重大建设项目地震安全评价管理制度，推进区域抗震安全评价项目建设；进一步规范自然灾害救助工作，保障受灾人员基本生活[①]，鼓励和引导单位和个人参与自然灾害救助捐赠、志愿服务等活动。

（二）健全应急联动机制

建立吉林省自然灾害防治工作联席会议制度，交流分析全省自然灾害防治各项重点工程的实施情况并部署下一步工作要求；建立军地抢险救灾协调联动机制和航空应急救援联动工作机制，进一步提升军地联合防范应对能力。

（三）加强救援队伍建设

举办救灾业务和灾害信息人员培训班，有效完成灾害信息人员的分级培训，提高全省救灾人员的专业能力，促进灾害信息管理规范化、专业化；举行防汛抢险综合应急演练、重点区域森林草原防灭火应急拉动实战演练和山岳水域泥石流综合救援跨区域演练暨实战技术交流活动、特别重大地震灾害跨区域增援实战演练[②]，派出专项督查组对重点防治村屯的防汛演练情况进行随机抽检和专项督查。增强救灾人员"人民至上、生命至上"的理念和忧患意识，时刻保持临战状态，确保打赢防汛救灾主动战。

---

① 《吉林省自然灾害救助办法》，https://www.gov.cn/zhengce/2017-07/06/content_5714586.htm.

② 《空地一体化投送　机动大纵深救援》，http://m.thepaper.cn/baijiahao_12484605.

（四）建设救灾物资储备体系

完善救灾应急物资储备规划，明确工作目标和具体任务，划清部门间的职责边界，确保省级救灾物资储备管理工作有序衔接，以2021年11月的强雨雪寒潮大风天气为例，全省16个省救灾物资代储库有序做好全省救灾物资应急调运准备工作，有效保障了灾区人民防寒保暖和生活救助。

（五）提升灾害综合防治能力

加强防灾基础设施建设，加大城乡基础设施补短板力度，有效提升防范应对自然灾害的能力；将灾后恢复建设项目审批权下放到受灾县（市、区），打通"绿色通道"，加快灾区基础设施和公益设施恢复建设，进一步完善灾后重建体制；组织开展综合减灾示范社区创建工作，截至2021年3月，已有405个社区被评为"全国综合减灾示范社区"，是全国占比较高的省份之一；连续多年对防灾减灾研究项目给予重点支持，推动吉林省灾害防治科技创新能力和水平建设。

（六）推进自然灾害综合风险普查

自然灾害综合风险公路承灾体普查进入试点阶段，2022年底前完成全省范围内公路承灾体普查工作；启动全国自然灾害综合风险普查工作，重心涵盖地震、地质、气象、水旱、森林和草原火灾五大类自然灾害。各市（州）、各县（区）都根据调查的专业化需要建立了专业技术团队，确保普查数据的质量和时间进度；根据东北地区的气候特点，组织了地质、水旱、森林草原火灾等普查任务中野外调查部分的攻坚式推进；根据行业特点，充分发挥省属事业单位和国有企业的力量，"吉林祥云"也为普查的信息化工作提供了有力支撑。截至2021年11月底，已完成普查总任务量的

77.5%，总体进度排在全国前列①，其中，应急、交通、林草、生态环境、水利、气象六个行业部门内外业调查阶段进度已接近100%，多次得到国务院普查办的肯定。

（七）开展防灾减灾宣传

在防灾减灾日常宣传活动中，各地区各部门结合对城乡社区、学校、医院、敬老院等人员密集场所和建筑工地、旅游景区、城市燃气、地下管网等重要工程设施的隐患排查，引导社会各界提高灾害风险防范意识，营造良好习惯和社会氛围；在全国防灾减灾日，各地各部门围绕主题，通过广播电视、报刊等传统媒体和社交网络、短视频等新媒体，全方位开展防灾减灾教育活动，增强公众应急避险和灾害防御的意识和能力。

第九节　社会治安良好局面加速构建

致力于妥善处理人民内部矛盾，吉林省持续加强社会治安防控，积极构建全方位、立体化、智能化的社会安全保障网。

一、健全社会矛盾综合治理机制

（一）多角度强化社会矛盾综合治理

第一，夯实法规和制度基础。2020年6月颁行《吉林省多元化解纠纷促进条例》，为畅通纠纷解决渠道、完善多元化解纠纷机制、维护社会和谐稳定提供了制度支撑，全面加强线上和线下多元调解工作，充分发挥基层

---

① 《吉林省自然灾害综合风险普查工作取得阶段性成果》，http：//baijiahao. baidu.com/s？id=1718085651129661642&wfr=spider&for=pc.

解纷作用，实现案件量大幅下降、群众满意度明显提升的良好局面。

第二，构建地方或民族特色矛盾调解机制。以前郭县为例，探索建立极具民族特色的矛盾纠纷化解模式，依托各乡村综合治理中心和矛盾调解中心，由综治中心工作人员、专业工作者和志愿者三部分人员组成"萨日朗小组"，变上访为下访，着力把矛盾化解在基层，取得了良好的社会效果。截至2022年初，共建立22个乡级"萨日朗小组"、254个村级"萨日朗小组"，实现乡（镇）、村（社区）"萨日朗小组"人员全覆盖。[①]

（二）推进人民调解工作

第一，完善行业性、专业性人民调解委员会建设。2020年9月，吉林省民商事纠纷人民调解委员会（纠纷投诉处理中心）正式成立，有效保护家政企业、从业人员、雇佣方的合法权益，化解家政行业相关矛盾纠纷，维护家政行业稳定发展；2020年6月，吉林省金融消费纠纷人民调解委员会成立，为保护金融消费者权益提供了便捷、高效的纠纷调解途径。作为全省唯一入选"依法治理'校闹'教育部试点单位"的长春市二道区教育局承担着"建立学校安全风险社会化分担机制"工作，于2020年成立了吉林省首个校园纠纷人民调解委员会。各行业性、专业性人民调解委员会可以及时有效地化解特定行业和专业领域出现的难点、热点矛盾纠纷，有利于加强和创新社会管理，维护社会和谐稳定。

第二，创新"百姓说事点"这一人民调解工作载体。在城市社区、农村村屯等百姓经常聚集的地方建立"百姓说事点"，作为吉林省独创的民意畅通新渠道。全省共搭建1.7万多个"百姓说事点"平台，基本实现了村、居（社区）全覆盖[②]；在全省择优选择反响、作用俱佳的"百姓说事

---

① 《吉林前郭县探索建立矛盾纠纷化解新模式》，http：//baijiahao.baidu.com/s？id=1728824058812891092&wfr=spider&for=pc.

② 《吉林创新"百姓说事点"平台为民解忧止纷》，载《法治日报》2021年1月11日。

点"提档升级、扩展兼容个人调解室功能，目前，全省有350多个"百姓说事点"扩展兼容为个人调解室；建成"网络百姓说事点""掌上百姓说事点"平台，线上解答咨询、调解纠纷，实现棋牌室、集贸市场、医疗站等人员聚集地全覆盖，让百姓通过"唠家常"的形式，把矛盾纠纷、合理诉求等社情民意在"点"上反映出来，在全国属首例，是加强和创新社会治理的一项有效举措。

第三，以行政争议协调化解中心有效落实府院联动机制。2020年，吉林省行政争议协调化解中心在省法院挂牌成立，随之全省各级法院都建立了行政争议协调化解中心，加强行政机关负责人出庭应诉责任，促进行政机关与审判机关的良性互动；进一步明晰行政争议协调化解规程，创新府院联动方式，规范行政争议协调化解工作。

（三）加大信访工作力度

在全省开展纪检监察信访积案化解工作，推动各级纪检监察机关排查底数、履行职责，依法处置化解矛盾；开展信访举报区域分析，研判区域特点，不断提高分析质量，为监督工作提供精准服务；开展维护当事人权益和化解涉法涉诉信访案件的协作配合，探索律师参与信访积案清理，凝聚合力做好信访化解工作。①

二、推进社会治安防控体系现代化

（一）推进扫黑除恶常态化、制度化

第一，健全组织机构和运行机制。保留各级党委和行业部门扫黑除恶领导小组及其办公室，完善工作机制，实现常态化运行；完善涉黑涉恶线索核查管理机制，省扫黑办下设省涉黑涉恶线索核查管理中心，统筹管理

---

① 《关于依法开展维护当事人权益和化解涉法涉诉信访案件的协作配合办法》，xfj.jl.gov.cn/xfgj/jyjl/202101/t20210115_7911338.html.

全省涉黑涉恶线索，常态化受理、转办、督办群众举报线索；探索拓展省涉黑涉恶线索核查管理中心举报功能；2021年，全省统筹推进扫黑除恶百日攻坚战、打击整治涉互联网黑恶犯罪专项行动，任务线索报结率100%，境内目标逃犯抓获率100%。

第二，全面推行涉黑涉恶案件挂牌督办、异地侦办的模式。对社会背景复杂、关系盘根错节、群众关注度高的重大涉黑涉恶案件，各级政法机关领导亲自包案，推动攻坚；政法机关与纪检监察机关全面推行"双专班"联合办案模式，同立案、同侦办、同公告；深挖彻查"保护伞""关系网"；与金融、税务、市场监管等部门建立黑恶财产联合查控平台，全面拓展"打财断血"渠道，坚决铲除黑恶势力经济基础；各级公检法机关建立涉黑涉恶案件质量审查把关制度，对案件定性有重大分歧的案件一律组织研判会商，让每一起办结案件都经得住法律和历史的检验。

第三，建立健全重点行业领域日常监管机制。加强行业监管，对易滋生黑恶势力的金融放贷、工程建设、交通运输、资源环保、信息网络、文化旅游、农贸市场、教育卫生等重点行业领域，各行业监管部门要定期排查风险隐患，严格落实市场准入、规范管理、重点监控等措施；坚持"一案一整治"，充分发挥监察机关《监察建议书》、审判机关《司法建议书》、检察机关《检察建议书》、公安机关《公安提示函》的作用，督促有关行业监管部门整治行业乱象，健全完善制度机制，最大限度挤压黑恶势力的生存空间。

（二）开展打击治理专项行动

第一，解决社会治安突出问题。严厉打击八类严重暴力犯罪和传统盗抢骗犯罪，组织全省公安机关开展"打两类、保大庆、促发展、护民安"专项行动，对一些种类严重犯罪予以重点打击，集中解决影响人民群众安全感和满意度的突出治安问题，助力平安吉林建设。

第二，集中打击治理跨境赌博。把社会关注度高、涉及案件情况复杂、打击层次拓展空间较大的重点案件作为突破口，对组织出境赌博、利用互联网开设赌场等违法犯罪开展集中打击，打击治理工作取得显著成效；"吉林出入境"官方微信平台研发了全国首个警民携手治理跨境赌博平台，内设视频学习、案件线索举报、积分答题、奖励兑换等功能板块，按照学习时长、答题得分、推广信息转发以及案件线索举报等警民互动情况，制定积分规则，提升群众线上参与治理跨境赌博犯罪的参与度；实行群众举报跨境赌博违法犯罪奖励制度，综合运用广播、电视、报刊、网络等方式宣传跨境赌博的危害和打击成果，充分调动群众参与打击治理跨境赌博工作的积极性，在全社会营造"全警动、全民动"的强大声势。

第三，开展命案积案攻坚专项行动。全力组织开展命案现案侦破工作，深入开展命案积案攻坚行动，加大命案卷宗清理力度和目标案件攻坚力度，加大科技应用力度以及逃犯缉捕力度，连续三年实现命案破案率100%，创历史新高。[1]

第四，强力推进"净网""断卡"行动。综合采取多种措施开展"断卡"行动，集中抓获一大批"两卡"违法犯罪团伙，集中整治一大批"两卡"犯罪活动猖獗的重点地区，集中惩戒一大批"两卡"违法失信人员，营造严厉打击整治"两卡"违法犯罪团伙的浓厚氛围，全力斩断"两卡"开办贩卖产业链，坚决铲除电信网络诈骗犯罪滋生土壤。

（三）边境地区治安防控成效显著

第一，提升处置突发事件能力。建立严密的防控体系网，有效防止犯罪行为的发生；加强对重点犯罪地区的关注和对野外区域的防控检查，同时深入开展群众参与防控制度；以"一标三实"信息采集为契机，加强对实有人口、人员流动、行业场所、危险物品等方面的管理，通过运用信息技术手段巩固治安防控基础，有效预警，提高应急实力。

---

[1]《吉林省公安机关"云剑2020"行动等专项打击工作成绩显著》，http：//www.sohu.com/a/443304161_565998.

第二，提高精确打击能力。构建"平战结合、区域联动、梯次响应、统一指挥"的工作机制，加强平台建设，形成统一防控战线，成立专案组，进一步提高边境管控和精准打击能力；不断增加资金投入，推动防控技术进步，畅通各省、市、县协作渠道，在传统巡逻方式的基础上，最大限度发挥网络资源共享、信息情报、视频巡逻和反应快速的优势，利用网络技术开展线上摸查，对重点领域、重点人群深挖细查，切实提高准确打击边境违法犯罪活动的能力。

第三，打造具有吉林特色的边境巡防。始终坚持专门工作与群众工作相结合的工作思路，不断完善边境安全立体化防控体系，注重树立坚实的边境安全防控意识；建立全面摸查的"一标三实"工作制度，建立相应的应急机制；推动社会有关部门的统筹协调，查清、查细、查深各类矛盾纠纷问题；在保持高密度巡逻防控的基础上，开展边境安全专项整治和统一清理检查行动，有效提高了防范、控制、打击涉边违法犯罪活动的能力；不断加强群防群治工作，组织群众护边员、红袖标巡逻队开展常态化邻里守护和防控巡逻。

（四）大数据应用全面融入实战

突出以科技信息化赋能警务实战，加快推进各警种在大数据平台支撑下的信息化、智能化规划建设和创新应用，研发了多警种即时通信、出租房屋管理系统等App，有力服务了警务实战；充分发挥科技手段在练兵中的应用，在全警部署开展网上练兵；在保障安全的前提下，研究利用政、企、研合作等新型模式，扬长补短、互利共赢，将大数据应用全面融入实战，有效提升了边境地区治安防控工作的规范化、智能化水平。

| 第四章 |

吉林省社会治理的经验与模式

多年来，吉林省各地市充分认识到加强社会治理工作的重要意义，切实履行主体责任，把社会治理工作摆上重要议事日程，不断夯实社会治理基础，提升社会治理能力，构建起以人为本、共建共治、共享共荣的吉林省社会治理新格局，打造出基层社会治理的"吉林品牌"。

第一节　长春市：构建"五治融合"社区治理格局

长春市统筹推进市域社会治理体制现代化建设，注重防范化解"五类风险"，充分发挥"五治"作用，完善并创新"三长"联动工作机制，形成了共建、共治、共享的社会治理格局。

一、突出党建引领

第一，完善城乡基层治理统一领导体制。逐级建立城乡基层治理工作委员会，着力构建上下衔接、执行力强的领导体制，充分发挥党委在统筹规划和协调中的作用；构建覆盖全区的严密有力的组织体系，增强基层党组织的政治职能和组织力量。成立书记市长"双组长制"领导小组，建立"1+7"组织领导体制。

第二，健全工作机制。制定7个配套工作机制，把社会治理工作纳入党委重要议程和全市考核指标体系，充分发挥党委统筹协调作用；取消职能部门对街道的直接考核，纳入县（市）、区（开发区）党委、政府的统一综合考核；市委每年对城市基层党建工作进行专项评估，评估结果纳入县（市）、区（开发区）目标责任制评估、领导小组的年度评估和基层党建党组书记工作述职考核，倒逼街道注重抓党建、抓治理、抓服务。

第三，全面实施"城市基层党建强化工程"。在街道和社区建立大型党（工）委，构建以党组织为核心的"1+4"组织体系，为加强基层社会治理提供强有力的组织保障。依托区域化党建平台，整合社会治理力量，形成了以社区党组织为主导、多元共治的基层治理格局。

二、注重政府主导

第一，为创新社会治理提供决策依据。把持续加强和创新社会治理纳入《长春市国民经济和社会发展第十四个五年规划和2035年远景目标纲要》，加强和完善城乡社区治理和试点城市创建工作，组织开展市域社会治理示范项目创建工作和市域社会治理现代化试点城市创建工作，充分发挥政府的主导作用。

第二，加强社会治安防控体系建设。持续健全社会治安防控体系，推动形成一体化"大防控"格局；常态化开展惩治涉黑涉恶腐败和"保护伞"的工作，将政法队伍教育整顿与"打伞破网"相结合，推进惩治黑恶势力腐败和"保护伞"常态化，累计打掉黑恶势力犯罪组织14个、黑恶势力犯罪团伙36个。[①]

---

① 《"五治""三长"齐发力长春打造社会治理现代化"新高地"》，载《吉林日报》2021年12月2日。

第三，完善多元化解纠纷机制。进一步推进"三式联调、四级联动"解纷工作机制，开展矛盾纠纷排查化解专项行动，全市共排查矛盾纠纷12112起，预防矛盾纠纷881起，多元化解纠纷机制建设成效显现。

第四，确保安全生产形势稳定。深入实施安全生产三年专项整治，全面加强风险隐患防控，开展安全隐患大排查大整治专项行动，扎实落实40项严格规定①，积极配合消防部门依法开展"联合检查、衔接配合、防火宣传"工作；扎实开展安全隐患源头排查、交通拥堵专项整治、严查交通违法行为的专项活动，深入排查交通领域的安全隐患；对全市危险化学品企业进行拉网式排查，强化对从业人员进行安全业务培训，2021年全年累计派出检查组5282个，出动警力12912人次，检查生产经营单位16298家，发现问题隐患1327项，整改1327项。②全市安全生产事故次数、死亡人连续八年同比下降。③

三、坚持"五治"融合

第一，突出政治。在加强党的全面领导、突出政治引导、巩固推进社会治理现代化思想政治基础的前提下，不断创新工作方法，坚持融合"五治"。突出党建引领，把"支部建在屯上"，双阳区用1个党支部、3名屯委员、若干名志愿者构建起"1+3+X"基层有效治理模式，得到国家有关部门的充分肯定，并在全省推广。

第二，强化法治。在网格中建立"百姓说事点""民情诉求站"，在社区中开辟"人民调解站""律师进社区"；依托综治中心，通过政府购

---

① 《长春市公安局深入开展公共安全隐患大排查大整治专项行动总体方案》，ajj.changchun.gov.cn/ywdt/awhgz/awhgzdt/202112/t20211201_2948255.html.

② 《长春市公安局深入开展公共安全隐患大排查大整治专项行动工作》，http://baijiahao.baidu.com/s? id=1717940154620723606&wfr=spider&for=pc.

③ 《"五治""三长"齐发力 长春打造社会治理现代化"新高地"》，载《吉林日报》2021年12月2日。

买社会服务在社区设立人民调解工作站；开展"三官一律"普法、讲法、送法进社区活动，将法治精神贯穿矛盾纠纷化解、网格化管理、居民议事、畅通居民诉求渠道的全过程，使基层社会治理走上规范化轨道。

第三，推广德治。通过挖掘"草根"宣讲员，以人民群众喜闻乐见的方式传达党和国家的政策，解答百姓关心的实际问题，消除误解和疑惑；引导居民自发创建楼栋文化，将优秀的传统文化经典传到社区的每一个角落；建立社区党员、楼栋长和居民共同参与的信息员队伍，宣传党的路线、方针、政策；通过建立专业的治安巡逻队、社区服务队、"党员之家""妇女之家"、心理咨询室等个性化服务平台，整合社区志愿者力量，使基层社会治理充满活力。

第四，深化自治。千方百计发挥群众在治理中的主体作用，充分调动社区群众参与社会治理的积极性和主动性；在社区的指导下，成立以党员为骨干的居民自治委员会和业主委员会，开展社区自治工作；建设547个民主法治示范村（社区），培养9100多名乡村"法律明白人"①，积极引导多元主体参与城乡社区自治，推动基层社会治理的良性循环；不断落实村民自治、德治与法治相结合，坚持教育引导、实践养成、制度保障三管齐下，加强农村文化引导，培育文明乡风。

第五，创新智治。依托"城市智能体"建设七大能力平台，推进"一网统管、一网统办"，在社区建立综治中心，配备视频会议系统、平台指挥系统、个人反馈系统和治安监控系统，实现全天候、全方位的"智联覆盖"，进行"发现问题—派遣任务—出勤解决—督促检查—信息反馈"的闭环管理、人口信息和网格智能管理，建成吉林省第一个数字社区，提供强大的智能保障。长春市2020年获得"中国领军智慧城市奖"，2021年入选"国家智能社会治理综合实验基地"。

---

① 《"五治""三长"齐发力 长春打造社会治理现代化"新高地"》，载《吉林日报》2021年12月2日。

四、完善"三长"联动

在全市范围内构建社区党组织领导下的网格、楼栋、单元三级组织架构，建立网格长、楼栋长、单元长"三长"联动机制并不断完善，助力增强基层治理能力。目前，按照400~700户标准在全市划分4389个网格，选任3.5万余名楼栋长和12.46万余名单元长，"三长"合计达24.4万人[①]，采取"三长"入户问、线上问、问题协商等方式，全面收集社情民意，了解居民需求，响应和解决百姓诉求，确保第一时间解决居民关注的热点问题、社区治理的堵点问题和公共安全的漏点问题，打造"三长"线上、线下活动平台。

五、加强基层监督

进一步健全基层监督，在推进村（社区）党组织配置中加强纪检力量建设，完善县（市）区、乡镇（街道）、村（社区）三级联动监督机制，协调基层纪检以及巡逻力量，打通基层监督的"末端"。依靠广大基层群众开展社会治理监督，利用互联网、大数据等新的技术手段有效拓宽群众的监督渠道，扩大群众的监督范围，通过落实基层监督，有力提升基层治理效能。

第二节　吉林市：打造"枫桥经验"吉林样板

吉林市不断推进社会治理体系和治理能力现代化建设，有效开展社会风险防范和管控，持续增强群众的获得感、幸福感和安全感，努力打造新

---

① 《"五治""三长"齐发力　长春打造社会治理现代化"新高地"》，载《吉林日报》2021年12月2日。

时代"枫桥经验"吉林样板。

一、有效解决信访积案和难题

吉林市高度重视运用法治思维和法治方式化解信访积案，在全国率先成立了吉林市信访法律事务服务中心（以下简称"信访中心"），这是全国第一家非公组织。进一步明确信访中心的性质、组织机构、工作任务，建立健全了信访事项受理办理流程、案件听证工作流程、信访服务协议代理协议、个案参与制度以及年度考核办法等内部管理制度，总结形成了咨询告知、签订停访协议、义务代理、联动化解、听证息访和救助公证六种模式化解信访难题的成功经验。依托9个县（市）区法律援助中心，成立信访法律事务服务分中心，畅通基层群众涉法涉诉信访渠道，截至2019年12月，信访中心累计接待信访群众咨询6700余人次，受理各类涉法涉诉信访案件685件，结案506件。①

依托吉林市律师协会，成立了民办非企业性质的法律志愿服务组织——吉林市律师代理申诉案件服务中心（以下简称申诉中心），无偿为申诉人提供"点单律师"、全过程"订单式服务"，由政府购买服务，保障中心运行。截至2019年12月，申诉中心已接待申诉咨询400余人次，正式受理案件93件，导入司法程序3件，有30余名申诉人服判息访。申诉中心做法先后被国务院网站、《吉林日报》报道。

以上两个中心运行以来，有效地解决了一大批累积的涉法涉诉信访案件和问题，赢得了人民群众的信任和赞誉，获得了中央政法委、司法部、吉林省的高度评价，成为吉林市推进共建共治共享社会治理模式建设的生动实践和重要品牌。

---

① 《吉林市充分发挥"两个中心"作用，打造社会治理"枫桥经验"城市版》，http://www.jlcity.gov.cn/yw/jcyw/202001/t20200103_724409.html.

二、健全专业化调解组织体系

充分掌握现有专业调解组织和行业调解组织的运行状况，重点规范医疗卫生、道路交通等领域的调解组织；密切关注民生需求，探索在全新领域建设调解组织；围绕财产纠纷、婚姻矛盾、弱势群体权益保护等社会矛盾多发领域，积极探索解决问题的有效途径；建立健全非诉讼纠纷解决机制和诉讼前调解机制，统一将人民法院设立的调解机构规范为诉讼前人民调解委员会；各县（市、区）根据各自情况成立交通事故纠纷调解委员会、物业纠纷调解委员会、旅游纠纷调解委员会、农村土地承包经营纠纷调解委员会；加强村（居）人民调解员建设，探索其他社会组织参与矛盾纠纷解决的方式和渠道，在此基础上，大力推进行业管理，成立吉林市人民调解员协会，统筹、协调、指导全市人民调解工作。截至2020年底，吉林市共有各类调解组织2016个、调解员7870人，基层调委会已实现全覆盖，在化解基层矛盾纠纷、维护社会和谐稳定方面发挥着不可替代的作用。

三、建设基层矛盾纠纷化解信息化平台

以信息化建设为支撑，市，区（县、市），街道（乡镇），社区（村）四级综合管理中心已形成规模化体系；已初步形成以四级综治中心为平台、以实战为目标、以大数据应用为基础的综治中心平台运行管理模式；已初步形成以四级综治中心为载体、以综治信息技术为支撑、公共视频资源深度联网应用的"雪亮工程"建设模式。其中，桦甸市将基层治理的人、地、物、物的数据和信息整合到综治信息平台中，包括9项主要综治内容，实施"9+X"运行模式，增加事件处理、维稳管控等多个模块，使信息处理系统得到广泛应用，走在全省前列。

四、创新发展"百姓说事点"升级版

将"百姓说事点"与司法行政网络信息平台互联互通，把民生项目

纳入"百姓说事点"建设，及时提供服务指引和政策解答，成为"矛盾纠纷化解点""社情民意搜集点""公共法律服务点""致富信息传播点""干群关系联系点"；注重加强"百姓说事点"的信息化建设，加强在"百姓说事点"调解员中使用人民调解移动终端、微信群等智能方式开展工作，拓宽反映社情民意的渠道。截至2019年底，吉林市已建设"百姓说事点"3318个，收集各类信息14万余件，化解矛盾纠纷9.6万余起，此做法已被中央深改办《改革情况交流》第52期专题刊载。①作为"百姓说事点"的发源地，舒兰市是吉林市乃至吉林省政法工作的一面旗帜，其创新探索"百姓说事点"工作的成功经验在全国纪念"枫桥经验"大会上得到中央领导的肯定。

第三节 四平市：以网格党建引领精细化治理

四平市将"做实网格党建，促进精细化治理"作为目标，不断探索进一步发挥党群力量、加强对网格的调整和优化，积极完善运行机制、延伸服务触角，探索"党建+网格"治理模式，打通联系服务群众的"最后一百米"，基层社会治理水平得以全面提升。

一、构筑基层治理"一张网"

依托"雪亮工程"和各级综治中心，结合人口分布、产业布局、管理能力等因素，科学划分全市基本网格。取消各职能部门业务网格，统一网格名称和网格编号，形成统一的基层社会治理"一张网"。城区以社区为依据划分若干网格，居民区按300~500户标准划分为一个网格，大型商业建

---

① 《吉林市推进"百姓说事点"提档升级 着力提升基层社会治理水平》，http://wza.jlcity.gov.cn/esd/yw/jcyw/202001/t20200103_724417.html。

筑、各类园区、商圈市场、学校、医院、企事业单位划分为专属网格；乡村以行政村为单位加以划分，一个自然村或村民小组被划分为一个网格。[①]

二、智能采集报送和处理信息

结合智慧城市建设，整合政法综治信息系统和相关部门的业务信息平台，通过手机App等收集、上报、处理各类信息，实现基本信息在线录入、服务在线管理、工作过程在线监督、责任目标在线考核，让数据多运行、百姓少跑路。全市社会治理信息平台累计无缝划分和绘制了7206个网格（6525个基本网格和681个专属网格），配备了6964名网格员，录入了177.5万实际人口和47万实际住房的综合治理基础数据，普查录入了5大类66平方公里的28万个城市组成部件[②]，为基层治理奠定了坚实的数据基础。

三、网格"三长"全覆盖

积极推行社区网格"一格三长"和乡村网格"网格长+村民代表"制度。社区网格配备1名网格长和若干楼栋长、单元长，完善楼栋、单元"微网格"，网格长由社区"两委"成员或优秀"社工岗"人员担任。乡村网格配备网格长，网格长由村"两委"成员、大学生村官或村（组）长担任，实行"网格长+村民代表"制度，确保网格覆盖全体村民，充分发挥服务和组织群众的作用。目前，全市共有楼长5063人、单元长19476人，实现了网格"三长"全覆盖。

四、网格事务清单化管理

对各级网格的入格事务实行清单化管理，建立完整的事务清单并动态

---

① 《强本固基聚合力》，载《吉林日报》2021年4月16日。

② 《我市全面提升基层社会治理水平侧记》，http://new.qq.com/rain/a/20210315A02MNY00.

调整，从而实现事务权限清晰、工作流程清晰、运行机制顺畅、监督体系完善。各辖区内在显眼位置设立公示牌，公布网格长、网格员、网格民警的姓名、联系方式以及网格的各项职责，便于广大居民群众及时求助和随时监督。

五、建立基础网格党组织

城市社区共建立1101个基础网格党组织，其中574个党支部、527个党小组；全市农村共建立4676个网格党组织，其中194个党支部、4482个党小组，城乡基础网格党组织覆盖率皆达到100%，依托城市社区网格党群服务中心，建立217个网格党群服务站、111个共享家园①，全覆盖整合网格内机关、学校、医院、非公企业、社会组织等单位，在党建的统领下形成联盟，充分发挥各单位的资源优势参与社区治理和服务，共建美好家园。

六、发展专职网格员队伍

每个网格根据实际需要确定若干名全职和兼职网格员。兼职网格员由村民小组组长、楼栋长、辅警、村民代表等担任，鼓励"两代表一委员""五老人员"、业主委员会成员、保安保洁人员组成平安志愿者队伍，担任兼职网格员。积极探索通过政府购买服务、招聘专职社工等方式建立专职网格员队伍。其中，梨树县创新开展了"员额法官进网格"活动，建立了24个乡镇街道政法委员联络渠道，公示网格法官的相关信息和联系方式，全天候在线提供法律服务。②

---

① 《强本固基聚合力》，载《吉林日报》2021年4月16日。

② 李家鼎：《吉林省梨树县：法官进网格 诉前解纠纷》，《人民日报》2021年7月27日，http://www.qstheory.cn/2021-07/27/c_1127698448.htm.

第四节　辽源市：探索乡村新型警务模式

辽源市因90%以上面积在乡镇，53.8%的人口在农村，故十分重视乡村社会治理。近年来，积极探索推进"一村一警"新型警务模式，全警全力积极投入，打造农村治安治理新局面。2019年，全市50个行政村获吉林省"千村示范""百村引领"示范村称号。①

一、加强驻村辅警队伍建设

为探索农村治安防控体系建设创新方式，推动打造"党委政府领导、公安机关主导、相关部门共建"的农村警务全新格局，持续加强驻村辅警队伍建设，全面明确驻村辅警的职责地位和具体任务，建立健全驻村辅警的招募、培训、管理、考核、奖惩、监督等机制，不断提升其业务能力和水平，有效充实了农村治理的人才力量。充分发挥驻村辅警在村民与公安机关之间的桥梁纽带作用，激励其全身心投入农村社会治理，助力巩固农村基层政权、促进乡村振兴发展和平安农村建设。截至2019年底，全市共有163名辅警担任村组干部②，成为农村基层组织中的生力军。

二、履职创建平安乡村

推动驻村辅警良好履职，配合民警参与各类违法犯罪线索摸排，特别是针对农村涉黄涉赌等社会陋习，有效协助公安机关进行整治。2019年，

---

① 《辽源公安化犁为盾促和谐"一村一警"护民安》，http://m.thepaper.cn/baijiahao_4421279.

② 《辽源公安化犁为盾促和谐"一村一警"护民安》，http://m.thepaper.cn/baijiahao_4421279.

全市通过驻村辅警搜集各类涉黑涉恶线索11条，有价值线索4条，转化为案件3起。完善辅警相关工作机制，积极探索邻村辅警搭档制、片区联勤制等机制，开展联动巡防，全面做好乡村安全防范工作，督促村民家庭、养殖户等落实安全防范措施，排查风险隐患，及时整改化解，有效改善了辖区农村治安环境。2019年，全市农村地区刑事案件同比下降15%，治安案件同比下降12%，民转刑案件同比下降21%，盗窃案件同比下降52%，382个村屯实现零发案（占比达到73.7%）。①

三、及时化解矛盾纠纷

广大驻村辅警发挥了解乡情、深谙民意的优势，及时发现、预防或化解村里潜在的家庭、邻里、土地等各种矛盾纠纷，包括尚未报警和未显现升级的矛盾纠纷，有效破解了乡村治安难题，并从源头上减轻了公安机关的基础性工作量。2019年，全市驻村辅警主动发现调解一般性矛盾纠纷626起，调处遗留复杂矛盾72起，农村矛盾纠纷通过辅警化解占比80%以上。在辖区派出所民警的指导下，驻村辅警落实台账登记、跟踪反馈等工作环节，完善当场调解、延时调解、预约调解、上门调解等多种方式，实现对乡村矛盾纠纷全时空掌控、全链条调控、全过程管控，全面提高矛盾纠纷预防化解的成效。

四、促进乡村振兴发展

积极融入大局，助力乡村振兴和全面发展。例如，为深化社会主义新农村建设，进一步改善村民居住环境，广大驻村辅警全力配合乡镇部署开展清理柴草垛、"小片荒"清收、涵养林种植等活动，通过带头表率投入行动、逐步劝说亲戚邻里等多种方式，以榜样作用和先锋行动促使村民克服观望态度和消极做法，转变为家家户户积极主动参与、良性互动，有效

① 《辽源"一村一警"打造村屯平安风景》，https://m.thepaper.cn/baijiahao_4784634.

加快了整体工作进展。共清理柴草垛9.3万个，基本实现柴草垛远离村屯；种植涵养林6257公顷、各类苗木2065万株，使广大农村生态环境得到进一步切实改善。

五、优化乡村公共服务

为打通基层公共服务的"最后一公里"，推动驻村辅警为村民办理政策咨询、答疑等业务，实行业务办理跟踪责任制，通过"互联网+公安"平台、村屯服务点等载体，以"零差错"为目标，采取上门、网上、代办等多种服务方式，办理居民身份证、户籍、户口代办、出入境等业务，2019年提供此类服务近万次。为驻村企业和务工村民开展代办公安业务、引导企业自防、隐患排查整改、用工信息核查、企业招聘推荐等多种形式的便捷服务，2019年，全市农村辅警与驻村企业对接率达到100%，服务732家企业。①

第五节　通化市：深化市域社会治理现代化试点

通化市启动市域试点创建，全市各地各部门按照"创建全国首批市域社会治理现代化试点城市第二版工作指引"②，统一思想、凝聚共识、务求实效，取得良好的创建效果。

---

① 《辽源"一村一警"打造村屯平安风景》，https：//m.thepaper.cn/baijiahao_4784634.

② 《通化市创建全国首批市域社会治理现代化试点城市实施方案》，xxgk.huinanxian.gov.cn/zfgz6/mzj/xbxxgkml_13737/202011/t20201124_503794.html.

一、全面深化平安建设

推进基层平安创建活动，出台《全面深化基层系列平安建设工作方案》，以小平安促进大平安，全面打造平安通化"升级版"。推出"平安五动战略""平安边境""平安校园"等创新做法，重点推进平安村屯、平安社区、平安校园、平安民航等20项基层平安单位创建活动。

严厉打击各类违法犯罪活动，强化各项务实举措，开展涉林违法犯罪专项行动，整治"沙霸""矿霸"等自然资源领域黑恶犯罪专项行动等，严厉打击涉黄涉赌违法犯罪、物流寄递涉烟违法犯罪、跨境赌博违法犯罪等。

重视推进扫黑除恶行动，组织全市公安机关开展"线索清理""逃犯清理""案件清理""伞网清理""黑金清理""行业源头清理"活动；夯实"行业源头清理"重点责任，开展"十大行业乱象"专项行动，推动行业监管责任落实，堵塞行业监管漏洞，大幅度减少各行业相关违法犯罪活动。2020年，全市黑恶案件的侦办率和涉黑涉恶逃犯抓捕率均达到100%；查扣黑恶资产3.56亿余元，全部移送检法机关，累计移交涉腐涉伞线索209条，向森林、交通、环保等行管部门发送"风险提示函"186份，接收反馈177份。①

二、深入推进网格化服务管理

进一步推进以党组织为核心、以村民组织和志愿者组织为辅助的组织模式，推进以村（居）主任为主导，以综治协调员、治安巡警队、志愿者协会为载体的工作模式，推进科学划分城乡社区网格，明确网格管理职责，完善村庄和社区社会治理精细化管理。全市划分网格1819个，配备网

---

① 《通化市公安局强势推进扫黑除恶专项斗争》，http：//www.jl.chinanews.com.cn/shms/2020-05-27/126162.html。

格员2768人，网格化管理达到100%。①

坚持"四级联治联创"，深度开展"民主法治示范村（社、区）""模范法治乡（镇）""先进法治县（市、区）、先进法治城市"创建活动，深入开展"民主法治示范单位""诚信守法企业""依法治校示范校""守法好公民"等多种形式、各种层次的法治创建活动，提升创建率。目前，已创建国家级"民主法治示范村"4个、省级14个和市级660个。②

三、创新预防和化解社会矛盾综合机制

以"枫桥经验"为范本，完善矛盾纠纷多元化解体系，创新有效预防和化解社会矛盾综合机制，社会矛盾纠纷源头预防工作机制、排查预警机制、综合调处工作体系、"N+1"矛盾调处模式不断得以健全和完善；开展常态化动态摸排，建立以网格为单位，网格人员日排查，村（社区）周排查，乡镇（街道）半月汇总、研判的工作模式；建立矛盾纠纷动态"数据库"，对摸排出的矛盾纠纷纳入市、县、乡、村（社区）四级矛盾纠纷动态管理数据库，以及各相关部门的数据库。仅2018年、2019年两年，即成功排查、调处各类矛盾纠纷2.4万余起，未发生民转刑案件③，力争在成诉、成访、成案之前将矛盾纠纷化解。

四、助力营商环境优化

为有效营造亲商、安商、护商、惠商的良好营商环境，完善保护非公

---

① 《通化市加快推进社会管理综合治理现代化》，http://m.people.cn/n4/2019/1215/c1206-13500702.html.

② 《通化市加快推进社会管理综合治理现代化》，http://m.people.cn/n4/2019/1215/c1206-13500702.html.

③ 《通化市加快推进社会管理综合治理现代化》，http://m.people.cn/n4/2019/1215/c1206-13500702.html.

有制经济主体合法权益规章，建立健全清理和纠正涉及涉民营企业及经营者的不公正案件、冤错案件的常态化工作机制，开展"办理民营企业经营者轻微刑事犯罪免责免罚快审快结"专项活动，助力民营经济发展。

为进一步体现包容审慎精神，规范执法监管活动，在全市范围内实施轻微违法行为告知承诺制度①，建立容错机制。为完善执法程序、加强执法监督，建立市场监督管理局行政处罚等多项制度；进一步规范执法文书；严格从管辖、程序、主体、事实、证据、定性、依据、裁量等方面对案件进行核审；成立案件审理委员会，实行行政执法重大案件集体讨论制度；深化行刑衔接，不断加强信息共享机制、衔接工作机制、联动工作机制，切实开展执法协作。

五、重视社会信用体系建设

进一步完善社会信用体系，以政务诚信为引领，全面推进企业诚信、社会诚信、司法公信建设，全力打造"诚信通化"。明确"诚信通化"建设的工作目标和责任分工，建立健全社会信用体系联席会议制度、守信联合激励与失信联合惩戒工作机制、公共信用信息归集和使用管理、社会信用体系建设已纳入市政府年度绩效考核②等一系列相关制度，为全市社会信用体系建设提供了充实的组织和制度保障，使制度建设和标准体系不断得到完善。

六、推进市域社会治理现代化试点

全市范围内大力推进市域社会治理现代化试点，以集安市为例，成立创建市域社会治理现代化试点工作领导小组，确立创建全国首批市域社会

---

① 《通化市推行市场监管领域轻微违法行为告知承诺制》，http：//jl.sina. com.cn/news/m/2020-05-20/detail-iirczymk2572460.shtml.

② 《通化市全力打造"诚信通化"新名片》，http：//jl.sina.com.cn/news/ yaowen/2019-10-18/detail-iicezzrr3051485.shtml.

治理现代化试点城市实施方案，逐条明确任务书、时间表，落实工作责任，构建齐抓共管、协调合作的创建工作格局；坚持把解决人民需求、改善人民生活作为创建的首要任务，从人民群众最关心、最期盼、最应办的事情做起，尽力解决医疗、教育、就业、住房、社会保障等关系基本民生和长远民生的问题，全力做好社会治理、脱贫攻坚、乡村振兴和城市建设工作；建立党、政、军、警、民"五位一体"的边境联合治理体系，扎实推进"三道防线"建设，努力维护边境地区的安全稳定和经济发展；整合社会力量，组织社区干部、网格员和志愿者团队，充分发挥社团和社会组织的作用，使创作活动为全民所知晓、所支持、所参与，构建共建、共治、共享的社会治理格局。2019年，通化市被评为全国乡村治理体系建设试点市；中央全面依法治国委员会办公室公布《第一批全国法治政府建设示范地区和项目名单》，集安市成为首批获评的全国法治政府建设示范地区。

第六节　白山市：全面推进城乡社区治理

一直以来，白山市都高度重视社区治理工作，形成了组织部门、民政部门牵头，相关部门协调配合、齐抓共管的社区治理工作模式。

一、强化社区治理的政策保障

深入贯彻关于"社会治理的重心必须落实到城乡社区""社区治理只能加强，不能削弱"重要指示精神，坚持以党中央国务院、吉林省出台的有关文件为工作遵循，制定了《白山市全面推进农村社区建设的实施方案》《白山市加强和完善城乡社区治理的实施方案》等文件，进一步确定目标任务、明确职责分工，加强社区专职工作者队伍建设，完善城乡社区治理，全面推进农村社区建设，规范全市村务监督委员会建设，为社区治理提供了政策和制度依据，以政策保障强化制度落实，从而不断夯实城乡社会治理基础，提升社区治理能力。

二、构建党建引领社区治理新格局

探索构建区域统筹、条块协同、上下联动、共建共享的党建引领社区治理模式，开展以党建为引领的"共建美好家园"三年行动等，通过领导干部带头、部门联动、街道统筹、社区兜底等方式，探索构建全市"一体化大党建"格局，带领广大党员、居民共同破解难题，共创美好家园。截至2020年，主城区内，市直部门和浑江区直部门已全部落实小区环境综合整治包保任务，涉及195个小区和175栋单体楼，累计开展环境卫生清扫活动520余次，参与的干部职工1.3万人次。[①]

三、全面落实"一村一辅警"

持续加强农村警务建设，使"一村一辅警"在全市所有村（居）委会实现全覆盖，以多元化解矛盾、维护平安、零距离服务群众为重心，最大限度地预防、减少和遏制各类案事件的发生。落实"我为群众办实事"要求，开展"百万警进千万家"活动，组织民警和辅警深入辖区开展全面排查，及时发现新隐患；详细了解未决纠纷的背景和症结，按照"一事一策"工作机制协调各方力量使其得以解决；充分掌握已解决矛盾纠纷的处理情况，建立档案，及时回访，监督调解协议履行。2021年，全市共排查发现矛盾纠纷2898起，化解2810起，分流移交32起[②]，矛盾纠纷发现率、化解率、管控率都得到大幅提升。

---

① 《白山市全面推进城乡社区治理》，http：//mzt.jl.gov.cn/mzyw_74261/dfxx/202009/t20200911_7474323.html.

② 《白山：创新机制提升基层社会治理能力》，http：//news.cpd.com.cn/n12021581/n12021589/202202/t20220223_1017686.html.

四、推行公安政务服务"一门通办"

作为全省"一门通办"公安政务服务试点单位，独断优化服务模式，采取政务大厅全面进驻、警种派出进驻、设立延伸受理点等方式，新增服务业务，升级原有的户政、交警、公安、网络安全等窗口，建成无差别综合窗口和绿色通道服务专区，从"一事跑多窗"变为"一窗办多事"，让广大群众和企业享受优质、高效、规范的服务。将户籍业务权限下发至各分局、派出所户籍窗口，参照政务大厅"前台综合受理审批，后台统一窗口出件"的综合服务模式，实行户籍服务业务"一门通办"，提高服务能力，显著提升群众的满意度。截至2020年底，各级户籍服务窗口共办理"一门通办"业务114件。①

五、推动居民自治

为引导基层群众加强自我管理、自我教育、自我服务和自我监督，指导群众规范居民公约的内容和程序，推动全市所有社区完成居民公约制定；不断强化社区网格管理，完善"三长制"工作机制，发展"三社联动"载体；加大基础设施建设投入，市、县两级社区综合服务设施覆盖率达到100%；严格依法组织实施社区换届选举，确保民主、公开、择优，已顺利完成10轮社区换届选举②；重视社区协商制度建设，大力营造干部群众重视协商、多元主体广泛参与协商的民主氛围，不断推进社区协商规范化；推荐优秀社区工作者担任各级党代表、人大代表、政协委员，进一步畅通民意反映渠道。

---

① 《白山：创新机制提升基层社会治理能力》，http://news.cpd.com.cn/n12021581/n12021589/202202/t20220223_1017686.html.

② 《白山市全面推进城乡社区治理》，http://mzt.jl.gov.cn/mzyw_74261/dfxx/202009/t20200911_7474323.html.

六、加强社区治理的人才保障

全方位加强党组织队伍建设，连续举办社区党委书记、党务干部示范培训教育；落实全省城市社区工作者"万人大培训"工作要求，分批分期对全市每个社区党委书记、副书记进行全员轮训；建设社区专业化服务队伍，开展社会工作职业培训、各级别社工培训；改善社区工作者的待遇，各县（市、区）建立城乡社区工作者工作报酬联动增长机制，根据不低于上年度当地社会平均工资水平来确定城市社区"两委"成员的薪酬标准；推动社区工作者职业化体系建设，在临江市实行"社工岗"试点，坚持专业化和职业化并举，探索全省首例"分类定岗、分级定薪、分工负责"和"三点三定"模式。

第七节 松原市：实施"党建引领、书记先行"治理项目

按照全省"基层党建引领基层治理"提升行动要求，松原市坚持党建引领、书记先行，推动各级党组织书记履行主体职责，示范带动全市各领域党组织书记全员参战，走上前台，深入基层，推进治理重心下移和资源下沉，解决难题，多办实事。

一、实施"书记项目"

创新制订并实施"书记项目计划"，围绕城市建设和管理的重要领域和事项，从市委书记、县委书记做起，组织带动各级党组织书记结合本部门实际情况，重点抓好环卫、医疗、法治建设等各类项目，并深入所联系的街道社区，集中认领一批务实、紧缺、高效、擅长的治理项目，充分发挥党组织书记在党建引领基层治理中的示范带头作用，明晰和落实党建引领基层治理的政治责任和工作职责，有效推动城市基层治理重点任务进一

步项目化、具体化，极大增强了街道社区党组织的统筹协调和资源保障能力，显著提升了城市基层治理的水平和成效。

二、推进基础建设

第一，推动街道体制改革。由市委书记亲自部署、协调、推进，有效解决改革中涉及体制、权力、利益等方面的难题。截至2021年，全市28条街道已全部顺利完成机构优化、领导班子加强、人员流动、"五权"下放等改革任务，累计增加200个行政编制、724个事业编制，有效地强化了街道在基层治理、党建、服务工作中的机构设置和人员力量。

第二，加快老旧小区改造。解决一些老城区改造任务较重、资金投入需求较大等难题，保障改造工程顺利推进。例如，在前郭县委书记认领督促下，仅用四个月时间就完成了哈萨尔社区老旧小区改造任务，累计投入资金近800万元。

第三，加强社区场所建设。解决选址和资金问题，协调推进社区活动场所建设。例如，乾安县在云腾、在竹两个社区投入资金3200万元，新建了两处社区党群服务中心，面积均在4000平方米以上。[①]

三、助力民生实事

坚持问题导向，聚焦群众最关心、最迫切的问题，为社区群众办好件件实事。例如，针对城中村脏乱差问题，组织干部职工开展环境卫生整治，帮助建设兼具便民服务、党建阵地、职工之家功能的"党工共建"活动场所；统筹完成路口和夜市沿线治安监控摄像头的安装，助力完善治安防控体系；联合多家医院开展"健康养老、免费义诊"活动，解决社区老人看病不方便的困难；组织向基层社区送医疗、送文化、送安全、送科技等活动，加强社区文体活动设施建设；推动背街小巷路面硬化、楼顶防水

---

① 《吉林松原：激活党建引领基层治理的强劲引擎》，http://www.12371.cn/2021/07/05/ARTI1625483759281802.shtml.

维修改造等。通过帮助解决与群众生活息息相关的一个个"小"问题，极大增强了居民群众的幸福感和满意度。

四、引领社会参与

在市政府直属各部门、街道社区等党组织书记的带动下，全市非公有制企业、社会组织的党组织书记都自觉承担起政治责任和社会责任，积极主动参与党建引领基层社会治理。截至2021年，全市663个不同层级基层党组织书记共认领720个"书记项目"[①]，其中有很多是由企业、社会组织的党组织书记承担的。例如，市红十字会的党支部书记为社区居民讲解相关救助项目，发放宣传册等宣传品；吉林盼盼食品有限公司的党支部书记组织动员全体职工在厂区及周边开展爱国卫生活动，彻底清除卫生死角、"四害"滋生场所，规范车辆停放；良佐律师事务所的党支部书记延伸本职法律工作触角，开展"送法进家庭、问需面对面"活动，为群众发放宣传资料、进行面对面咨询、讲解《民法典》知识等。

五、加强考核激励

把实施"书记项目计划"的情况作为重要内容，纳入各级党组织书记抓党建述职报告和评议考核、领导班子年度考核；严格进行随机抽查、跟踪推动，推进已认领项目的落实，防止出现"烂尾"现象；完善定期调度机制，及时掌握和协调各部门单位相关项目开展情况；对重视不足、进展较慢的两个单位实行约谈，对开展较快、成效显著的30余个单位，通过"松原党建"微信公众号等平台及时广泛进行宣传[②]，充分发挥激励作用，引领更大成效。

---

① 《663个书记，720个项目 松原"书记项目"全面推进》，https://m.thepaper.cn/baijiahao_8635478.

② 《吉林松原："书记项目"牵住城市治理"牛鼻子"》，https://www.163.com/dy/article/FS4RFK4S0530RTB0.html.

第八节　白城市：推广县域交巡警务改革

白城市高度重视以警务改革促进社会治安综合治理，不断深化并拓展交巡警务改革，构建了规范化、立体化、信息化的治安管理新格局，提升了社会治安防范能力以及交通管控能力，使社会治安状况得到明显改善。

一、实行"交巡合一"警务改革

探索县（市）公安机关"交巡合一"警务改革，从2019年6月开始，进行机构、人员、职能及服务的有效整合。市公安局将交警、巡警机构实行合并，成立了4个交巡警大队和1个公路交巡警大队，集中交警、巡警全部警力并下沉40名机关民警，使街面执法执勤警力增至310人，实战警力扩充了1.5倍；全力保障警力资源，新投入近400万元用于警用装备配置①；制定完善关于警务人员行为规范、交巡合并职能等方面的规章制度；定期组织交巡警及辅警进行执法执勤、警情处置、交通事故处理、便民事项办理等方面的专业能力培训；制定实施科学合理的督导检查及考核办法，通过严格规范的日考核、周考核、月通报和年终综合考核，确保警务改革取得预期效果。经过几年的实践、总结和向全县域拓展，取得了良好的社会效果。

二、加强社会治安防范

将主城区划分为9个警务区，在各重点部位、人员密集场所、繁华路段分别建设9个警务室，配置包括先进通信设备、视频指挥终端警员及警车装

---

① 《警务改革的白城实践——白城市推进交巡警务改革纪实》，http：//www.njqs.com/recruit/137258.html.

备定位系统在内的完备设施，可随时调取辖区高清视频监控，实现全警种互动联系；每个警务室部署3台警车，全市共27台警车围绕78条必巡线、60个必巡点开展24小时网格化、动态化巡逻防控①，特别加强学校、幼儿园上放学等重点时段，以及党政机关、医院、车站、广场、商业区等重点区域的执勤巡逻；每个警务室的多角度动态视频图像也可被市局（及交警）指挥中心同步调取并在大屏幕上显示，进行一体化调度、扁平化指挥、精确化制导，可对突发治安警情做出快速、联动、高效的反应和处置。街道见警率、执勤率、办案率明显提高，治安防范效果显著增强。

三、优化交通秩序管控

在加强社会治安防范的同时，共享警务资源，科学调配警力，实现对交通秩序的从严从快有效管控。赋予交巡警处理道路交通事故的职责，在交通事故中及时保护现场、缓解群众情绪、防止次生事故，利用交管12123平台对简易交通事故进行处理；组织交通高峰时段车辆人流的疏导和管控，在市区重点路口、重点区域开展交通指挥，及时处理各类突发交通事件及治安警情；在市区重点路口、路段随机严格查处交通违法行为；根据辖区实际情况，适时开展有针对性的专项整治行动及夜检夜查活动，严查严治重点交通违法行为及突出治安问题。极大提升了交通管控能力，落实了"人、车、路、事"责任及管理，实现道路拥堵全面缓解，交通事故数量同比下降18.5%。②

四、扩大便民警务服务

依托警务室，就近为群众提供越来越多快速便利的警务服务。从阳光

---

① 《坚定信心　担当作为　推动"交巡合一"改革在县域铺开　为白城市域社会治理现代化贡献力量》，http://www.thepaper.cn/newsDetail_forward_5314130.

② 《坚定信心　担当作为　推动"交巡合一"改革在县域铺开　为白城市域社会治理现代化贡献力量》，http://www.thepaper.cn/newsDetail_forward_5314130.

广场警务室试点开始拓展，按"能下则下，能放则放"原则下沉警务服务职能，将出具道路交通违法行为处罚决定书、驾驶证补换领、处理违章、驾驶人安全驾驶证明、驾驶人审验教育、新车免检合格标志核发等交巡业务，身份证补换领、居住证申领、住宿户籍信息证明等户政业务，以及"互联网+公安"综合服务平台的各项新业务"打包"下移到各警务室，实行"无差别""一窗通办"；提供节假日和8小时之外预约业务办理；创新使用自助受理一体机开展交巡警和户政高频业务24小时自助服务；与其他组织机构合作，派驻金融等工作人员为群众提供现场代缴罚款等服务；把警务室同时建成"群众之家"，及时排忧解难，对有需要的群众进行救助。①

第九节　延边州：创新边疆民族地区社会治理实践

延边州强化领导体制，完善治理机制，发展专业队伍，凸显民族团结、红色文化等特色，积极探索具有本地特色的边疆民族地区社会治理现代模式。

一、加强规划和顶层设计

第一，加强统筹规划。充分发挥政府主导作用，颁布实施《延边朝鲜族自治州城市管理条例》，起草《文明行为促进条例》，谋划五年（2022—2026年）立法规划，将平安延边建设纳入延边州"十四五"发展规划。

第二，成立平安延边建设领导机构。由州委书记、州长任"双组

① 《白城：小小警务室　便民大文章》，http://news.cnjiwang.com/jlxwdt/sn/202108/3428828.html.

长"，法院、检察院、宣传部等8个成员单位分管领导兼任领导小组办公室副主任，完善权责清单，严格落实本部门主管行业安全风险的防控职责，形成合力。持续开展州、县（市）、乡镇（街道）三级领导信访接待日活动，认真审核材料，听取信访群众代表诉求，向相关负责人了解情况，协调解决问题的办法，推动问题妥善解决。

二、创新制度机制

第一，创新基层党建带群建制度机制。成立州委城乡基层治理委员会，建立"城市基层党建联盟"，开展"六联共建"活动，把党组织建立在网格上；让"工青妇"等群团组织在"化解婚姻矛盾纠纷、预防青少年违法犯罪"等方面发挥重要作用。将社会治理作为全州年度巡查、平安建设考核评价、领导班子和领导干部绩效考核的重要依据。

第二，构建"五项治理体系"。强化"五类"风险管控，开展教育、医疗、校园等领域的行业安全建设，压实主体责任，健全安全管理制度，形成机构健全、措施有力、运行高效的安全防控体系。强化行业安全稳定风险研判，健全重大舆情风险管控机制，及时收集处置负面舆情，第一时间发现处置率达到100%。[①]严厉打击医疗违法犯罪，建立医疗纠纷多元化解机制，整治行业乱象。对全州A级旅游景区内人员聚集场所进行安全风险排查整治，排查景区及建筑物。制定"平安民航"建设工作方案，健全绩效指标监控体系。

第三，加强社会治安防控体系建设。完成"雪亮工程"建设，视频联网共享平台实现全州一、二类点位全部接入，搭建覆盖四级的综治视联网会议系统、社会治理实战指挥平台。加强特殊人群服务管理工作，落实严重精神障碍患者监护人"以奖代补"政策。常态化开展扫黑除恶斗争，截至2020年底，全州共打掉涉黑涉恶犯罪团伙24个，抓获网上逃犯139名，查

---

① 《深化治理举措　突出民族特色　延边打造边疆民族地区社会治理样板》，http://www.jllydj.gov.cn/szxw/21702.jhtml.

封、扣押、冻结涉案资产总价值5.247亿元。①

第四，完善一站式多元解纷机制。稳步推进一站式诉讼服务中心建设；规范推进三级社会治安综合治理中心建设，整合政法、纪检监察、信访、司法、行政、第三方社会力量等资源，同步牵引和带动社会治理指挥平台，健全城乡全科网格，打造"全科受理、访调一体、集成联办"的矛盾纠纷化解机制，健全"四议一审两公开"、村民议事会、村民自治十项制度等。②

三、扩大专业化、职业化社区工作者队伍

以延吉市为先行试点，积极响应省社区工作者队伍专业化、职业化建设试点工作，取得一定经验，在全省得以推广。

第一，完善社区工作者管理体制机制。按"3000户以下核定10~15人；超出3000户部分，按照每增加300~500户增设1个社工岗"标准核定社工岗。截至2021年6月，延边朝鲜族自治州8个县市175个城市社区共核定2210个社工岗，现有城市社区"两委"成员1374人全部依规转入社工岗。通过公开招考的方式配齐剩余岗位，与以往形成鲜明对比，更多的优秀大学毕业生加到社区中，报名比例达到了空前的1∶3.5，其中，研究生学历6人、"双一流"建设高校毕业生45人。③探索社工岗人员进入公务员、事业编的新路径。④

①《延边州扫黑除恶专项斗争成果显著》，http：//www.jl.chinanews.com.cn/szjj/2020−12−24/146612.html.

②《健全"三项机制"抓实"三种治理"——2020年平安延边建设工作综述》，http：//www.sohu.com/a/448271747_12021418/.

③《健全"三项机制"抓实"三种治理"——2020年平安延边建设工作综述》，http：//www.sohu.com/a/448271747_12021418/.

④《2021延边州全力打造专业化职业化社区工作者队伍》，http：//baijiahao.baidu.com/s？id=1700988245520967887&wfr=spider&for=pc.

第二，强化社区、业委会、物业三方联动。探索推行"红心物业"治理模式，目前已实行"红心物业"治理模式的居民小区有136个，服务居民群众10.7万人；由街道社区管理小区898个、孤楼2022栋。①探索建立城市社工中心，有序引导社区、社会组织、社工、志愿者参与。

四、突出红色和民族文化特色

延边各族人民在发挥民族和红色文化等特色的基础上和睦相处，同舟共济，民族关系融洽，社会大局稳定，连续五次被国务院评为"全国民族团结进步模范集体"，成为全国唯一连续获此荣誉的地区。

第一，突出民族特色。利用延边民俗文化及红色文化优势，连续举办17届"边陲党旗红·社区党员文化月"活动，成为促进社会和谐、增进民族团结、宣传党的主张的有效平台。加强民族文化和民族团结进步理论研究，与延边大学合作建立铸牢中华民族共同体意识研究基地。

第二，传承红色基因。依托红色资源，深入开展党史学习教育。推动红色教育进机关、进学校、进企业，用群众喜闻乐见、通俗易懂的方式讲好"红色故事"。

第三，巩固团结局面。在全国率先开展民族团结进步宣传教育"七进"活动，深入下沉机关、社区、乡村等一线基层。完善"党政军警民"合力治边机制，全力建设边境村领导班子和群防群治队伍，实现边境辖区连续六年未发生重大案件。使用朝汉"双语"进行普法宣传、矛盾纠纷化解等，确保法治宣传教育和服务等直达基层各族群众。

---

①《延边：党建引领夯实党在边疆民族地区执政根基》，http：//baijiahao.baidu.com/s？id=1688136073808971460&wfr=spider&for=pc.

第五章

健全吉林省社会治理体系

第一节　健全社会组织体系

社会组织（主要是群团组织）作为"独立于政府之外，在社会领域开展有利于公益事业发展活动的社会组织"[1]，以其公共性、组织性、民间性、独立性、非营利性、自治性、志愿性、专业性等本质特性[2]在当前社会治理中发挥着一系列积极作用：配合行政体制改革及政府职能转变，整合汇聚全社会范围内的资金、人力、技术等方面资源，增强社会应对各类公共突发事件、化解复杂风险危机的弹性，提升公民参与基层民主协商的能力，灵敏感知社会问题和民众诉求，促进完善社会矛盾纠纷化解机制，提供各类高水平专业化管理或服务，提升社会治理的专业化程度等。[3]

---

①徐汉明：《社会治理法治研究》，法律出版社2018年版，第78页。

②黄红：《发挥社会组织在社会治理中的作用》，http：//www.cssn.cn/skyskl/skyskl_jczx/201903/t20190321_4850986.shtml.

③阿莱·木拉提：《充分认识群团组织和社会组织在社会治理中的作用研究》，载《中小企业管理与科技》（上旬刊）2021年第6期。

吉林省一直重视社会组织建设，近年来，各类社会组织的数量大为增长，地位得到确认，作用日益重要，体系逐渐完备，参与社会治理的活力和创造力不断增强。在已有成就的基础上，针对目前仍存在的若干不足和面临的一些挑战，未来完善吉林省社会组织体系建设包括以下路径：

一、加强社会组织党建工作

党的领导是包括社会治理在内一切活动的前提和基础，在社会组织的发展和参与治理的过程中应加强党的核心政治引领，以党建工作确保政治方向，通过在各类社会组织中健全党的基层组织来确保党的路线方针政策和决策部署切实得到贯彻落实，在社会组织中，把基层党组织建设成为宣传党的主张、贯彻党的决定、领导基层治理、团结动员群众、推动改革发展的坚强战斗堡垒。

吉林省社会组织党建工作开展良好，通过深化习近平新时代中国特色社会主义思想学习教育、指导党史学习教育、分层级开展党员教育培训、健全党建工作机构、建立目标清单、召开专题组织生活会和民主生活会、开展党建示范基地创建活动培育党建品牌、发挥先进典型的辐射作用等做法和方式[1]，已经取得了良好成效：理论武装不断强化，管理体系不断完善，党内政治生活得到严格实行，推动社会组织在乡村振兴、城乡共驻共建、群众生活服务等方面积极参与和创新党建引领下的基层治理活动，等等。未来还应从以下各个方面进一步加强社会组织党建工作，提高质量和水平：

（一）坚持政治标准

在社会组织章程中写入"坚持党的全面领导"，把坚持党的全面领导贯穿社会组织运行和发展全过程。教育引导从业党员群众学习贯彻习近平

---

① 中共吉林省社会组织联合委员会印发《2021年吉林省社会组织党建工作要点》的通知，http://mzt.jl.gov.cn/mztyw_74291/shzzgl/fgwj/202109/t20210930_8235720.html.

新时代中国特色社会主义思想，增强"四个意识"、坚定"四个自信"、做到"两个维护"。

（二）突出政治功能

社会组织党组织作为社会组织的政治核心，在社会组织发展中充分发挥了政治引领作用，组织力突出，在保证社会组织政治方向、团结凝聚群众、建设先进文化、服务人才成长等方面发挥积极作用，更好地进行自身建设。

（三）强化政治引领

坚持党建工作和业务工作一起谋划、一起部署、一起落实、一起检查。党建工作和业务工作深度融合，自觉深化党建引领业务发展，统筹做好围绕业务抓党建工作，将党的组织优势转化为发展优势，以高质量党建引领社会组织高质量发展。

二、完善法规和规章

在吉林省已有的关于孵化和发展社会组织及其参与社会治理各方面事项的规章［如《吉林省乡镇（街道）社会工作服务站设立工作方案》，以政府购买专业社会工作服务为支撑，整合现有资源，为困难群众和特殊群体提供社会工作服务；《吉林省乡镇（街道）社工站项目服务内容参考（暂行）》，鼓励各地根据乡镇（街道）民政工作需求和专业人才情况，因地制宜地开展本土化、专业化的基层民政领域社会工作服务］等规范性文件的基础上，应进一步着眼本区域现实需求，立足调查研究，经过民主协商，参考各方包括社会组织自身的意见，进一步完善与各类社会组织活动有关的地方性法规及规章。通过完备的法规体系，充分体现党和政府的方针目标和人民群众的利益需要，加强培育和规范管理各类社会组织，明确其在宏观上以及具体事务上的法律地位、权利和职责，引导其更加广泛深入地参与或提供基础设施建设及运营维护、突发事件应急、弱势群体关照、环境保护、安全保卫等领域的公共管理和服务，以其专业知识、运作模式、群众联系等方面的优势为新时代社会治理做出更大的贡献。

（一）考虑各方合理意见

按民主协商等原则，充分考虑各方合理诉求和意见，作为拟定与社会组织及其成员参与社会事务有关各项决策的基础。及时出台并执行相关政策，结合配套的具体实施办法，并不断健全政策监督和政策评估。在完整的公共政策链以及其他政策工具的共同作用下，从满足人民日益丰富而多样的美好生活追求出发，契合社会组织在这方面的优势条件和价值宗旨，通过支持、促进、保障相关社会组织提供紧缺的公共服务来实现以民生保障为重点的柔性靶向施策。①

（二）完善新兴领域法规

制定并完善新兴领域其他相关法规及政策，包括与信息服务内容、群组管理责任、新技术新应用安全评估、知识产权归属有关的网络空间法治规范等，为有关社会组织有序健康参与新兴领域的社会治理提供充分全面的依据和遵循，使其发挥正向作用，避免消极影响；在"两个健康"（非公有制经济健康发展和非公有制经济人士健康成长）重要指导思想之下，制定完善相关的法规、政策，采取系列措施，开展主题活动，促使有关社会组织及其成员（如新媒体及其从业人员）良好顺利地融入社会治理体系。②

---

① 邱玉婷：《市域社会治理现代化格局中社会组织协同治理的效能提升》，载《理论导刊》2021年第8期。

② 李楠，闫韶华：《基于统一战线视域的新媒体从业人员参与社会治理》，载《湖南省社会主义学院学报》2021年第5期。

三、健全制度和机制

进一步细化和落实社会组织参与治理活动有关的各类制度，完善相关运行机制，动员各方社会力量以社会组织为载体积极参与社会治理，尤其基层社会共建共治共享。在各项具体制度和机制中充分体现以人民为中心的主旨，以社会组织为抓手，贯彻党"一切为了群众，一切依靠群众，从群众中来，到群众中去"的群众路线。精确设计社会组织在社会治理活动中的角色、定位、准入条件、参与范围、运作方式、保障措施等环节和方面的内容，完善政府对社会组织引导、帮扶、支持、包容、管理的制度体系。

（一）完善协商机制

进一步完善社会组织及其个体成员表达诉求和参与协商的机制，并拓宽相应渠道，搭建跨行政区划、性质、领域等各类治理主体通达交流的综合性平台，便利社会组织与政府、有关部门、社区、其他社会组织以及相关工作人员、志愿者、公民的沟通协作，推动构建社会组织与等其他治理主体之间的社会联动治理及管理机制。

（二）运用市场机制

引入市场机制，推行项目外包、政府购买、商业保险制度等，吸纳包括社会组织在内的主体提供公共服务、参与公共事务，激励其承担社会责任，并对其进行适度约束。[①] 其中，应重点完善政府购买制度，推广以政府购买方式从资金、影响力等方面对社会组织的支持，使政府购买的程序更加公开规范，条件更加公平合理，注意解决实施过程中有关社会组织与所在地政府以及村（居）委员会之间的权力博弈、不同社会组织之间的业

---

① 潘琳，周荣庭：《安徽社会治理创新：构建逻辑、困境与行动路径》，载《安徽行政学院学报》2021年第3期。

务竞争等问题，同时避免社会组织沦为行政机构的附庸，引入第三方评估机制、完善量化客观评估标准以使项目评估能够充分发挥应有的作用。[1]

（三）优化制度环境

从制度环境上为市场化经营的社会组织优化营商环境，包括贷款融资、技术转让、产权保护、品牌扶植、人员交流等方面；大力扶助其完成现代化转型升级，成为从事紧缺社会服务的社会企业；推动其以清单制度等明确社会责任。[2]同时，精心设计各种促使企业类主体在公共事务中的社会效益不断向市场经济效益转化的机制，激励其进行长期投入。

四、妥善处理各类主体之间的关系

（一）政府与社会组织的关系

政府应持续深化公共管理职能转变和体制改革，在推进服务型政府建设的同时，适当简政放权，做好顶层设计并健全配套措施，将更多的公共服务提供和社会事务管理职能逐步让渡给具有专业、人力、资源等优势的社会组织，在具体做法上充分确认其主体地位和自主性，尽力发挥其提供服务方面的能动性和灵活性，给予其公共事务管理或治理方面更多与功能相符的权限。厘清政府及其所属部门与社会组织之间的职能边界，弱化社会组织的行政色彩，减少其对政府行政权力和资源的依赖。[3]对社会组织进行规范管理，明确对其进行监管的机构、权能、依据和程序，以提升其服

①赵清：《共建共治共享理念下社工机构的发展困境与路径》，载《海南师范大学学报》（社会科学版）2021年第5期。

②杨家豪：《乡镇中小企业嵌入基层社会治理体系问题分析》，载《乡村论丛》2021年第5期。

③赵晨昕：《志愿组织参与社会治理的价值、困境与机制》，载《大众标准化》2021年第9期。

务效能，促进其长远发展。

（二）基层自治机构与社会组织的关系

应加强沟通协作，促使有关主体之间实现良性互动，共同为基层民众的基本需要服务。妥善协调不同治理主体之间围绕资源筹集等事项进行的博弈，平衡好其权责和利益关系。注意从社会组织所承担的项目申报、运行实施、考核评估等不同方面和环节加强对其运营过程和服务质量的监督，可以探索推广由第三方专业机构进行评估以确保独立和公正。在基层工作总结和各类舆论宣传中给予社会组织及其活动成效以充分肯定，帮助其获得更多激励与认同。[①]

（三）各社会组织相互间的关系

鼓励不同的社会组织通过综合性平台深化信息交流、事务协商与业务合作，以更大的专业、规模等优势为所在区域提供更好的公共服务；引导避免和解决不同社会组织及成员之间在组织利益、个体利益上可能发生的冲突，促使其构建平等、公平、友好的竞争关系。

（四）社会组织内部关系

社会组织内部管理机构、党组织与个体成员之间的关系也应注意理顺。在充分体现党的政治引领作用的基础上，最大限度保证社会组织自身事务上的独立地位以及成员个体的表达和协商权。

----

①严雪雁，谢金晶：《乡村社会治理中的社工助力探析：角色定位与路径选择》，载《乐山师范学院学报》2021年第6期。

第二节　健全公共服务体系

公共服务与社会事务管理一起构成社会治理的两个基本面，是与社会治理有关的改革发展重要任务领域。持续保障作为一种公共产品的公共服务的供给、不断提升公共服务质量有助于直接满足人民群众对美好生活日益多样化的需要，保障其各项基本权利，令其产生实实在在的获得感、幸福感、安全感；努力扩大公共服务供给在地域上及群体间的覆盖面有助于从根本上避免社会矛盾纠纷，化解社会风险危机，长远保持社会和谐稳定；推动城市、区域、城乡之间基本公共服务共享，尤其在城市群、都市圈建设的背景下，还可以极大提高社会治理的现代化程度。[①]

公共服务关系民生、连着民心的重要意义和"幼有所育、学有所教、劳有所得、病有所医、老有所养、住有所居、弱有所扶"[②]等主要内容在实践中不断得到肯定和明确。在这些领域的基本公共服务中，我们主要着眼满足人民基本物质文化生活需求之外更高层次精神需求的特定种类公共服务，即公共法律服务（构成"弱有所扶"的重要组成部分）和社会心理服务（构成"病有所医"中"公共卫生服务"的重要组成部分），而论述公共服务体系的完善。在进一步发挥当前已有成就经验的基础上，吉林省要进一步完善公共服务体系建设。

[①] 许晓东，芮跃峰：《市域社会治理现代化：体系建构与路径选择》，载《社会主义研究》2021年第5期。

[②]《中共中央办公厅、国务院办公厅印发〈关于建立健全基本公共服务标准体系的指导意见〉》，http://www.gov.cn/xinwen/2018-12/12/content_5348159.htm.

一、健全法规及标准

未来吉林省应以国家现有一般性法规及标准如《社会保障法》《传染病防治法》《精神卫生法》《社区矫正法》《"健康中国2030"规划纲要》《国家基本公共服务标准（2021年版）》等为依据，同时借鉴其他地方的经验，如北京市2021年10月起实施由市委社会工委市民政局组织制定的地方标准《社会心理服务站点服务规范》①、四川省制定专门的省级《公共文化服务保障条例》来规定公共文化服务的提供事项②等，在《吉林省贯彻落实健康中国行动实施方案》③等吉林省既有法规、规章等的基础上，进一步完善公共服务体系建设方面的地方政策、法规，以及相关地方标准。

例如，通过规范全省的公共法律服务，以优惠优质的法律服务回应本省广大人民群众的基本权益保障诉求，以至逐渐拓展涵盖全样本、多维度、多元化的法律需求应对，而不断满足人民追求美好生活丰富多样的法律服务需求，以法治保障共同富裕的发展目标、公平正义的治理价值与和谐稳定的社会秩序。④再如，通过规范全省的社会心理服务，实现"健康治理"以及个体和群体心理健康的具体目标，不仅可以提升民众的健康及幸福指数，还可以从根源上预防由消极社会心理因素诱发的极端事件，针

---

① 《〈社会心理服务站点服务规范〉10月1日实施"不良情绪"在社区就能解决》，http://beijing.qianlong.com/2021/0928/6340741.shtml.

② 《四川省公共文化服务保障条例》，https://www.sc.gov.cn/10462/10464/10797/2021/10/31/16d708d355134a90a99422ed03d1ed2f.shtml.

③ 《吉林省人民政府关于印发吉林省贯彻落实健康中国行动实施方案的通知》，http://xxgk.jl.gov.cn/szf/gkml/201909/t20190925_6100061.html.

④ 杨凯：《论现代公共法律服务多元化规范体系建构》，载《法学》2022年第2期。

对各类个体和群体性事件而确保社会安全。[①]

二、完善制度和机制

进一步完善吉林省与公共服务提供有关的制度和机制，使各类公共服务获得常态化、精细化发展。

首先，与特定种类公共服务相关的各种具体制度：在住房保障方面，完善住房公积金制度，扩大覆盖范围以使更多就业群体享受住房公积金服务，增加保障性租赁住房供给，形成推进闲置土地利用、存量房屋用途调整、城镇老旧小区改造、农村危房改造和地震高烈度设防地区农房抗震改造的机制；在养老方面，建立健全基本养老服务制度，研究制定国家基本养老服务清单，加快设计兜底性、普惠性养老服务相关制度；在教育方面，完善义务教育制度，实现义务教育优质均衡发展；在社会心理服务方面，健全社区矫正制度，依托社区矫正中心引入专业心理咨询等服务力量，以心理辅导等服务促进社区矫正对象顺利融入社会[②]，完善心理干预疏导常态化机制，培育、整合公益性的心理危机干预机构等资源，助力源头化解极端事件风险隐患[③]；在公共法律服务方面，健全矛盾纠纷多元化解机制，通过搭建信息化运行管理平台，完善行业性、专业性人民调解组织，优化诉调对接机制，整合人民调解、行政调解、司法调解等多种资源，综合运用调解、仲裁、诉讼等多种手段，推动矛盾纠纷高效快速化解，等等。

其次，适用于所有类型公共服务的基本制度或机制。一是完善基层社会治理联动工作机制。进一步发挥吉林省及其他省市"三社联动""五社

[①]张淑敏，吕小康：《社会心理服务体系的政策语境与行动逻辑》，载《南开学报》（哲学社会科学版）2021年第6期。

[②]冷童童：《建设社会心理服务体系 让矫正从"心"开始》，载《人民调解》2021年第11期。

[③]曹鸿鸣等：《建立健全经常性社会心理服务疏导和干预机制，防范化解个人极端风险》，载《中国发展》2022年第1期。

联动"等做法经验①，在坚持党对社区治理的统一领导、强化党建引领的前提下，加强社区基层组织机构和安全基础设施建设以及网格化管理，扶持社区社会组织成长发展并开展活动，建立并依托社工服务机构，带动专业社会工作者，动员党员、公众等志愿者贡献力量，统筹利用社区慈善资源，在社会救助、社会福利、慈善事业、卫生健康、心理疏导、纠纷调解、禁毒戒毒、矫治帮教等领域提供公共服务。二是引入市场机制。支持公益性社会机构或市场主体扩大普惠性非基本公共服务供给，如儿童健康基本公共卫生服务等，构建覆盖全民、城乡一体、均等可及、优质高效的人社基本公共服务体系。三是健全激励与约束机制、监管与评价制度等。

二、夯实服务基础

从资源供给、平台渠道、场地设施等方面夯实各类公共服务的基础。首先，进一步完善财政投入体制和制度，增加学前教育等公共服务的优质普惠性资源供给总量，并促进公平配置。②其次，加强有关的实体设施及平台建设，包括建好全民健身、体育等公共服务场地设施③，完善基层劳动就业服务平台④，健全区—镇（街道）—村（社区）各级经办医保公共服务网络⑤，在街道活动中心内设社会心理服务中心、调解工作室等机构，加强医疗卫生机构及设施建设等。再次，完善各种线上公共服务平台，包括公

①钱熠，郑希羚：《以"三社联动"助力社会心理服务体系建设》，载《中国民政》2022年第6期。

②宋丽芹：《普惠性学前教育公共服务体系建设：困境与突破路径》，载《现代基础教育研究》2021年第3期。

③孟雨等：《对全民健身公共服务体系建设的再思考》，载《中国体育科学学会会议论文集》2022年3月版。

④白晋光：《基层劳动就业与社会保障公共服务体系建设的探析》，载《中国集体经济》2021年第25期。

⑤赵彬蓉：《加强医保基层公共服务体系建设的思考》，载《四川劳动保障》2022年第2期。

共法律服务、心理服务等热线和网络在内，侧重以社区、智能化、大数据为基础，力争实现公共服务网络全覆盖[1]，借鉴贵州"黔货云仓"的做法[2]建设全链条型农村电商服务体系的载体，等等。强化技术赋能，发展各种"互联网+"平台及智能工具设备等，如推广公共法律服务"无人律岗"和普法机器人等[3]，推行"便民化"智慧建设，满足群众多元化公共服务需求。最后，做好宣传教育等基础性工作，包括支持驻地高校及科研机构深入开展基本公共服务方面的学科建设、理论研究、科学实验、成果转化、产业发展等活动[4]，加大与各类公共服务有关知识、法规及政策的宣传普及力度，如进行形式多样的心理健康科普教育和宣传、通过组织青少年体育活动及赛事增强体育公共服务的宣传效果[5]，等等。

四、突出重点对象

在逐步实现各类基本公共服务均等化供应的过程中，当前阶段应注重优先满足特定重点服务对象的合理需求，具体如下：

第一，对于城乡低收入群体，在社会救助、劳动就业、住房保障、法律援助等方面给予优惠照顾，如对符合条件的农村低收入群体等重点对象住房安全做到应保尽保。

第二，对于老年人、农村留守妇女儿童等弱势群体，在抚养救助、心

---

①管健，杭宁：《少数民族地区社会心理服务体系建设研究》，载《西南民族大学学报》（人文社会科学版）2021年第10期。

②丁煌，任洋：《农村电商公共服务体系建设何以破解农副产品产销困境》，载《贵州财经大学学报》2022年第1期。

③《公共法律服务无人亭和公共法律服务机器人在汪清正式亮相》，http：//sft.jl.gov.cn/zwgk_158944/zwdt/202106/t20210618_8108856.html.

④苗苊：《治理现代化视角下我国社会心理服务体系建设的路径创新》，载《山东大学学报》（哲学社会科学版）2021年第6期。

⑤李琛：《浅析新时代下青少年体育公共服务体系建设》，载《体育科技文献通报》2021年第1期。

理服务等方面进行优先扶持，如在村（社区）增加心理咨询服务站点，面对全部临界和高危人群定期进行老年抑郁和认知筛查等。

第三，对于在校学生及学龄前儿童，在教育、心理服务等方面提供重点服务，如为家庭教育提供政府支持和指导[①]，完善家庭、社区、中小学校联动机制，以专业人士驻校、家校辅导及体验、心理筛查等方式加强中小学生心理健康教育及服务等。

第四，对于某些特殊人群，包括流浪乞讨人员、刑满释放人员、戒毒人员、社区矫正人员、严重精神障碍患者等，应重视提供心理疏导等社会心理服务[②]、安置帮教等公共法律服务，完善极端事件监测预警及应急处置。

第五，对于特殊岗位人员及特殊时期特定人群，包括救援、安保等岗位人员以及重大灾害影响人群等，重点开展心理疏导和援助、生活救助等公共服务。[③]

五、拓展服务领域

在以各类基本公共服务广泛服务人民群众最根本福祉（如有关单位干警职工和法律服务工作者深入社区村屯、走进机关企业、奔赴田间地头开展卓有成效的普法惠民、服务利民、帮扶助民、援助便民、调解安民、正风馈民等行动）的基础上，未来应进一步拓展服务领域。

首先，服务法治政府建设。继在东北首创"一门式、一张网"服务，"审批不见面、办事不求人"经验在全国得到推广，经广泛征求听取广大

---

①叶强：《推进家庭教育纳入基本公共服务体系建设》，载《理论导报》2022年第3期。

②文宏，辛强：《全面推进新时代社会心理服务体系建设》，http://www.gmw.cn/xueshu/2021-02/19/content_34627310.htm.

③高文兴：《北京社会治理精细化走向深入》，载《公益时报》2021年7月20日第002版。

市民意见而出台系列便民性地方性法规①，连续三年集中开展三轮证明事项清理并分别编印了取消清单和告知承诺清单等②，推行法律顾问制度和公职律师公司律师制度等做法之后，未来应进一步推动转变政府职能，优化政务服务，助力法治政府建设，包括：在重大行政决策及法规、规章、规范性文件出台之前充分听取群众、企业等的意见；规范开展法治政府建设第三方评估；进一步推广法律顾问制度；全面推进"多证合一""证照分离"改革，使更多服务事项实现"跨省通办"；对行政许可、行政确认、行政给付等依申请的行政事项提交的证明材料进行全面清理并实行清单化管理；推进行政执法公示、法制审核、全过程记录制度，推广"不予处罚、减轻处罚、从轻处罚、免予强制"的包容审慎执法四张清单；畅通行政复议救济渠道，在各个政务服务网点设立便民受案窗口；设立行政执法监督联络点，特聘行政执法监督员，加强对各领域行政执法行为的监督，等等。

其次，服务市域治理现代化。在培育法治宣传教育基地、支持"名人调解室"和"百姓说事点"等机构化解纠纷③、开展宪法等法制学习宣传以及禁毒宣传④等活动的基础上，未来应进一步在提供公共服务的同时，助力提升市域治理现代化水平：以各类基本公共服务配合市域社会治理现代化试点城市创建；加强民主法治示范社区建设；完善社区、社会组织、社会工作者、志愿者等多元治理主体联动机制，探索以政府购买服务项目等方式，将更多公共服务转变为由社会力量提供；在政务服务过程中，全面

①《法治根基固 春风花草香》，http：//www.changchun.gov.cn/fzzfjszl/zhxx/gzdt_44899/202112/t20211224_2963420.html.

②《持续开展"减证便民"行动 全力打造"无证明"城市》，2021-11-03，http：//m.thepaper.cn/baijiahao_15220045.

③《法治根基固 春风花草香》，http：//www.changchun.gov.cn/fzzfjszl/zhxx/gzdt_44899/202112/t20211224_2963420.html.

④《逛商场还能学到禁毒知识 市奋进强戒所为民量身打造"禁毒宝典"》，http：//sfj.changchun.gov.cn/ywdt/gzdt/202106/t20210623_2841208.html.

落实"谁执法谁普法"责任制，深入宣讲民法典、劳动法、未成年人保护法、国家安全法、生态环境保护法等法律法规；大力弘扬新时代"枫桥经验"，建设调解、仲裁、裁决、复议、诉讼等有机结合的矛盾纠纷多元化解机制；完善群众"说事、议事、调事"便捷平台，促进矛盾纠纷源头预防化解，等等。

最后，服务营商环境优化。在聚焦法治化营商环境建设重点、迈出了"放管服"改革走向纵深的关键一步之后，未来应进一步努力推动营商环境优化升级，采取举措：通过加强各部门沟通协作，及时协调解决改革中出现的各种问题，力争在全省各类市场建立简约高效、公正透明、宽进严管的行业准营规则，提高市场主体办事的便利度和可预期性；从立法、执法、合法合规审查、法律服务等方面完善服务措施，充分听取市场主体意见，更好地依法保护企业合法权益，助力民营经济健康发展；创新发展企业轻微违法行为首违不罚机制；在深化政务服务"减证便民"行动中加强证明事项监管方面，全面落实"好差评"制度，创新监督管理方式，等等。

六、建强队伍及机构

为补充公共服务提供上的短板不足，除了努力增加资源供给之外，还应注意加强人才队伍及组织机构建设。

首先，建强人才队伍。以社工站为依托，带动专业社会工作者充分发挥专业优势，为社区居民开展急需的优质社工服务，包括社会救助、儿童福利、养老服务、突发事件应急相关事务等；完善社工人才激励措施，探索社工岗位开发和设置、全面落实"三岗十八级"等级薪酬绩效机制和"五险一金"福利待遇等；结合深化"双报到"制度，常态化组织机关单位在职党员作为志愿者到社区提供公共服务；广泛动员来自社会公众的各类志愿者，推动社工与慈善志愿服务融合发展，根据实际情况和需求，不断推出富有实效的服务项目；推广"道德银行""积分制管理"等社区服务模式，鼓励居民进行自我服务或互助服务；以党建引领加强其他各类服务队伍建设，如新媒体"微党建"、律师行业等法律业务机构基层党组织健全优化，等等。

其次，建强组织机构。在人民调解组织[①]、司法所、戒毒所等机构建设在数量和规范化等方面已经取得良好成效的基础上，进一步加强各类公共服务机构建设：广泛设立党建"社区工作服务中心""网格党群微帮站（点）"等基层党建服务机构，并推动其与社区综治中心、警务室、公共法律服务工作室等相融合；增设小区医务室等基层疾控点，建立社区应急物资储备点；扶持社区社会组织发展，尤其民生服务类社会组织；推广社工站（点）建设，从乡镇（街道）进一步向社区一级延伸，以之作为更好的服务平台；更有效地整合和共享儿童之家、日间照料中心等基层服务场所及设施设备，推进综合服务设施建设提升工程；加强对律师事务所等法律服务业务机构的规范化管理；加强各类行业性、专业性调解组织建设，探索以人民调解为基础、融合行政调解和司法调解为一体的第三方社会团体的规范建立和行业管理，完善行政调解、司法调解、人民调解联动机制[②]；推进信访接待中心、综治中心、诉调对接中心与诉讼服务中心融合建设，等等。

第三节　健全应急管理体系

由于处于灾害较为多发地带的自然地理条件，以及随着经济社会现代化发展、改革开放而带来各类社会性风险隐患的叠加，吉林省在应急管理

①《吉林市成立省内首家综合调解协会》，http://sft.jl.gov.cn/zwgk_158944/zwdt/202107/t20210722_8149629.html.

②张术霞：《坚持和完善共建共治共享的社会治理制度路径探析》，载《福州党校学报》2021年第4期。

方面仍面临严峻形势和挑战[①]，必须进一步强化风险防范，持续提升应急能力，以避免或减少各种灾害和事故所致损失，为人民安居乐业和国家长治久安提供坚强有力的保障。

一、优化应急体制顶层设计

吉林省继2018年10月成立专门应急管理部门，初步完成机构和机制建设，有力有序地防范或应对各类灾害及生产安全事故，未来应进一步在应急这个以维护公共安全为要务的领域，推动深化机构改革、加强顶层设计，完善"统一领导、综合协调、分类管理、分级负责、属地为主、全社会参与"的应急体制格局[②]，在防灾减灾以及消防、交通安全等应急救援方面，在党的全面领导下，更加集中统筹协调的权力，切实形成"大应急"局面，极大提高应急管理效率，通过确保人民安全来维护真正的公平。[③]

首先，设立由政府主要领导兼任负责人的"应急委员会"。作为更高级别议事机构，在各级政府"国家安全领导小组"直接领导下，以更高的名义、更人的权能推动开展应急管理工作，以解决现有各类联席会议机制、领导工作小组、临时指挥部、联防联控机制等临时性机构在稳定性上不足以致平时开展防灾、准备等活动以及培育部门间协作关系等较少的问题，实现协同机构从过去的非常设到常设的转变以保持延续性，协同模式由其中某一具体职能部门转变为上级专门综合协调部门负责以保证权威

---

①例如1998年至2017年，我国因灾死亡失踪人口年均1000多人——参见《2017年社会服务发展统计公报》，http://www.mca.gov.cn/article/sj/tjgb/2017/201708021607.pdf.

②杨彤彤，王海威：《应急管理制度化建构的理论逻辑、历史逻辑和实践逻辑》，载《理论导刊》2021年第5期。

③贺汉魂，许银英：《实现人民的美好生活需要是效率、公平的硬道理》，载《海派经济学》2020年第2期。

性①，从而极大提高整体应急管理效率。可借鉴其他一些地方的做法的经验，由（突发事件）应急委员会负责总体上统筹本辖区应急管理事务，在应急管理重大决策和规范化等工作中发挥积极作用。例如，北京市突发事件应急委员会，2021年7月起实施《北京市公共安全风险管理办法》《北京市公共安全风险管理总体实施指南》，以办法和指南体系形式建立了公共安全风险管理的体系框架②；广东省突发事件应急委员会，2021年7月发布《基层现场应急指挥临机处置机制》，系统性解决基层处置突发事件流程中的实际问题。③

其次，赋予应急部门更大的应急统筹和指挥权责。我们党和国家以民为本的价值取向和民生建设的开展从根本上避免了权力集中可能产生的负面作用。因此，可以在全省进一步深化机构改革过程中，深入践行"全灾种、大应急"理念，给予应急部门更多的职能、更大的权责，进一步合理集中应急管理及决策指挥权，将负责日常工作运行的"应急委员会"办公室和"应急总指挥部"设立其中，遇有重大突发事件时，再自动变成地方党政领导的总指挥部进行决策，实现纵向的扁平化指挥，同时按照事件的性质入驻相应的专项指挥部以发挥专业指挥和横向协调作用。增强科学技术支撑，推广指挥车、移动应急平台等的应用，衔接其他指挥系统、视频会议系统等，可视化联通各级政府、各相关部门及事发现场，及时高效地进行应急决策指挥。④

---

①胡秋玲，陶振：《突发事件应急指挥体制的分类、演进与调适》，载《四川行政学院学报》2021年第3期。

②《北京市突发事件应急委员会关于印发〈北京市公共安全风险管理办法〉的通知》，http://yjglj.beijing.gov.cn/art/2021/7/1/art_7450_9162.html.

③《省突发事件应急委员会办公室印发〈基层现场应急指挥临机处置机制〉》，2021-07-16，http://yjgl.gd.gov.cn/xw/yw/content/post_3347680.html.

④李忠财：《应急指挥中心建设工作探讨》，载《中国应急管理》2021年第5期。

二、理顺相关主体应急职能

在突发事件应急委员会对于重大应急事务负责总体统筹的基础上，吉林省具有应急职能的部门应优化内部结构及运作机制，即深化机构改革，进一步理顺职责，以符合部门整合、职责协同、防救结合等新时代应急管理基本要求，发挥应急管理部门统筹作用和相关部门专业优势，衔接好"防""救"职责分工和责任链条，形成应急合力。[①]

首先，完备内设机构。健全防灾、减灾、救灾、指挥、救援、监管、执法、保障等内设机构职能体系，在找准并针对当前症结的前提下，以大局观念和系统思维更合理地决定相关利益和权力分配，优化机构布局和分工，实现应急工作开展上责任清晰、分工明确，并及时对权责清单进行灵活动态调整。

其次，加快职能融合。坚持融合发展理念，加快和不断深化各项不同应急管理职能的有机融合，以及系统、队伍、平台、信息等的全面整合，从而在发展格局上实现融会贯通、运转高效，通过平时有针对性的日常工作磨合和实战演练中格外加强原有各机构职能配合等方式，提升平时的有机联合性和事故灾害发生后战时的快速联动性，消除资源调拨、协作救援的阻力，最大化提升整体应急处置及管理的效率。[②]

再次，强化智慧赋能。通过最新最强科技支撑，提高防灾减灾、安全生产监管、综合性救援的现代化程度和整体能力，结合工业互联网融合应用、卫星通信网工程建设等，提升应急管理的智能化、数字化、信息化水平，包括完善自然灾害风险综合监测感知系统、危化品及工贸行业重点领域环节安全风险监测预警系统和执法监督系统、大数据信息采集管理及人

[①] 李芳：《新时代应急融合发展思路探索》，载《中国应急管理科学》2020年第5期。

[②] 张晓君，王伟桥：《走向"大应急"？机构改革以来应急管理制度的变革与形塑——基于综合应急管理的视角》，载《湖北社会科学》2021年第4期。

工智能分析下的风险动态评估研判系统、应急值守系统、智能辅助决策指挥系统①，加强空间技术减灾科技开发应用等。

最后，调动社会力量。在尽力发挥各参与部门的专业职能优势、处理好应急管理部门综合协调与参与部门专业处置之间的分工协作关系的基础上，注意合理开发市场作用，充分调动社会（包括国际的）力量和资源②。形成党全面领导下以应急管理部门为主、其他部门联动配合、市场主体及社会力量广泛参与的多元应急共治格局。

三、健全地方性应急法规

近年来，吉林省在逐渐完备的地方性应急规范（如2021年修正的《吉林省自然灾害救助办法》，2021年《吉林省突发事件总体应急预案》《吉林省气象事业发展"十四五"规划》，2022年版《吉林省生产安全事故应急预案》《吉林省应急管理"十四五"规划》等）的基础上，根据国家已经较为完备的应急管理规范性文件（包括2021年《安全生产法》等法规，各领域、部门不断制定完善的应急预案③，最新出台的政策规划如2022年5月应急管理部《"十四五"应急管理标准化发展计划》等），进一步健全本省的地方性应急规范性文件体系。

首先，根据最新制修订的上位法来完善省级应急法规。如依据2022年4月水利部水旱灾害防御应急响应工作规程，制定吉林省水旱灾害防御应急响应规程，规范防汛抗旱应急响应行动启动条件及程序，建立灾害事件调

---

① 冯双剑：《提升应急管理能力的"制胜一招"》，载《中国应急管理》2021年第5期。

② 李华强：《自然灾害防灾减灾社会化中的公众参与》，载《中国行政管理》2021年第6期。

③ 至2020年，全国各级各领域各部门已编制应急预案780余万件——参见：《应急管理部召开全国应急预案体系建设现场会》，http：//www.mem.gov.cn/xw/bndt/202010/t20201014_370020.shtml.

查机制等；根据新修改合并后的森林草原防灭火条例[①]，修订完善吉林省森林草原防灭火条例，结合吉林省的实际情况和需要，对于森林草原防灭火各相关事项做出详尽规定。

其次，根据国家新近出台政策规划来完善省级应急规划。如依据2022年5月国务院印发的《气象高质量发展纲要（2022—2035年）》完善吉林省气象发展规范，提高气象灾害监测预报预警、全社会气象灾害防御应对、人工影响天气等能力，加强气象防灾减灾机制建设，等等；根据国务院安全生产委员会2022年4月《"十四五"国家消防工作规划》完善吉林省消防规划，全面构建覆盖城乡的消防救援力量体系，进一步提升火灾防控和综合应急救援能力；参照2022年5月应急管理部与中国地震局《"十四五"国家防震减灾规划》完善吉林省内各级防震减灾规划，健全地震灾害风险防治的责任分工和全流程管理，提高信息化、智能化水平，实现智慧监测和精细防治，突破关键领域核心技术，等等。

四、加强多部门应急联动

吉林省应急联动开展较好，2019年起，率先建立应急、发改、财政部门牵头下17个省直涉灾部门参加的自然灾害联席会议制度，此后，在森林草原防灭火等各应急领域都开始建立联合防范、督查、演练、值守等多部门协调联动机制，在各类灾害预警、灾情管理、应急指挥、紧急救援、灾后重建等方面实行统一指挥、调度和管理。新时期，在具有更高权能的应急委员会的总体统筹下，吉林省应进一步完善多部门应急联防联控，充分发挥其集结便利、反应灵敏、调动灵活等优势，将各相关部门联结起来，不断壮大应急管理的合力。

首先，完善全领域协同。在整个应急体系中进一步打破部门、单位、性质不同主体以及与军队、武警之间的壁垒，深化信任、联系与合作，完

[①] 《关于公开征求〈森林草原防灭火条例（草案征求意见稿）〉意见的通知》，http://www.mem.gov.cn/gk/zfxxgkpt/fdzdgknr/202203/t20220310_409336.shtml.

善联席会议等工作协同制度，在各级各类预案中，将联防联控相关方案突出显示或者单独列出，建设长期性的全领域联防联动机制。其中，在军地应急联动中着重解决管理体制不同所造成的体系衔接、力量建设、资源配置、预案层次等方面的难题，明确决策指挥权，健全军地会商响应等机制，完善军民一体化应急体系，实现技术设施共建、科技装备共用、信息资源共享、力量集中应对。①

其次，实现全流程协作。在包括监测预警、信息报送、会商研判、指挥调度、舆情应对、物资调配、应急值守、救援指挥等所有应急环节加强联系协调，完善细致化的全流程协作机制；根据专业能力等因素确定不同主体在多层次联动结构中的地位、职责、工作流程等，建立从最高指挥权威逐步延伸至现场处置力量的应急指挥链，达到扁平化的指挥效果，避免碎片化效应。②

再次，整合各类应急力量。进行跨部门、跨地区、跨单位的力量整合，建设以综合性消防救援队伍和各类安全生产专业救援队伍为主、以各种社会应急力量为辅助和补充的应急救援力量；加强包括专门森林消防队伍在内的综合性消防救援队伍建设，常态举行各种地质和气候条件下模拟灾害实景演习③，强化救援装备投入使用和专项训练演练，全面锤炼过硬队伍；通过定期实战演练等方式，不断提升各类应急力量的救援和联动能力④；通过制定和严格实施关于建设、管理、训练、保障等的法规制度及标

①刘纪达，麦强：《自然灾害应急协同：以议事协调机构设立为视角的网络分析》，载《公共管理与政策评论》2021年第3期。

② 赖先进：《强化应急指挥体系建设策略分析》，载《中国应急管理》2022年第2期。

③ 《重装投入、精兵前出，森林消防队伍1600名救援人员参与"应急使命·2022"演习》，http://new.qq.com/omn/20220511/20220511A0CSMO00.html.

④ 裴培华：《综合性消防救援队伍与多种形式消防队伍联勤联动研究》，载《消防界》（电子版）2021年第2期。

准，确保各种应急力量都能得到规范化运作和发展。

最后，优化物资储备及配置。加强省，市（州），县（市、区），乡（镇）四级救灾物资储备库（点）建设，严格按照标准做好各类救灾物资和装备的收储、动用、轮换和日常管理。从空间、时间、种类、数量等方面进一步合理化应急物资储备分布格局，实现各部门、军民、政府与社会储备之间的均衡配置、优势互补，创新多元储备模式，提高储备效率。①从数据、决策、操作、制度等方面着手提升储备物资应急调运配送的快速响应能力，完善铁路、公路、航空等领域的应急运力储备与调运机制，提升应急资源调配效率。灵活制定物流绿色通道、缩短高速收费站和机场等通关时间、简化物流运输环节等政策，便于救援人员及应急物资更快抵达救灾现场；利用区块链等技术健全合理溯源系统，对应急物资流通全程进行监控管理。②

五、建立常态化安全治理机制

在多个部门单位形成应急救援会商研判和协同联动、建立风险监测预警和应急响应③等机制的基础上，吉林省应将当前各种临时性的应急机制、措施等都尽可能固定和上升为常态化制度，建立自然灾害和生产事故防范治理方面各种长效机制，避免不确定性、"碎片化"的风险，充分发挥制度性结构所具有的权威性、整合等功能性及随之而来的保障性，使相关实

---

① 徐东，吴量等：《健全体系提升国家物资储备效能》，载《中国应急管理》2021年第4期。

② 傅浩：《应急物资储备及管理策略研究》，载《物流商论》2021年第11期。

③ 马克祥等：《中国应急管理体系完善思考及信息化应对建议》，载《中国电子科学研究院学报》2021年第6期。

践有章可循，并转化为强大的效能。[①]

首先，在安全生产方面健全责任制等制度。深入落实党政领导干部安全生产责任制规定，加强考核约谈，对生产经营单位实施分类分级监管；深化企业主体安全生产责任制，推动企业主要负责人严格履行第一责任人责任，坚持攻坚战与持久战相结合、治隐患与建机制相融合，将各种督导、检查、整治等措施固定为长期制度，深入系统地分析和解决企业安全问题；强化安全生产标准化建设，在各领域、各环节健全安全监管长效机制，促进有关主体严守安全底线，严格设备、项目、材料准入，使运动式管理转向规范化管理、被动应对化为主动防控[②]；推行明察暗访常态化机制，引入第三方专业机构参与[③]；深化双重预防机制即安全风险分级管控和隐患排查治理，完善安全风险评估分级和事故隐患排查分级标准，全面实施闭环管理；坚持风险预控，关停淘汰低效落后产能、装备和技术，压降安全风险[④]；深入实施重奖激励安全生产隐患举报制度，等等。

其次，在防灾减灾方面完善预警监测等机制。除了根据某些灾害的季节性和区域分布等特征而在重点时段、脆弱区域采取特别的预防或应对措施之外，要着眼从根本上解决问题，最大化消除灾害隐患，建立各种长期制度，包括：完善自然灾害综合风险监测预警机制；健全自然灾害风险研判评估及灾害风险普查制度；规范灾情信息获取、核查、分析、服务、会商、自动响应等程序，使应急管理全生命周期涵盖预防、准备、响应、恢复各个阶段；在基层社区推行常态化防灾减灾，增强居民灾害应对能力、

---

① 杨彤彤，王海威：《应急管理制度化建构的理论逻辑、历史逻辑和实践逻辑》，载《理论导刊》2021年第5期。

② 宋洪兴，周领：《构建监狱安全生产防控体系探究》，载《犯罪与改造研究》2021年第3期。

③ 杨月巧：《新时代应急管理机制体系分析》，载《中国安全生产》2020年第6期。

④ 吉勇：《打造本质安全型现代产业园区》，载《群众》2021年第4期。

灾后恢复能力，推进韧性社区建设。[①]

再次，在日常应急管理方面推广"五化法"等机制。在应急管理日常工作过程中，以管理责任、任务、问题隐患、制度措施等为重点，广泛推行"清单化"管理、"图表化"推进、"手册化"操作、"模板化"运行、"机制化"落实[②]，建立清单并逐一推动其落实，确保职责清晰、任务具体。

最后，在安全基础方面强化落实基建制度。推动将统筹综合防灾减灾救灾更多地纳入国民经济和社会发展总体规划及国土空间规划[③]，结合经济发展、城市建设、乡村振兴等，从初建阶段起即注意巩固安全基础设施，包括城市规划（及乡村居住区建设规划）、厂房建筑及其安全设施、矿山矿井建设、道路交通（村道建设）等，侧重强化专门的防灾减灾安全基础设施，如防灾减灾骨干工程、海绵城市和地下综合管廊、避难场所、农业防灾减灾基础设备等。

第四节　健全治安防控体系

作为在党委和政府领导、综治组织协调、政法各机关和其他各有关部门各司其职、社会协同、公众参与下，为了防控各种违法犯罪活动、维护社会治安稳定，优化整合警力及各种社会资源，有机综合运用打击、防

---

① 游志斌：《城市管理要把安全风险治理放在首位》，载《中国党政干部论坛》2021年第8期。

② 杨兴亮：《锁定30项重点任务 标本兼治深入推进》，载《中国应急管理报》2021年6月16日第004版。

③ 徐姚：《加强国土空间规划中防灾减灾和安全发展规划建设》，载《中国应急管理报》2022年3月4日第001版。

范、管理、控制、建设、改造等措施，对社会治安进行有组织的全方位动态防控的一项系统工程[1]，近年来，社会治安防控体系建设日益受到重视，并且取得明显成效："情报、指挥、勤务、舆情"一体化实战化运行机制不断完善，大数据智能化建设应用不断深化，全社会广泛参与平安建设和见义勇为，坚决防范和打击各类违法犯罪行为，有力确保社会大局持续安全稳定，实现了人民安居乐业、社会安定有序、地方长治久安。[2]在社会主义现代化建设的新时代，面对新形势、新要求，吉林省应进一步提升治安防控体系整体效能，为全省稳定和振兴筑起牢不可破的防线。

一、健全规章及制度

在吉林省已有的一系列与社会治安防控有关的地方性规范，包括近年来吉林省《关于健全落实社会治安综合治理领导责任制的实施办法》《关于进一步加强社会治安防控体系建设的实施意见》、2021年4月平安吉林建设领导小组会议审议通过《关于建设更高水平的平安吉林的指导意见》《平安吉林建设督导办法（试行）》《平安吉林建设考核办法（试行）》（以社会治安防控体系建设作为重点任务之一）等规章的基础上，未来应进一步完善地方性规范体系。

首先，吉林省应依据《中华人民共和国治安管理处罚法》《人民警察法》，尤其新修订的《中华人民共和国刑法》《娱乐场所管理条例》等法律法规，以及中办国办《关于加强社会治安防控体系建设的意见》、公安部《全国公安机关加快社会治安防控体系建设行动计划》、文旅部《娱乐

---

① 沈惠章：《社会治安防控体系立体化建设的实践与思考》，载《铁道警察学院学报》2021年第1期。

② 刘巍：《吉林省公安机关全面加强公共安全治理体系建设》，载《吉林日报》2020年3月4日。

场所管理办法》①等规章的精神，进一步完善相关的地方性法规，如制定或修订吉林省娱乐场所管理规范，明确规定娱乐场所及互联网上网服务营业场所的审批、运营监管等有关事项；出台吉林省网络信息安全服务管理规范，进一步应对和防范网络不良信息传播，有力打击电信诈骗等电信网络新型违法犯罪。

其次，按照相关国家标准，如公安部2021年发布实施的《公共安全社会视频资源安全联网设备技术要求》（GA/T 1781—2021）②，制定执行吉林省的相关地方标准，对于检查站治安管控系统、智慧街面巡防系统、智慧安防小区系统、智慧内保信息系统、地铁公交智慧防控系统、娱乐场所和特种行业治安管控系统、大型活动安保系统、易制枪物品图形比对系统、危爆物品立体化溯源管控信息系统的采集数据在接入上级系统时应采用的专用安全设备，在其组成、外部连接关系以及功能、安全、性能等要求上做出符合吉林省实际情况的明确规定。

最后，进一步健全规定社会治安防控各方面各环节所涉及的基本制度或运行机制，将风险监测、预警、巡查、处置、协作、评估、监督、责任制、"示范城市"创建等实体内容和程序等进一步规范化，形成社会治安防控运转长效机制；注意以精准、动态等方式不断完善社会治安防控体系，在"预防警务"等理念指导下，推动社会治安防控从事后被动应对向事前精准预警、趋势预判以及主动服务转变。

二、拓展联动与协同

社会治安问题的跨界性和传导性要求防控的整体性和协同性。新时期，吉林省应不断完善党委政府领导统筹、部门联动、社会协同、公众参

---

① 《文化和旅游部关于修改〈娱乐场所管理办法〉的决定》，http：//whhlyt.jl.gov.cn/zwgk/zcfg/bmgz/202206/t20220624_8488350.htm.

② 《社会治安防控体系有新要求：GA/T 1781—2021标准发布实施》，http：//www.afzhan.com/news/detail/87133.html.

与的社会治安防控体系建设。

首先，强化党委和政府的领导，健全党的全面统一领导、各级政府负责的管理体制和工作机制，明确职责和领导责任制，增强统筹保障，主导构建并不断完善社会治安联防联控格局。

其次，发展部门联动机制，如健全联席会议制度、"四巡四防"机制、公安与武警联勤武装巡逻、跨部门跨区域执法联动响应机制等，加强对各成员单位人力等资源的整合汇聚，提高对动态环境下社会治安的主动防控力[①]，实现社会治安防控与平安建设职能的融合共建，完善技防设施并与公安机关联网，实现信息互通、数据共享、优势互补、工作联动，提升社会面动态控制能力。

最后，扩大社会参与。弘扬专门工作与群众工作相结合的优良传统，加强安全和法治文化培育，拓展公众参与渠道，完善见义勇为激励机制，不断提升社会治安群防群治水平，引导开展联户联防、邻里守望等"平安守护"活动；通过政府购买制度吸引社会组织提供相关服务，并鼓励市场主体参与，积极构建社会治安治理同心圆。可借鉴其他地方的先行做法，如上海市通过系统共用、智能派单的方法，推动公安等部门协同、联勤联动；以建立微信群的方法，动员广大群众参与安防方面的协商和互助；利用制度创新，吸引居委会、志愿者、物业、保安、保洁等自治及服务力量参与平安建设。[②]

三、建好机构和平台

首先，进一步加强公安派出所、公安检查站、街面警务站、社区警务室等建设，充实警力，下沉资源，增加配置先进智能装备，积极推广社区警务与政务服务融合共建，不断提升社会治安防控基层组织机构体系建设

---

① 陈慧娟：《中央政法工作会议召开》，载《光明日报》2022年1月17日第3版。

② 《从"治"到"智"！实现科技强警》，2020-09-09，http://www.faanw.com/zhihuijingwu/4168.html.

的规范化和整体性；通过政治思想、职业道德、法律知识、实战和指挥等专业技能的培训，依托专业化手段和工具，为社会治安防控体系提供人才支撑。

其次，继续加强综治中心建设，健全省、市、县（区）、乡镇（街道）、村（社区）五级综治中心结构，作为社会治安防控体系的重要组成部分；丰富和发展城乡社区网格化治理体系，细化网格，完善机制，明确权责，使之涵盖基本治安要素、治安防控职能。

四、加强科技赋能

在构建智能化社会治安防控体系、建设城市报警与监控系统[1]等方面已取得良好成效的基础上，新时代，应进一步提高吉林省社会治安防控体系的立体化、智能化程度，利用科技手段增强对治安风险隐患的精准预测预警能力。

首先，充实基础设施设备。统筹建设智慧城市、智慧社区、智慧村镇基础设施，加快布设城乡末端感知系统，广泛布建、联网与整合各类新型设备，建成全域覆盖、全网共享的视频资源平台；推进"雪亮工程"建设，实现移动"天网"、城管"数字化指挥中心"、公共视频监控的互联互通；深化智慧派出所、智慧警务室、街面警务站等基础支撑点建设，布建应用智能人像视频监控、智能动态布控等前端智能感知设备，为街面巡逻车辆、警力配备使用车载布控识别、便携式人证核验等查控装备；在小区出入口、楼栋单元门安装人脸识别、车牌识别、智能门禁、红外周界报警、一键报警等智能感知设备，为社区民警配备社区移动警务终端；在党政机关、金融、学校等重点单位推广应用智能监控、动态布控、身份核验、异常行为检测等智能感知设备；增加大型活动场所智能视频采集、热

---

[1] 《吉林提高安防视频监控覆盖率增强人民安全感》，2022-04-24，http：//www.jimay.com/support/18468.html.

成像人流监控、人脸识别、车辆识别、无人机智能反制等前端感知设备。[①]

其次，共享数据信息。加强乡镇（街道）、村（社区）地理信息等基础数据的采集和共享，推进"一标三实"基础信息采集应用和数字化建设；健全与110接警平台、卫星定位系统、人脸识别、车辆卡口、电子信息采集、350兆数字对讲机等业务系统联调对接的智慧巡防管控信息系统；汇聚所有小区基础要素和民生数据、敏感或异常数据、警情或案件类数据，形成智慧安防小区资源库，以供研判分析；指导娱乐场所和特种行业完成信息采集，经过系统对接实现数据实时传输、分析和预警；搭建可汇聚公交轨迹、实名购票、人脸识别、X光机安检异常图片等前端设备信息的公交智慧防控信息系统；建设寄递物流、3D打印和"低慢小"飞行器、网约房、网约车等新兴业态动态管控数据库，实现手机App智能采集系统全面覆盖；完善重大活动安保、危爆物品立体化溯源等系统；借助有关平台整合优化公安警务、政府政务等各类数据并推进其融合共享。

再次，加强分析研判。利用云技术等手段进行大数据计算分析，提升对各类风险隐患的动态研判、评估、识别、预警能力，从源头上提高治安防控的效能。可借鉴其他省市的具体做法，如重庆市统筹扩大人像、车辆等感知前端建设，在新建楼宇、老旧小区新建或改建前端智能感知设备，推进数据整合和视频镜头补点扩面，重点建设统一的感知数据中心，提升"视频云"服务能力。

最后，完善智能指挥体系。强化建设信息化、智能化的指挥中心，完善跨区域跨领域协作以及多警种合成作战体系，健全扁平指挥、情报主导、等级勤务、勤务评估、联勤联动等实战化指挥勤务机制，实现对发现警情的快速反应和高效处置，形成"预测预警、精准防控、联动协作、可

---

① 《渭南市人民政府办公室关于印发渭南市创新完善社会治安防控体系建设实施方案的通知》，2021-01-14，http：//www.weinan.gov.cn/gk/jcgk/731086.htm.

视指挥、智能管理、保障有力"的智慧防控指挥体系。①

五、壮大人才力量

首先，发展作为骨干的公安机关各警种警力。发挥其专业手段和资源优势，围绕社会治安突出问题和实时警情，准备做好协作配合、无缝对接、快速反应、高效处置的合成作战，形成打击、防控、维稳工作合力。

其次，培育相关行业的安检员、保安员、乘务管理员等。强化其配备、管理和使用，将其作为治安防控辅助力量，充分发挥其与公安人员协作联动维护社会治安的职能作用。

最后，壮大其他人才力量。其他有关领域的人员在社会治安防控中发挥协同作用，如网络安全合作、信息通报、案件移送、办案协作等的资源力量。结合网上违法信息专题监控、网站重要情况线索报告等制度实施，网安警务室、违法信息巡查处置系统等的建设，培育舆情引导专业队伍和网络评论员、信息员等，实行24小时网上巡查、管理、防范，及时封堵删除有害信息，打击网络违法犯罪。②

第五节　健全公共安全体系

公共安全是总体国家安全的一个重要组成部分。在总体国家安全观的框架下，公共安全与国家安全各自的内涵、外延不断拓展且日益相互融合、密不可分，除了侧重点略有不同之外，二者在价值目标上高度契合：

---

① 《2020年：全国社会治安防控体系建设进程盘点》，http：//gdafxh.org.cn/index.php？ac=article&at=read&did=117508.

② 高立龙：《加快构建立体化智能化社会治安防控体系》，载《湖南日报》2021-12-30。

必须坚持国家利益至上，以人民安全为宗旨，统筹国土安全和国民安全[1]；国家安全归根结底是保障人民利益，要坚持国家安全一切为了人民、一切依靠人民，为群众安居乐业提供坚强保障。[2]作为国家治理的底线性工程和基本标志，维护公共安全是各级包括吉林省党委及政府负有的主要责任，在其统筹下成效突出，公共安全体系日益健全，公共安全风险防范、发现、预警、化解、处置能力不断提高，尤其在2022年春季的实战"大考"中交上了令人满意的答卷。新时期，应以人民福祉为旨归，进一步加强吉林省公共安全体系建设。

一、健全地方性法规

当前各省突发事件应急等公共安全立法有很多仍存在一些问题，如现有文本历经多年未加修订，因而滞后现实需要；未充分结合地方实际情况，因而对指导实践而言缺乏操作性，对于《突发公共卫生事件应急条例》等上位法共识不足，因而下位法多呈碎片化；立法层级较低，因而实施效力不强等[3]，吉林省应当有针对性地加以改进，进一步健全公共安全方面的地方性法规。

首先，及时修订旧法。在吉林省人口与计划生育条例等常态健康安全方面的地方性法规比较完备、突发事件应急方面的规范正在努力更新（如2021年12月的《吉林省突发事件总体应急预案》取代了2006年1月的省

---

[1]《决胜全面建成小康社会，夺取新时代中国特色社会主义伟大胜利》，人民出版社单行本，2017年10月18日，第49—50页。

[2] 刘跃进：《人民安全是国家安全的宗旨和基石》，载《红旗文稿》2022年第8期，http://theory.cyol.com/content/2017-02/17/content_15611789.htm.

[3] 黄鑫：《突发公共卫生事件应急地方立法现状及其因应路径》，载《医学与社会》2022年第1期。

《突发公共事件总体应急预案》^①）的基础上，加快对已实行多年的地方性法规的修订步伐，如尽快修订2003年8月起施行的省《突发公共卫生事件应急处理若干规定》等。

其次，抓紧制定新的地方性法规。在立法时注意采取较高级别的形式；将国家层面明确规定或正在探索的一些相关制度，包括信息公开报告制度、权益救济保障制度等，以切合本省实际的方式纳入地方性法规，完善吉林省的公共安全法制体系；在具体规定内容上充分体现吉林省特色，并注意与东北区域的其他省份协调一致。

二、完善管理体制

未来应进一步完善吉林省的公共安全治理体制，优化顶层设计，明确领导责任和管理职责等。以卫生安全为例，应将卫生突发事件应急体制的完善放在整体的应急管理体制完善的框架下来考察和推进。^②在总体国家安全观的指导下，借鉴总结我国2005年至2018年国务院原应急管理办公室对四大类突发事件统一值守、综合协调工作运行良好的经验，参考近年来一些省份设立应急管理委员会以提高应急效率的先行探索，未来吉林省可以在省级国家安全委员会的有力领导之下设立应急管理委员会，分别从重大决策和日常运作上统筹管理应对各类突发事件，健全统一领导、分级指挥体制。

三、理顺运行机制

应结合吉林省的实际情况，科学设计并严格执行公共安全方面的相关制度和机制。以卫生安全为例，应不断健全卫生突发事件分级应急响应机

---

① 《吉林省突发事件总体应急预案》，http：//xxgk.jl.gov.cn/szf/gkml/202201/W020220118608008923041.pdf.

② 张铮、李政华：《中国特色应急管理制度体系构建：现实基础、存在问题与发展策略》，载《管理世界》2022年第1期。

制；针对传染病报告信息、患者就医症状信息等，建设全民健康信息联通工程，畅通信息报送机制；探索全域监控、全流程追踪的监测机制，加强口岸和境内的传染病监测；建立疾控中心、各专病防治机构、各级医疗卫生机构的疾控联动机制；在整个传染病诊疗救治网络确立"平战结合"机制及转化模式；在强调预防职责的基础上，完善医防协同机制；探索中西医结合应急救治机制；完善人员互通、信息共享、资源同调、监督监管双重制约等机制。

四、提升基础能力

为在全省范围内最大程度确保公共安全，应统筹集中吉林省相关资源力量，持续夯实公共安全的基础条件。

首先，完善基础设施。如依托区域医疗中心、省内高水平医院等，新建一批重大防控救治基地；加强综合医院传染病防治相关专科建设，健全设施标准；支持生物安全三级实验室建设，提升病原体快速甄别鉴定和追踪溯源能力；完善地方性卫生应急物资储备制度及统一采购供应体系，保障应急物资供应，加强紧缺物资设备的统筹配置等。

其次，加大科技支撑。如进行新发突发传染病防控、生物安全风险防控等相关技术攻关，侧重病原体溯源、防控策略、诊疗救治、检测试剂、疫苗和药物等方面的研发，支持传染病防控研究基地、临床医学研究中心等的建设；增加卫生突发事件应急方面的科技投入，研究生产或引入高端医疗器械和设备。

最后，培养专业人才。如制定人才发展规划、完善激励机制、健全教育培训和考核评价制度、引导人才到基层服务等措施，使卫生应急的人才队伍得到壮大、提高和均衡发展。推动疾控机构、传染病医院、高校之间的合作，实现医教协同，同时提升卫生科研和实务人才的专业化水平。[1]

---

[1] 马晓伟：《提高应对突发公共卫生事件能力》，载《人民日报》，2021-01-21。

五、增强社区韧性

从最近防控方面的实践经验来看，基层社区以至公民个人、家庭和群体的调动、组织、参与、配合等能力和表现对于应急管理等公共安全治理的效率和效果而言至关重要。为进一步完善公共安全体系，提升公共安全治理能力，未来应重点夯实基层社区这一基础，借鉴国内外良好经验[①]，在全省范围加强"韧性社区"建设。

首先，建强社区基层治理机构。为社区（村）增加资金、装备、人员编制等方面的资源投入，细化最小网格，规范和完善网格化治理机制，依托网格来主导推进包括应急等公共安全事务在内的社区治理。[②]

其次，广泛吸引社会组织、专业社会工作者等社会力量和资源。动员其参与包括突发事件应急在内的社区公共事务管理及服务，发挥社会组织等主体优势，调动其积极性，为社区建设做出更大贡献[③]，充分发扬吉林省既有的"三社联动"经验，不断深化"五社联动"新探索。

最后，动员组织广大公众。在加强宣传教育、提升其自身应急自救等能力的基础上，培育其社会责任意识，鼓励其以充当志愿者等方式参与治安、应急、防控等社区治理活动。[④]

六、拓展安全领域

公共安全体系的内涵极其丰富，除了应急管理、社会治安防控、社会

---

① 孙必胜：《试析城市"韧性"社区构建的实务过程与优化路径——基于南京市X社区公共危机应急治理的考察》，载《北京城市学院学报》2022年第3期。

② 翁宁：《以"三整合"改革强化基层网格化治理》，载《唯实》2022年第7期。

③ 邱玉婷：《信任与韧性：社会组织在基层应急治理共同体中的嵌入逻辑》，载《领导科学》2022年第7期。

④ 王馨玥：《公共突发事件视域下的社会治理困境与化解路径》，载《领导科学》2021年8月（下）期。

信用安全、生态环境安全等分支体系已在其他章节做出详述，食品和药品安全的监管体制机制持续优化①、耕地和粮食安全不断巩固等之外，未来还应着重向其他公共安全领域大力拓展并完善。

首先，生物安全风险防控。在当今的复杂形势下，生物安全的重要性正在日益凸显。在根据修订后的《传染病防治法》《突发公共卫生事件应急条例》等法律规章建立卫生突发事件应对体系，针对突发性重大传染病、群体性不明原因疾病、重大食物和职业中毒等事件进行合理有效反应和处置②的基础上，进一步拓展风险防控领域，推进吉林省生物安全体系建设，最大程度保护公众生命健康。应以2021年4月实施的《生物安全法》等法律法规以及国家"十四五"规划（明确提出建立健全生物安全风险防控和治理体系）、"十四五"生物经济发展规划（明确"加快建设生物安全保障体系"重点发展任务③）等战略决策为依据，制定完善地方性的生物安全法规及政策；在国家安全领导机构和国务院直接领导下，不断健全省级及以下生物安全管理体制；结合地方实际情况，建立实施地方性的生物安全风险调查评估、重大新发突发传染病防治、动植物传染病联防联控机制等制度及机制。

其次，边境安全与兴边富民。通过综合性边境建设工程，在巩固边境安全的同时，促进边民尽早富裕、各民族大团结以及边境地区全面发展，

---

① 程志鹏：《从"十四五"规划看中国食品安全监管》，2021-03-16，http://www.cnfia.cn/archives/17631.

② 杨静：《突发公共卫生事件应急防控法治保障制度之完善》，载《武警学院学报》2021年第11期。

③ 《我国首部生物经济五年规划出炉 明确五大重点发展任务》，http://china.cnr.cn/news/20220511/t20220511_525822577.shtml.

在国家层面的政策①、规划②中以及包括吉林省在内的边境省区社会治理实践中得到鲜明体现，形成幸福、美丽、繁荣、和谐边疆。由通化市、白山市、延边朝鲜族自治州共10个边境县（市、区），45个边境乡（镇、街道），14个边境口岸组成的吉林省边境地区，在当前良好发展的基础上，应进一步深化兴边富民行动，以"十四五"期间争创国家"兴边富民行动中心城镇"建设试点为依托，进一步加强边境管控和基础建设，加快民族地区发展。③

最后，房地产市场风险防范。通过确保经济、金融等领域的安全，可维护公众全方位的安全和利益，如采取治理房地产市场乱象专项行动④，保障房地产市场上群众利益。包括吉林省长春市在内的30个城市先行开展了治理房地产市场乱象专项行动，切实履行房地产市场监管主体责任，组织部门协作，动员公众参与，有力地震慑打击了房地产领域侵害群众利益的违法违规行为；吉林全省在房地产领域也相应开展了专项治理行动，并取得了良好成效。未来应加强建设吉林省的房地产市场监管长效机制，进一步明确制度规范⑤，健全监督形式，发展协作监管，更有力地维护人民群众

---

① 如中办国办《关于加大边民支持力度促进守边固边的指导意见》等——参见：《对十三届全国人大二次会议第9047号建议的答复》，2019-09-16，http://zfxxgk.ndrc.gov.cn/web/iteminfo.jsp？id=16561.

② 如国务院兴边富民行动"十一五""十二五"和"十三五"规划，http://www.gov.cn/zhengce/content/2017-06/06/content_5200277.htm.

③ 《9省报联动，向总书记汇报——兴边富民"十四五"沿边九省区勇担当》，http://gx.cnr.cn/cnrgx/yaowen/20210311/t20210311_525433437.shtml.

④ 《七部门重拳整治房地产市场乱象》，http://www.gov.cn/zhengce/2018-06/29/content_5301981.htm.

⑤ 如坚持"房住不炒"定位，按照"稳地价、稳房价、稳预期"总要求，加强对房地产开发、房屋买卖、住房租赁、物业服务等方面的市场监管——参见《长春市出台促进房地产市场平稳发展和良性循环20条措施》，http://www.jl.chinanews.com.cn/szjj/2022-05-12/196405.html.

合法权益。

第六节　健全环境保护体系

作为以多种手段改善和维护生态环境、合理利用和再生产自然资源的综合行动，环境保护体系的重要性在国际范围[1]和国内上下[2]均得到广泛承认和日益重视。我国生态文明建设和环境治理以可持续发展战略为指导[3]；对接"一带一路"倡议措施[4]；在碳达峰、碳中和等行动中积极主动承担义务以推动构建人类命运共同体[5]；以2021年1月起施行的民法典"绿色义务""绿色救济"等条款[6]、2022年6月5日起施行的噪声污染防治法、2020年3月中办国办《关于构建现代环境治理体系的指导意见》为代表的环

---

[1] 曹晓青等：《环境保护税征收管理的国际借鉴与优化路径》，载《财政监督》2021年第13期。

[2] 梁本凡等：《新中国生态环境保护制度的演进脉络与创新探索》，载《城市与环境研究》2022年第1期。

[3] 周宏春等：《中国可持续发展30年：回顾、阶段热点及其展望》，载《中国人口·资源与环境》2021年第9期。

[4] 朱磊，陈迎：《"一带一路"倡议对接2030年可持续发展议程——内涵、目标与路径》，载《世界经济与政治》2019年第4期。

[5] 张永生：《为什么碳中和必须纳入生态文明建设整体布局——理论解释及其政策含义》，载《中国人口·资源与环境》2021年第9期。

[6] 刘长兴：《〈民法典〉合同编绿色条款解析》，载《法学杂志》2020年第10期。

境法规及数百项国家环境标准日益完备；环境权入宪[①]、环境法典编纂[②]等理论探讨方兴未艾；以生态环境部门为主的统一环境治理体制初步形成；规模化环境治理、特许经营制度[③]、中央生态环境保护督察制度、省以下环保机构监测监察执法垂直管理、生态环境损害赔偿和责任追究[④]等重要制度不断建立并完善；区域工业绿色转型发展试点、绿色制造体系建设示范、生态文明建设示范市县（区）等活动积极开展。在吉林省，生态环境保护体系相应地得以建立与完善。

一、加强政策规划

吉林省一向高度重视生态文明建设和环境保护，将其融入经济社会发展全局进行统筹。近年来，吉林省一直紧跟国家生态环境方面的政策、规划而制定实施本省相应的政策规划，在订立系列专门的生态环保五年规划如2022年2月吉林省生态环境保护"十四五"规划[⑤]，以及一些生态环保相关或者细分领域的专项规划如吉林省"十四五"水安全保障规划和重点流域水生态环境保护规划[⑥]、空气（水、土壤）环境质量巩固提升行动方案

---

① 范进学：《作为"权利"的环境权及其反思》，载《中国法律评论》2022年第2期。

② 吕忠梅：《做好中国环境法典编纂的时代答卷》，载《法学论坛》2022年第2期。

③ 《党领导新中国生态环境保护工作的历史经验与启示》，http：//hhbhjg.mee.gov.cn/sthjyw/202111/t20211125_961722.html.

④ 张挺：《社会组织提起生态环境损害赔偿诉讼之质疑——兼论〈民法典〉第1235条的解释》，载《北方法学》2022年第2期。

⑤ 《为生态强省建设提供强有力支撑》，http：//www.jl.gov.cn/zw/yw/zwlb/sz/202202/t20220222_8399150.html.

⑥ 《吉林省"十四五"重点流域水生态环境保护规划（征求意见稿）发布》，http：//huanbao.bjx.com.cn/news/20220524/1227359.shtml.

（2021）^①的基础上，未来应在生态环保相关领域更科学、合理、务实、精准地决策施策，坚持规划先行，做到统一规划、同步治理、共同管护，牢固树立全省"一盘棋"思想，统筹经济社会发展、国土空间、生态环境保护总体及各类具体领域的规划编制。

首先，在总体经济社会发展规划中，为提升经济社会的可持续发展水平^②，扎实推进绿色循环低碳转型发展，深化产业结构、能源结构等调整优化，实现产业绿色转型升级，加快构建绿色产业体系，清洁低碳的能源、交通、农业等发展体系，以及绿色消费体系，兑现"绿水青山""冰天雪地"综合价值，突出发展冰雪经济和避暑休闲等旅游产业，加大环保资金的投入力度，协同推进经济高质量发展和生态环境高水平保护。

其次，在国土空间总体规划编制中，强化分级分类，统一体现和推进"三区三线"划定，努力实现"多规合一"，优化国土空间开发格局，坚决守住耕地保护红线和生态保护红线，坚持紧凑发展与节约集约相结合，科学划定城镇开发边界。

再次，在生态环境保护综合规划中，主动服务"六稳""六保""两确保一率先"等工作，持续深化"放管服"改革，全力助推经济高质量发展；以生态强省建设为统领，统筹减污降碳协同增效，做好碳达峰、碳中和相关工作；体现精准治污、科学治污、依法治污，深入打好污染防治攻坚战；依法严格生态环境监管，持续提升执法监管效能，提升生态环境治理现代化水平，加大生态示范创建力度，推动不断改善生态环境质量；守住生态环境安全底线，严密防控环境风险，排查化解核与辐射安全隐患，有效维护生态环境安全。

---

① 《吉林省人民政府办公厅关于印发吉林省空气、水环境、土壤环境质量巩固提升三个行动方案的通知》，http://xxgk.jl.gov.cn/szf/gkml/202103/t20210303_7955890.html.

② 李恒吉等：《东北地区城市可持续发展的时空格局演变分析》，载《水土保持研究》2021年第6期。

最后，在生态环境保护各类专门规划中，谋划抓好各方面生态治理，有效破解突出生态环境问题，以城镇乡村为生态治理重点，以山川河流为生态保护重点，大力统筹推进山水林田湖草沙冰一体化保护、修复和系统治理，加强生态示范创建，完善生态环境责任制、生态环保补偿机制、资源环境价格机制等；分别部署打好各类污染防治攻坚战，持续推进蓝天、碧水、黑土地、青山和草原湿地"五大保卫战"，进一步提升空气质量，不断改善水环境质量，持续巩固提升土壤环境质量，完善以排污许可制为核心的固定污染源监管、环境风险预警排查、综合执法监测等各项制度。

二、健全法规标准

吉林省生态环境保护方面的地方性法规及标准体系已较为成熟完备，为全省的污染治理、环境保护及生态文明建设等事业提供了充足的法律规范和依据。近年来，陆续制定《吉林生态环境保护条例》（2020），修订《吉林省危险废物污染环境防治条例》（2021）、《吉林省黑土地保护条例》（2021），编制或修编《吉林省突发环境事件应急预案》（2016版）、《长春市辐射事故应急预案》（2021版）[①]，施行《农村生活污水处理设施水污染物排放标准》（DB 22/3094—2020）等系列法规、规章、预案及标准，在此基础上，未来吉林省应继续坚持立法引领，根据本地实际、发展需要、热点趋势等，不断完善或产生新的生态环保法规及标准，为生态文明建设和环境保护方面的理念、决策、制度、举措等提供充分的法律依据，推进吉林省生态环保科学立法、民主立法、依法立法，增强环保立法的适应性、针对性和可操作性。

（一）完善订立程序

在立法正式开始前，应当以民主协商的方式，充分发挥人民政协、各

---

① 《长春市辐射事故应急预案（2021版）正式发布实施》，http：//hjj.changchun.gov.cn/wrfz/hyfsjcjg/202201/t20220121_2976622.html。

民主党派、基层协商等载体的作用，深入搜集、听取和反映各方意见和建议，落实《吉林省人民政府拟订地方性法规草案和制定规章办法》，在全省范围内鼓励公民、法人和其他组织立足省情、突出重点，围绕吉林省环保事业发展全局提出立法项目建议。

在正式立法过程中，应恪守立法原则，遵守相关规定，体现程序正义，保证立法质量。

（二）丰富规范形式

多采取务实有效的"小切口"立法模式。实现习近平总书记所强调的：地方立法需要几条就定几条，能用三五条解决问题就不要搞"鸿篇巨制"。应紧盯环保领域具体的热点、难点、痛点问题，提供有实效、可操作、精准化的立法解决方案；急需一部，成熟一部，就优先、加速订立一部；发挥"小快灵"的优势，提高立法效益，体现地方特色，增强实施效果，使地方环保立法"立得住、行得通、真管用"[①]。加快推动地方标准的制定或完备，尤其重点行业、领域生态环境保护方面的，包括研究推行排污口规范化管理、环境影响后评价等方面的技术规范标准等。进一步完善环保领域的行政规章。推动相关部门加强文件规范性、合法性审核，加快立改废释进程，研究制订减污降碳协同增效实施方案、秸秆全域禁烧工作方案、强化大气多污染物协同控制和区域协同治理行动方案等。

（三）精练议题内容

应将亟须发展完善的关键事项作为立法重点。一是促进各种产业绿色低碳循环发展的事项。包括制造工业、能源、文化旅游、交通、农业等的转型发展。如推进钢铁、水泥行业超低排放改造；及时制定秸秆综合利用条例，统筹推进秸秆还田、养牛及畜禽粪便综合利用，促进种、养、用

---

① 阿计：《"小切口"立法的大价值》，http://www.npc.gov.cn/npc/c30834/202111/5daed819ae564bcdb584420aa7a2c253.shtml.

良性循环。二是推进各类生态环境保护修复的事项。严格落实生态保护红线、环境质量底线、资源利用上线和生态环境准入清单，生态环境分区管控等。如根据2021年中办国办《关于进一步加强生物多样性保护的意见》来完善《吉林省生物多样性保护实施意见》；研究制定城市湖泊保护条例，促进河湖水系连通和生态环境改善；推动《吉林省大气污染防治条例》《吉林省机动车和非道路移动机械排气污染防治条例》颁布，启动《吉林省松花江流域水环境保护条例》制修订程序。[①]三是探索完善环保监管模式的事项。加强生态环境监管监测，加大执法力度并提升规范性，强化生态环境风险防控，深化协同差异管控，等等。如继续加强危险废物监管平台建设，推进危险废物可追溯系统试点。四是进一步完善重要环保制度的事项等。包括完善环境损害赔偿（如最新《吉林省生态环境损害赔偿制度操作规程（试行）》）、环境影响评价、排污许可证、环境信息披露、重点流域上下游生态补偿、环境污染强制责任保险、环保信用评价、河湖田林（草）长制等制度，深化生态文明示范创建、碳排放环评试点等。

三、严格实施制度机制

近年来，吉林省不断探索建立生态环境保护方面的长效制度或工作机制，已初步形成较为健全的制度和机制体系，充分发挥了制度所具有的巩固和保障作用，主要包括：实行政府、相关部门、企业等主体的环保责任制，理顺督察、监测、执法管理体制机制，在全国率先推广固定污染源排污许可等制度，与辽宁省、黑龙江省、内蒙古自治区建立跨省区流域上下游突发水污染事件联防联动机制，等等。未来应进一步探索或完善吉林省生态环境保护方面的制度和机制，努力形成完整、科学、高效的制度体系，充分发挥制度的规范和引领作用，加强其实施、执行，推动吉林省的

---

① 《吉林省生态环境厅关于2021年度法治政府建设工作情况的报告》，http://sthjt.jl.gov.cn/xxfb/tzgg/202203/t20220330_8422016.html。

生态文明建设和环境保护取得更大实效。

（一）强化责任落实

第一，压实各级责任。总体上，应通过"三线一单"考核评估机制、推进督查问责、落实责任追究制度等，压紧压实生态环境保护领导责任、部门管理责任、企业环境治理主体责任、各级河湖长第一责任人职责等。

第二，履行工作机制。完善省级生态环境保护督察制，落实高位推进、精准管理、预警督办、跟踪问效"四项机制"，以及领导包保、清单管理、定期调度、销号验收、通报预警、督查督办、考核问责、信息公开"八项制度"；完善发现问题、解决问题、长效常治的闭环管理机制，对中央环保督察具体整改任务等实行全过程台账式、精细化闭环管理。

第三，提高执行能力。一是加强风险防控和监管。加强核技术应用单位及Ⅲ类以上放射源的安全监管；突出燃煤锅炉及工业企业治污设施运行管理、污染地块违法违规利用监管；对畜禽粪污乱堆乱排加强日常管理与执法监管；强化排污许可"一证式"管理和证后监管；依法加大生态破坏问题监督和查处力度。二是信息化赋能。推动全过程智能监管、成效评估、风险预警及应急，完善基于卫星监测、无人机、视频监控、大数据等手段和技术的现代化生态环境监测体系[1]，加强大气污染超级监测站、"天空地"三维立体巡护监测系统、全省互联互通"天地车人"一体化机动车排放监控系统，以及噪声自动监测设施及声屏障、高风险移动放射源及危险废物在线监控系统等的建设。三是加强执法队伍建设。将生态环境保护综合执法机构列入政府行政执法机构序列，加强能力标准化建设，推进移动执法和非现场监督执法，创新执法"大练兵"方式，加强县（市、区）和乡镇（街道）等基层执法队伍能力建设。

---

[1]《中共吉林省委 吉林省人民政府关于深入打好污染防治攻坚战的实施意见》，http://sthjt.jl.gov.cn/zwzx/snyw/202201/t20220113_8376664.html.

（二）构建联动机制

第一，跨部门协同。完善生态环境保护领域民事、行政公益诉讼制度，推进生态环境行政执法与刑事司法衔接以及（危险废物）监管部门联动、司法联动机制；完善河湖长制，建立"河湖长+河湖警长+检察长+法院院长"协作机制。

第二，跨区域协同。推动城市群、省际大气污染联防联控及联合执法；完善森林、草原、湿地、水流、重点生态功能区纵向生态补偿机制和跨地区跨流域横向生态补偿机制，如跨省界河流流域上下游生态补偿。

第三，多元主体协同。多种形式广泛吸引群团组织及社会组织、社会工作者、志愿者、群众、市场主体等共同参与环保，如鼓励发展社会化环境检测机构，支持规范社会资本参与生态环境修复，健全市场化、多元化生态保护补偿，发展园区环境污染第三方治理、生态环境导向开发，等等。

（三）创新监管模式

第一，采取差异化管控手段。实行大气污染防治分区域、时段、行业重点污染物的差异化防控制度，重点河流突发水污染应急"一河一策一图"，化工园区安全整治"一园一策"；完善农用地分类管理制；加强医疗废物分类管理，做好源头分类；加快建立完善分类投放、分类收集、分类运输、分类处理的生活垃圾处理系统。

第二，实行综合治理机制。统筹水环境治理、水资源保护和水生态修复，坚持"减排""增容"两手发力、同步施治，将污染治理、生态保护、循环利用有机结合，推进一体化污水泵站等建设，实行水资源消耗总量和强度双控，促进雨水回收利用；将土壤普查工作、土壤污染防治、盐碱地改良与黑土地保护相结合，实行黑土地使用城市边界和总量控制；推动应对气候变化与生态环境管理制度相融合，将温室气体管控纳入环评管理，健全碳排放控制体系；持续开展畜禽养殖污染专项整治的同时，统筹推进畜禽粪污资源化利用[①]，促进种养结合、农牧循环；将秸秆全域禁烧与综合利用相结合。

第三，采用清单式管理方法。推行危险废物风险点、风险等级和管控要求清单式管理制；动态发布重点管控新污染物清单及其禁止、限制、限排等风险管控措施；建立水质管控方面"问题、措施、项目、责任"四个清单。

四、大力开展治理活动

在政策法治的指引下，在常态化制度和机制框架下，吉林省已开展一系列卓有成效的环保管理活动，包括：适时启动省级生态环境保护综合督察，就中央生态环境保护督察组对吉林省开展督察反馈的问题积极制定实施整改方案[②]，推广建设生态环境监测网络，在水环境质量达标滞后等地区广泛推行流域上下游生态补偿[③]，完成农村人居环境整治三年行动[④]，开展环境信访积案化解行动并不断提高办结率[⑤]，以生态治理推动避暑休闲、冰雪旅游等绿色产业发展[⑥]，在持续开展畜禽养殖污染专项整治的同时，推进

---

① 《全域统筹推进 强化体系建设 推动畜禽粪污资源化利用取得实效》，http：//www.jl.gov.cn/zw/yw/jlyw/202206/t20220616_8480151.html。

② 《吉林省贯彻落实第二轮中央生态环境保护督察报告整改方案》，http：//www.jl.gov.cn/zw/yw/jlyw/202205/t20220521_8455969.html.

③ 《吉林省重点流域劣五类水体专项治理和水质提升工程实施方案（2019—2020年）》，http：//sthjt.jl.gov.cn/zwzx/zwxx/201901/t20190111_5468384.html.

④ 《高站位部署 高质效落实全省农村人居环境整治提升五年行动推进视频工作会议召开》，http：//www.jl.gov.cn/zw/yw/jlyw/202206/t20220611_8474514.html.

⑤ 《2022年5月全省畅通信访渠道解决生态环境信访问题工作进展情况》，http：//sthjt.jl.gov.cn/zwzx/zwxx/202206/t20220614_8477414.html.

⑥ 《吉林：加快推动全面振兴全方位振兴》，http：//www.jl.gov.cn/zw/yw/jlyw/202206/t20220601_8465034.html.

畜禽粪污资源化利用①等。

以这些已有成就为起点，未来吉林省应进一步深化推进环保治理方面的各种专项行动或活动。包括：开展全省农村人居环境整治提升五年行动；开展空气、水、土壤环境质量巩固提升行动；深入推进黑土地保护行动；把盐碱地等后备耕地有序开发为良田，作为实施"千亿斤粮食"工程的重要一环；实施"秸秆变肉"暨千万头肉牛建设工程，作为富民强省的标志性工程，等等。

五、发动多方参与

吉林省在生态环保方面一直重视动员社会力量，近年来，在各种形式的生态环保宣传、教育、培训、鼓励等活动的影响下，社会各界和人民群众关心、关注、支持、参与生态文明建设与环境保护的风气日益浓厚，行动日益积极，具体体现在以下方面：在黑土地保护利用国际论坛发布"长春倡议"、各级党校（行政学院）已将生态文明思想纳入课程体系、科研机构将环保作为重要的研究主题、媒体大力宣传吉林省生态环保举措成效、群众环境信访有奖举报制度深入实施、大量环保志愿者和社会组织积极行动，等等。未来应进一步构建社会行动体系，推动全民环保。

首先，公民参与。把环境保护纳入国民教育体系，创新模式和方法，推进环保法规、政策、理念及知识宣传，推出环境公益广告，研发环境文化产品，开展绿色生活创建活动，从而引导公民提高环保素养，增强环境保护责任意识，转变落后的生活风俗习惯，积极进行垃圾分类，践行低碳环保、简约适度的生活方式，实现绿色出行、绿色消费，积极参与环保监督，充当环保志愿者等。

其次，社会组织参与。鼓励新闻媒体继续曝光各类破坏生态环境问题及环境的违法行为；引导具备资格的环保组织依法开展生态环境公益诉讼

---

① 《全域统筹推进　强化体系建设　推动畜禽粪污资源化利用取得实效》，http：//www.jl.gov.cn/zw/yw/jlyw/202206/t20220616_8480151.html.

等活动；支持工会、共青团、妇联等群团组织动员广大职工、青年、妇女参与环境治理；引导行业协会、商会发挥桥梁纽带作用，促进行业自律，加强对社会组织的管理、指导并推动其能力建设和环保活动；推动专业社会工作者及机构广泛参与环保相关事务或服务。

再次，企业参与。推动企业落实生产者环境治理责任，遵行排污许可等环保管理制度，安装使用环保监测设备，依法公开环境治理相关信息，并在确保安全生产的前提下，以企业开放日、教育体验场所等形式向社会公众开放以接受监督，踊跃参加"绿色制造体系建设示范活动"，参与绿色"一带一路"建设等；推动企业关键环保技术产品自主创新；完善企业环保信用评价制度并依据评价结果实施分级分类监管，将环境违法企业依法依规纳入失信联合惩戒对象名单。

最后，市场参与。引导各类社会资本参与环境治理投资、建设、运行，减少恶性竞争，防止恶意低价中标，以绿色信贷、绿色债券、绿色基金等形式参与生态环境修复等活动；依法推行环境污染强制责任保险；健全市场化、多元化生态保护补偿；支持社会化环境检测机构规范发展；推广园区污染防治第三方治理一体化服务，推广小城镇环境综合治理托管服务；对污染地块鼓励采用"环境修复+开发建设"等模式；按照补偿处理成本并合理盈利原则完善污水及垃圾处理收费机制，权衡企业和居民的承受能力，实行差别化电价政策。

第七节　健全社会信用体系

社会信用体系在我国已成为社会主义市场经济体制和社会治理体系的重要组成部分，在近年来践行"依法治国、以德治国"、深化"放管服"改革以优化营商环境的背景下，其更是具有了新时代社会主义的特征与意义。①社会信用对于个人而言可以成为一种资本②，对于企业而言可保障获得所需资金③，对于市场、社会而言可维系复杂的市场交换关系、促进经济社会发展并提升国家"软实力"④，对于国家而言可降低银行业信用风险、确保国家的金融安全及经济安全、实现一定经济政策功能⑤，因此日益受到重视，《全国公共信用信息基础目录（2021年版）》《全国失信惩戒措施基础清单（2021年版）》等信用规范逐步健全⑥，有关部门或行业依法采集并规范管理的个人及企业信用数据库、依规公开的公共信用信息及整合共享平台均不断完善⑦，信用评级机构等社会性的信用服务机构得到引导和规范发展⑧，中小企业融资综合信用服务平台建设势头良好⑨，政府及民政、食品药品监管、住建、医疗保障、工商行政管理、市场监管等部门对相关信用信息的管理、监督及守信激励等制度日益健全，多部门、跨地

---

① 张远：《社会治理视角下的社会信用体系建设问题探讨》，载《征信》2021年第11期。

② 吴晶妹：《社会信用体系建设要更上一层楼》，载《征信》2020年第4期。

③ 贺祎扬：《社会信用体系建设对我国上市企业创新水平的影响研究》，载《金融经济》2022年第3期。

④ 于金利：《基于优化营商环境视角社会信用体系建设对策研究》，载《中外企业文化》2022年第2期。

⑤ 董树功，杨峥林：《基于社会治理的社会信用体系建设研究——学理逻辑与路径选择》，载《征信》2020年第8期。

⑥ 何雄：《健全机制 于法有据 推动社会信用体系建设行稳致远》，载《中国信用》2022年第2期。

⑦ 王达：《区块链技术助力企业信用信息共享的模式选择与机制优化》，载《征信》2022年第3期。

⑧ 张路：《试论信用服务市场建设的民事制度回应》，载《中国信用》2020年第3期。

⑨ 何玲，刘梦雨：《连维良：着力"八个全面提升"推动社会信用体系建设高质量发展》，载《中国信用》2021年第11期。

区、跨行业联动响应和联合惩戒机制初步形成。[1]吉林省在统分结合监管模式、社会市场协同机制、专项整治结合制度建设等既有成效的基础上，未来应进一步完善社会信用体系。

一、健全法制规范

吉林省社会信用相关法规制度正逐步成熟。《吉林省社会信用条例》2021年通过，2022年1月起施行，详尽规定了社会信用信息的采集、归集、共享、公开、查询、使用等的原则、程序、内容及相关权利义务；在市区级，四平市成为省内首个国家（第三批即2021年）社会信用体系建设示范城市[2]，出台省内首部市级信用条例；吉林省《社会信用体系建设"十四五"规划》贯彻了《中共中央 国务院关于支持东北地区深化改革创新推动高质量发展的意见》，从创新事前信用承诺机制、加强事中和事后环节信用监管等方面做出谋划，未来吉林省应有针对性地制定或完善并实施地方性信用规范，以确立更好的制度。

新时期，吉林省信用法制的重点内容包括：事前信用承诺完全公开制度、信用服务机构的市场主体事前信用报告的标准和效力、市场主体信用记录的全面建立、信用信息自愿注册机制、公共信用综合评价、信用分级分类监管、失信联合惩戒对象认定机制、失信市场主体限期整改、违法失信责任追究、信用修复机制、信用监管信息公开公示、信用信息安全和主体权益保护、行业组织和信用机构协同监管等。

吉林省在完善地方性法规过程中，应注意与其他地方的同类规范互相协调，在我国尚未形成统一的专门社会信用法律的情况下，注意符合国家

---

① 林钧跃：《论公共和市场两种不同类型的失信惩戒机制及其互补关系》，载《征信》2022年第1期。

②《国家发展改革委办公厅 人民银行办公厅关于公布第三批社会信用体系建设示范区名单的通知》，http://www.ndrc.gov.cn/xxgk/zcfb/tz/202110/t20211029_1301580.html? code=&state=123.

层面其他相关法规及政策，如2022年3月中办国办《关于推进社会信用体系建设高质量发展促进形成新发展格局的意见》、中共中央 国务院《关于加快建设全国统一大市场的意见》[①]等。可借鉴近来"健康码"适用中的创新、经验和启发，用于完善社会信用评价、修复等方面的规范。

二、完善运行机制

吉林省在完善社会信用规范的基础上，未来在相关实践中应当以此为依据，逐步健全有关的制度措施、工作机制，使国家和地方的政策法规真正得到落实，切实改善总体社会信用环境，维护良好社会信用秩序、优化社会信用服务。重点完善的制度及机制包括：事前信用承诺完全公开制、市场主体事前信用报告机制、市场主体信用记录（统一社会信用代码实施）制度、公共信用信息目录制、信用信息自愿注册机制、公共信用综合评价机制、信用分级分类监管制度、失信联合惩戒对象认定（名单）机制、重点关注对象名单监管制度、失信惩戒措施清单制度、失信主体信用修复机制、自我纠错更新的社会鼓励与关爱机制、信用监管信息公开公示制度、信用信息投诉举报信息反馈机制、信用信息安全和市场主体权益保护制度、行业组织和信用服务机构协同监管机制、公共信用信息和金融信息的共享整合机制、政府失信责任追究制度等。

三、运用社会力量

（一）支持信用服务机构发展

培育具有市场认同度、影响力、国际竞争力的企业征信、信用评级等服务机构，鼓励知名机构在吉林省设立分支机构。通过公共信用信息有序

---

① 《将"健全统一的社会信用制度"作为重点任务之一》，http：//www.creditchina.gov.cn/zhengcefagui/zhengcefagui/zhongyangzhengcefagui1/202204/t20220411_291294.html.

开放，推动政府部门在社会治理和公共服务重点领域使用信用产品和服务，鼓励企事业单位和个人在产品采购、销售、合同签订、项目承包、对外投资等活动中积极使用信用产品和服务，推动信用报告等信用服务产品广泛应用，拓展社会成员的信用信息来源。鼓励相关职能部门与信用服务机构在信用记录归集、信息共享、大数据分析、风险预警、失信案例核查、失信行为跟踪监测等方面进行合作。建立信用服务机构信用档案，实施分类监管办法，完善信用服务市场监管体制机制。引导行业组织和信用服务机构协同监管，强化信用服务机构自身信用建设和行业自律约束，从而提升公信力。

（二）促进行业自律

政府主管部门积极指导和帮助行业协会在市场主体事前信用承诺诚信机制中强化行业自律工作，完善政府与行业协会信息交互渠道和机制，支持行业协会商会规范行业秩序的行业自律公约、从业人员服务规范、行业诚信大型活动等。

（三）引导社会组织参与

多种方式充分发挥企业、行业之外其他社会组织、公民等在信用体系建设中的作用。实施自然人、法人和其他组织统一社会信用代码制度，全面建立自然人、社会组织信用记录。动员社会组织等主体积极参与推进信用体系建设。例如，吉林省社会信用体系建设促进会成立近二十年来开展了多次影响深远的大型活动，推动了吉林省信用体系建设走在全国的前列：大力宣传政府信用、商务信用和社会信用；走访省内所有企业，挖掘树立诚信企业典型；帮助企业在政策咨询、金融服务、信用评定和修复等方面进行培训。[1]

---

[1]《吉林省社会信用体系建设促进会四届一次会议召开》，http：//www. jl.chinanews.com.cn/shms/2019-12-06/103800.html.

（四）动员全社会共建

以政府在规划引导、立法执法、资源整合、需求培育、示范带动、宣传教育等方面的推动为基础，充分发挥行业组织、中介机构等力量在行业信用建设、信用产品开发与使用、信用服务等方面的重要作用，并广泛动员新闻媒体和社会公众参与宣传、监督等，形成共建社会信用体系的良好格局。

四、培育信用文化

（一）加强激励引导

鼓励市场主体在"信用中国"网站等渠道自愿注册信用信息，并对其真实性公开做出信用承诺，授权网站共享应用。实行市场主体事前信用承诺完全公开制度，纳入信用记录，对诚信企业和表现突出的个人给予表彰、"绿色通道"审批等激励。加强对基层和一线管理人员的指导、培训，组织媒体广泛报道信用监管措施及成效。推动行政强制、行政确认等行政行为信息 7 个工作日内上网公开，司法裁判和执行活动中失信被执行人、虚假诉讼失信人的相关信息通过适当渠道依法公开，对信用信息投诉举报信息及时反馈，鼓励社会公众监督。由失信市场主体认定部门依法依规启动提示约谈或警示约谈程序，督促限期整改、履行相关义务。通过对失信主体的惩戒，包括市场和行业禁入等措施，形成"守信光荣，失信可耻"的良好氛围。

（二）加强诚信教育

在各级各类教育和培训中充实丰富诚信教育内容，将诚信教育贯穿公民道德建设和精神文明创建全过程，弘扬诚信文化，倡导诚信道德规范，传播中华民族诚实守信的传统文化和现代文明崇尚诚信的契约精神。创新教育方式，大力开展信用宣传普及教育进机关、进企业、进学校、进社区、进乡村、进家庭的活动；利用道德讲堂、国学大讲堂等载体倡导诚信等价值理念。在开展群众道德评议活动中，对诚信缺失、不讲信用现象进行分析评议，引导社会成员诚实守信。深入开展多种诚信创建主题活动。通过各种渠道和形式，深入细致地向市场主体做好政策宣传解读；利用各级各类政务服务窗口，在为市场主体办理注册、审批、备案等业务时，适时开展标准化、规范化、便捷化的法律知识和信用知识教育，提高其依法诚信经营意识。

（三）弘扬诚信文化

推进诚信文化建设，使其融入社会生活的各方面，在社会成员文化修养和道德水平提高的基础之上增强其信用意识。[1]利用电视、广播、报纸、网络媒体宣传引导，开展道德模范、"吉林好人"评选和各行业诚信创建活动，树立社会诚信典范，使诚实守信成为社会成员的自觉追求。针对诚信缺失问题突出行业领域进行专项治理，树立行业诚信风尚。加强信用专业学科建设、研究和人才培养。

---

[1]何玲：《弘扬诚信文化　建设诚信社会》，载《中国信用》2021年第3期。

第六章

完善吉林省社会治理场域建设

第一节　完善家庭治理

社会最基本的单元是家庭，家庭调节如何更好地参与治理中是推进社会治理社会化、现代化的一个关键方面，对于发展人民安居乐业、社会安定有序的良好局面起到重要作用。东北振兴以来，吉林省社会生活发生了翻天覆地的变化，人们的生活方式愈加多样化，家庭结构、家庭观念等也随之发生了不少改变，随之而来的还有一些新的家庭问题，给推进新时代社会治理带来了巨大的挑战。

一、吉林省关于家庭治理的探索与实践

家庭是社会治理的最基础单元。吉林省关于家庭治理的探索与实践从未停止过，在发挥家庭家教、家风建设方面一直不懈努力，不断地弘扬家教、家风建设在社会治理中的重要作用，在持续推动下，家庭治理的相关实践取得较好成效。

（一）政府统筹谋划

为落实2021年6月中共中央宣传部、中央文明办、中共中央纪委机关、中共中央组织部、国家监察委员会、教育部、全国妇联印发的《关于进一步加强家庭家教家风建设的实施意见》，吉林省委办公厅印发《吉林省加强家庭家教家风建设行动方案》，立足吉林省实际情况，因地制宜部署了实施家庭理论研究、家庭文明创建、家庭教育指导、家庭服务提升、家风建设培育五大行动，推动关于注重家庭家教家风建设重要论述在吉林落地生根。通过将其列入各级党委（党组）理论中心组学习计划，将家庭家教家风建设重要论述课程纳入各级党校（行政学院）、干部学院领导干部、公务员培训主体班次和网络培训学习平台，成立家庭家教家风建设研究中心，常态化开展"最美家庭""最美军嫂"等评选活动，实施绿色家庭、干净人家创建活动，推进家庭教育立法，推动构建家、校、社协同育人机制，注重特殊家庭关爱服务，加强领导干部家风建设等17项具体举措①，多管齐下，推动吉林省家庭家教家风建设高质量发展。

（二）社会组织、相关部门协力开展活动

目前，在吉林省内，各地妇联等组织及相关部门从"家家幸福化解家庭矛盾纠纷"入手，全方位、多层次、立体化推进家庭家教家风建设，积极探索基层社会治理的新途径，维护社会和谐安定。

第一，加大教育宣传力度。为有力推进《中华人民共和国家庭教育促进法》宣传实施，吉林省妇联以"送法进万家　家教伴成长"为主题，全省上下联动，部门协同开展了内容丰富、形式多样的家庭教育宣传周活动。全省各地共开展线上和线下主题宣传活动60场次，开设线上和线下讲座共40场次，进一步推动家庭教育促进法宣传，普及立德树人家庭教育理

---

① 《吉林省办公厅印发〈吉林省加强家庭家教家风行动方案〉》，2021-11-05，吉林妇联，https://www.uhomeonline.com.cn/news/policy/79.html.

念和知识，提升家长依法教子、科学育儿能力，营造全社会共同关心、高度重视家庭教育的浓厚氛围。①

第二，发挥典型示范。吉林省妇联联合联动社会各方力量，汇聚推进妇联家庭工作的合力，把"爱家"和"爱岗"紧密结合起来，推动"最美家庭"向机关、企业、学校、部队、两新组织延伸，抓住不同时间节点，寻找不同类型的"最美家庭"，力求推选出覆盖广泛、各具特色的"最美家庭"，通过典型引领催动产生更多"最美家庭"，带动千家万户培育新时代家庭观，厚植爱国爱家的家国情怀，建设相亲相爱的家庭关系，弘扬向上向善的家庭美德，体现共建共享的家庭追求。在2021年度的"最美家庭"评比活动中，有15户家庭荣获"最美家庭"标兵，120户家庭荣获"最美家庭"②；2022年度，评选出100户吉林省"最美家庭"、10户吉林省"最美家庭"标兵。③

二、吉林省家庭治理的完善策略

吉林省当前的家庭治理仍存在着公民主体积极性不高、活动平台不足、政策法治保障有待加强等困境。面对新时期新发展形势，应有针对性采取举措进一步加强家庭建设，推动家庭建设更好地融入社会治理体系中，加快推动社会治理现代化进程。

---

① 《送法进万家　家教伴成长——吉林省各级妇联深入开展家庭教育宣传周活动》，2022-05-21，吉林省妇联，https：//www.163.com/dy/article/H7SQHC3F0514IUSM.html.

② 《2021年吉林省"最美家庭"名单揭晓》，《吉林日报》2021年5月15日，http：//jl.people.com.cn/n2/2021/0515/c349771-34726730.html.

③ 《关于2022年吉林省"最美家庭"候选家庭及"最美家庭"标兵候选家庭的公示》，2022-07-01，吉林省妇女儿童网，http：//www.jlwomen.org.cn/tzgg/87055.jhtml.

（一）提高对家庭建设的重视程度

家庭建设实质是一种称之为责任的家庭义务，是家庭成员承担社会责任的一种表现。要树立良好的家庭观念，进行优秀的家庭教育，形成优良的家庭风气，最终使家庭成员以更和谐、更积极的精神状态投入社会的发展建设中来。要推动家庭家教家风建设在为基层社会治理提供丰厚文化土壤，协调基层社会家事纠纷稳妥解决，促进基层社会自治、德治、法治的融合发展等方面发挥重要作用。①

（二）建立家庭家教家风协同治理体系

建立一套由妇联牵头，民政、宣传、司法、教育等部门共同参与的家庭家教家风建设协同治理体系。在这套体系中，妇联起关键作用，统筹协调各方力量。妇联作为党和政府联系妇女群体的桥梁与纽带，理应承担起这样的责任，着力打造家庭的幸福安康工程。民政系统应通过定向奖励与政府购买服务的形式，积极探索志愿服务与社会组织参与工作，通过成立家中心、家庭文明建设指导中心等形式，拓展服务家庭建设的阵地。宣传系统主要负责家风家训文化建设，应将家风家训建设与农村、社区文化礼堂，乡贤乡风馆、道德文明馆建设等结合起来，通过家风家训上墙、文明家庭上榜，提升德化教育的空间。司法系统应积极开展青少年社区矫正工作，通过家风家训的熏染，让他们重新回到共同体的生活轨迹。教育系统应努力将家庭教育与学校教育结合起来，如果学校教育的关键词是"科学"与"理性"，那么家庭教育的关键词就是"情感"与"人格"。智力发展与人格健全需要家庭与学校两套教育系统的协同而不能偏废。②

---

① 张竞芳，朱梦瑶：《论家庭家教家风建设在基层社会治理中的作用》，载《湖北警官学院学报》2021年第4期。

② 马焱：《家庭家教家风：创新基层社会治理体系的新视角——兼论新时代妇联组织的家庭工作》，载《中华女子学院学报》2020年第6期。

（三）以社会主义核心价值观作为家庭建设的指导思想

"社会主义核心价值观是当代中国精神的集中体现，凝结着全体人民共同的价值追求。"这有助于协调家庭成员之间的矛盾和家庭利益与社会利益之间的矛盾，兼顾法、理、情，以及社会发展与个人发展。

第一，推动家庭家教家风建设高质量发展，要强化制度保障。一方面，要加快推动家庭教育立法进程，不断完善维护家庭成员合法权益、促进家庭功能发挥的法律体系。另一方面，各地各相关部门要充分认识家庭家教家风建设的重要性，切实负起政治责任和领导责任。比如，教育部门可以牵头健全家、校、社协同育人机制，妇联组织可以发挥妇女在弘扬中华民族家庭美德、树立良好家风方面的独特作用。完善政策举措，健全工作机制，注重考核评估，加大保障力度，就能推动家庭家教家风建设工作制度化、规范化、常态化，形成家庭家教家风建设合力。广泛开展家庭教育活动，通过家庭教育形成良好家风，促进家庭成员亲密友好关系的稳定发展。因为家庭是人们活动的重要场所，承担着抚育和基本生活保障的重要功能，需要家庭成员相互配合、团结友爱。良好的家风将有助于该功能的实现。

第二，推动家庭家教家风建设高质量发展，要让新时代家庭观成为亿万家庭日用而不觉的道德规范和行为准则。新时代家庭观为解决新时代建设什么样的家庭，怎样建设好家庭、好家教、好家风等问题提供了指引。实践证明，以社会主义核心价值观引领家庭家教家风建设，升华爱国爱家的家国情怀，建设相亲相爱的家庭关系，弘扬向上向善的家庭美德，体现共建共享的家庭追求，才能引导人们走出"小"家，融入"大"家，以内化于心、外化于行的家庭观。家长不断提高自身修养，家长在家庭建设中应发挥带头作用，以言传身教影响其他家庭成员，努力健全与完善各个家庭成员的人格，让家真正成为家庭成员的心灵港湾，从而吸引每一位家庭成员注重家庭、关爱家庭，自身也得到健康、全面的发展。[①]

（四）进一步加强政策法治保障

家庭建设需要政府、政策的支持。家庭建设需要政府建构符合实际的家庭友好型政策体系，应进一步完善社会保障制度，推动向家庭提供多样化的服务，对有问题的家庭予以帮扶，形成推动家庭建设和促进家庭全面发展的合力。家庭家教家风建设之所以能有效推动基层社会治理，是因为家庭作为最小单位的共同体起到了稳定器、减压阀的作用，可以及时、最大限度地化解风险与不确定性，而要发挥这样的作用，就需要政策法律的扶持、引导与保障。之前由于一些政策法规不健全，如一些房产政策的内容缺乏全面考量，引发假离婚事件的增加，影响了家庭的稳定性，而修改后的《个人所得税法》对家庭的养老、子女教育支出等予以一定数额的免税，则体现了对家庭核心价值的尊重。吉林省政府应基于这些方面的考虑，在《吉林省反家庭暴力条例》等地方性法规的基础上[②]，出台并实施更多关切家庭利益、促进家庭发展的政策和法规，特别是生育、安全、照料、教育、养老等方面的支持性政策法规。

第二节 完善社区治理

中国已全面进入深化改革时期，社会治理需要新的治理方式和手段，在这个背景下，社区治理作为社会治理的一部分，其重要作用逐渐凸显。

---

① 卢福营：《"找回家庭"：新时代中国基层治理的呼唤》，载《探索与争鸣》2023年第1期。

②《〈吉林省反家庭暴力条例〉8月1日起施行》，《吉林日报》2020-08-01，http://www.jl.gov.cn/zw/yw/zwlb/sz/202008/t20200801_7388914.html.

社区治理改革也有了新的方向，吉林省内一些市、县、地区开始了社区治理的新探索，除了完善多元社会治理体制、创新"五治融合"社会治理方式之外，还不断优化社会治理层级功能，发挥基层治理功能，把小矛盾、小问题化解在基层社区。

一、吉林省社区治理的发展与取得的实效

2012年，我国明确提出"社区治理"概念。此后，社区治理话语全面主导社区实践领域。2013年，我国又提出"国家治理体系和治理能力现代化"的目标，社区治理在党和国家战略中的地位更加突出，在各项议程中的位置更加重要。借由治国理政战略的新发展，国家的社区治理政策在理想牵引和现实问题之间调和，更加符合具有新时代中国特色的社会治理理念的要求。吉林省的社区治理也在不断发展，社区治理成效较为明显。

（一）统筹谋划，创新机制

吉林省的社区治理是围绕着国家的要求和精神，一步一步有序推进的。吉林省对社区治理的探索也经历了社区服务、社区建设、社区管理、社区治理的不断转变。经过吉林省及相关部门不断的摸索和完善，逐步形成现在的社区治理格局。最初，社区被界定为"社会生活共同体"，一些部门对社区的介入以及基层行政资源的匮乏，使社区更像民政部门的"派出机构"，正因为如此，社区成为基层行政管理的早期"行政单位"，随着对社会建设和基层管理问题认识的成熟，社区治理超越局限在民政领域的范畴，获得更大范围的重视。近年来，吉林省制定实施了关于提升城市社区治理能力、加强社区专职工作者队伍建设等的专项政策[①]：加大社区去行政化力度，精简社区会议和工作台账；规范社区与基层政府职责定位，制定社区权责清单和公共服务事项目录清单，建立社区职责准入制度，严

[①]《吉林省创新推进社区治理机制建设》，吉林省民政厅，https：//www.mca.gov.cn/article/xw/dfdt/202011/20201100030286.shtml.

格落实"权随责走，费随事转"，为社区提供经费和必要的工作条件；设立社区"社工岗"，将城市社区"两委"专职成员以及专职从事社区服务和管理的人员纳入"社工岗"管理，合理配备人员并提高其待遇标准；完善基层党建组织体系和工作机制，健全完善街道、社区、网格、楼宇、党员中心户纵向组织体系和责任链条，加强城市"党建联盟"等联建共建载体机制建设，推进系统党建与基层党建深度融合，等等。

（二）优化网格化管理

吉林省在社区治理改革中，推行网格化管理，整合现有社区网格资源和力量，网格被分为单位类、物业类和自治类三大类，社区的工作人员、"两委"成员都兼任网格长。网格长需要根据居民的需求，深入居民家中开展党的相关政策的宣传、民意调查、居民基本情况的信息采集、传染病防控等工作。居民反映的情况被分到社区或者公共服务站处理。面对日益增多的公共事务和社会治理问题，网格化管理成为吉林省各地应对基层社会矛盾、提高行政效率、提升公共服务效能的有效手段①：建立社区治理联席会议制度，由社区党组织和居民委员会统筹协调辖区内居民、机关和企事业单位、社会组织等资源和力量推进社区治理；全面实施"一网格一辅警"工程，深入推进"法律进社区"活动，加强社会治安综合治理平台建设；强化社区风险防范预案管理，加强社区应急避难场所和设施建设，开展平安社区创建，加强安全生产事故防范、职业健康安全常识和防灾减灾科普宣传教育，提升社区应急预防和处置能力。

（三）发展政府购买服务制度

吉林省于2014年12月出台了《关于政府向社会力量购买服务的实施意见》，向社会公布了购买服务指导性目录（第一批），2017年1月出台了

---

① 《足音铿锵向幸福——吉林振兴发展五年回眸》，https://new.qq.com/rain/a/20220507A0AA7D00.

《吉林省政府购买服务管理办法（暂行）》。长春市于2017年1月出台了《长春市政府购买服务管理办法（暂行）》，2017年9月出台了《长春市具备承接政府职能转移和购买服务资质的社会组织目录编制管理办法》；市民政局自2016年起连续三年发布《关于市本级社会组织申请承接政府职能转移和购买服务资质的通知》。吉林省经过了大量的努力，购买服务的数量、投入的资金金额大幅增加。以长春市南关区为例，从2016年开始，每年由区财政投入200万元，以公益创投的方式开展政府购买社会组织服务，使得南关区的社会组织获得了快速发展，社区社会组织的数量由之前的200个发展到了236个，而且由于购买项目的持续性，促进了社会组织的规范性运作。但是也要看到差距，从全国各省的购买服务投入力度与社会组织数量上看，吉林省仍属于发展较缓的省份，投入力度仍然不足，承接主体发育不够成熟，部门联动机制尚待健全。①

二、吉林省社区治理的主要举措

社区治理体系是社会治理体系的基础内容，国家层面对于社区治理体系还在不断探索和发展，其内容也会不断地丰富完整。我国提出"四大主体"（基层党组织领导核心作用、基层政府主导作用、基层群众自治组织基础作用、社会力量协同作用），"六大能力"（社区居民参与能力、社区服务供给能力、社区文化引领能力、社区依法办事能力、社区矛盾预防化解能力、社区信息化应用能力），以及"补齐五个短板"（社区人居环境、社区综合服务设施建设、社区资源配置、社区减负增效、社区物业服务管理）等要求，为各地社区治理体系建设指明了方向。

（一）强化基层的党建引领

近年来，国家不断加强发挥党建引领作用，将党建视为贯穿社会治理

---

① 赵晓明：《关于推进政府购买服务　促进社区社会组织发展的建议》，长春市政协门户网站，http://www.cczx.gov.cn/dyscbg/201811/t20181123_2079245.html.

和基层建设的一条红线。《中共中央办公厅、国务院办公厅印发〈关于深入推进农村社区建设试点工作的指导意见〉》（2015年）和《中共中央、国务院关于加强和完善城乡社区治理的意见》（2017年）都强调充分发挥基层党组织的领导核心作用，并且提供了明确遵循。

在吉林省内，很多市县（区）都积极开展党建引领来推动基层社会治理创新。例如，在长春市宽城区开展强化党建推动"三社联动"基层治理创新的举措。首先，健全党组织体系。率先实行街道"1+3"大工委和社区"1+1"大党委制，在街道成立社会组织功能型党委，有机联结辖域内社会组织党建资源，实现组织引领，融合共治。①其次，强化制度保障。坚持全局统筹，先后制定并出台了《关于进一步加强全区基层党组织建设的意见》《关于进一步加强非公有制企业和社会组织党建工作的实施意见》《关于强化基层党组织政治功能开展"红帆领航"工程的实施意见》等多个制度性文件，进一步强化了社区的政治属性和基层治理的核心领导地位，为促进社区、社会组织和社会工作有效协调、良性互动提供了非常重要的制度保障。②最后，创新社区工作模式。在社区成立社会组织工作指导站，探索推动社区党建、工会、共青团、妇联、社会组织"五站合一"工作模式，落实"五同步"工作法，推动社区各类组织和服务相互协调，积极解决各类问题，编制了全区非公企业和社会组织名册，集中开展了"两个覆盖"攻坚月行动，大幅提升了全区非公企业和社会组织党组织组建率；以"星级评定"激发非公企业和社会组织党建工作的内生动力；以"保企业"行动为契机，开展了基层党组织常态化联系服务非公企业活动，与非公企业建立包保对

①《长春市宽城区充分发挥"三长"联动机制作用以党建引领推动基层治理创新发展》，吉林省省民政厅，http://mzt.jl.gov.cn/mzyw_74261/dfxx/202012/t20201210_7819342.html.

②《长春市宽城区深入开展党建引领基层治理"红帆项目"》，2021年5月26日，人民网—吉林频道，http://jl.people.com.cn/n2/2021/0526/c349771-34745660.html.

子，帮助企业对接银行融资贷款近亿元，协调减免租金8000余万元。①长春市宽城区的这些举措有效地扩大了党组织的覆盖面，激发了社区以及其他社会组织的参与动力，切实提升了基层社会治理的能力。

（二）不断推动社会治理重心下移、资源下沉

近年来，我国将社区治理提升至执政基础的高度，警惕"基础不牢，地动山摇"，明确提出治理重心下移，充实基层（社区）的人力、物力、财力。不断强调治理的"最后一公里"就在社区，"社区虽小，但连着千家万户，做好社区工作十分重要"，"社会治理的重心必须落到城乡社区"，等等。随后国家提出，推动社会治理重心向基层下移，发挥社会组织作用，实现政府治理和社会调节、居民自治良性互动。后来又强调，推动治理重心下移，尽可能把资源、服务、管理放到基层，使基层有人有权有物，保证基层事情基层办、基层权力给基层、基层事情有人办。同时，在社会治理模式上也要求进行创新，强调社会治理模式应当从单纯的政府监管向更加注重社会协同治理转变。

在实践中，吉林省社会协同治理较多地表现为"三社联动"，社会组织承接社区公共服务，由社会工作者完成，已经形成了多部门、多形式共同参与社区治理的新局面。响应国家要求，积极推动资源力量下沉，夯实"三社联动"基础保障。切实把加强基层党建和创新基层社会治理的重点放在社区，把人、财、物、政策向社区倾斜，推动基层党建和社区社会治理水平的提升。近几年，吉林省内不少地区大量投入资金升级改造社区的场所面积和功能，服务与群众的面积大幅提升，为社区和社会组织开展活动提供了便利的场所。有些地区投资打造了党群服务中心和社会组织党建指导服务中心，建成培训教育基地，聘请各地社区干部、社会工作者，提

---

① 《初心如磐　固本强基　宽城区推动基层党建工作提质增效》，《长春日报》2021年8月4日，http://www.jckc.gov.cn/twxym/202108/t20210804_2879597.html.

供优质的培训教育。①

最近，吉林省在基层社会治理中也在积极构建社区、社会工作者、社会组织、志愿者、社区公益慈善资源的"五社联动"格局，注重筹集社会资源用于社区建设。近日，吉林省民政厅、省乡村振兴局联合印发《关于动员引导社会组织参与乡村振兴"六项行动"实施方案》，从创业就业、人才培育、扶弱济困、医护康养、社会治理、消费帮扶等方面，结合自身的优势和特点，广泛发动社会组织、链接社会资源参与乡村振兴，以促使全省脱贫人口稳定就业、脱贫产业持续壮大、低收入人口得到帮扶、脱贫地区自我发展能力增强。②在城市社区的工作实践中，长春市南关区恒安社区、宽城区黄河路北社区、二道区十委社区等纷纷采取行动，在社区党组织的引领下，以促使慈善资金来源于民、造福于民为重点，探索长效机制，联结并用好社会资源，拓宽为居民服务的领域，保证并提升服务质量，创新实践取得了初步成效。③

（三）把科技创新引入社区治理机制

科技的发展与创新可以辅助社区治理提供高效便捷的治理，强调大数据、网络技术等在社会治理中的应用，要运用大数据提升社区治理现代化水平，建立健全大数据辅助科学决策和社区治理的机制，推进政府管理和社区治理模式创新，推进"互联网+服务""互联网+信息发布""互联网+文化"等，让老百姓足不出户就可以办理相关业务和享受服务，不断提升公共

①《让社区治理体系更健全——创新"三长"联动机制　助力市域社会治理现代化》，《中国社会报》2021年3月19日，https://www.mca.gov.cn/article/xw/mtbd/202103/20210300032668.shtml.

②《吉林：创新"五社联动"机制 参与乡村振兴》，http://laws.swchina.org/policy/2022/0524/41322.shtml.

③《长春市3个社区的"五社联动"经验》，http://trade.swchina.org/team/2022/0322/40947.shtml.

服务的均等化、普惠化、便携化水平。早在2018年，吉林省就提出"以数字吉林建设为引领，加快新旧动能转换，推动高质量发展"的战略目标，把推进数字化发展、促进大数据应用作为推动吉林省转型发展的重要抓手，将立法作为重要保障，加快推进5G基础设施、特高压、城际高速铁路和城际轨道交通、新能源汽车充电桩、大数据中心、人工智能、工业互联网等新型基础设施建设，全面提升智能信息网、路网、水网、电网、油气网、市政基础设施网，着力补强社会事业的短板，并提出将数字化引入社区治理与社区服务，极大提升了政府服务和社区公共服务的质量的水平。[①]

三、加强吉林省社区治理的路径

（一）优化吉林省社区治理结构

吉林省社区治理结构亟须进一步优化，提升社区治理的效率和方式，以便达到更好的社区治理效果。

首先，全局谋划政府、社会关系的调整，推动政府与社会两个解放。政府要在完成社区治理标准化建设和维护基层社会稳定的基础上，逐步改变以往全能的角色，从影响社区治理的关键变量转化为支持性的环境变量，为社区治理提供经费保障和政策向导；把社区从繁重的行政事务中解放出来，行政组织内部要直接面向社区，通过整合职能和资源，为社区发展提供必要的空间。

其次，正确认识各级党组织作为国家治理体系有机组成部分的地位，在基层治理过程中发挥其在改革设计、沟通民意、资源整合、培育社会组织方面的领导作用，而不是简单地对社会治理主体进行补充或替代。

最后，吉林省应该在此基础上弥补结构性缺陷，加快补足社会力量的

---

①张建，王晓林：《"数字吉林"强化数据赋能抢抓转型机遇》，《经济参考报》2022-08-22，http：//jl.cri.cn/n/20220822/b968ed28-503b-1ad2-2ee0-fee2c82e1967.html.

短板，大力动员组织社会组织、公民志愿者、居民自治组织等社会力量更多参与社区事务管理和服务，推动全省范围内形成治理性的社区组织、承担日常生活管理服务的市场组织组成的科学的社区合作治理结构。①

（二）提升吉林省社区参与治理的能力

要更加精准地对接辖域内居民的需求，转变以往对居民实际需求缺乏了解，将服务供给不足和过度的问题逐步转变为以居民需求为导向，精准对标居民需求，带动居民积极参与社区治理。要通过资源的合理配置，推动基层行政工作社区化。资源配置方式改革是撬动社区治理改革的杠杆，破除市场依赖、行政依赖，更多地引入社会力量承担政府职能，推动社区工作行政化向行政管理社区化转变。建立和推广自下而上的资源分配体制，实现社会组织与地方政府经费划拨部门的直接对接。政府各部门要统筹规划，列出专门预算，由社区组织自主提出方案，更多地以项目制的方式，让社区参与基层治理，将政府包揽的非强制性任务，特别是服务性事务，通过项目化的形式交由基层社会来承担，积极推进社会组织在"帮老、助残、扶贫、解难"等服务方面的工作，逐步提高其在社会组织培育、扩大承担政府行政事务方面的参与度，以此让更多的社会组织以居民需求为导向，获取承担公共服务的资源保障。②通过逐步完善社区治理，推动吉林省整体的社会治理取得巨大的成效。

（三）加强社区服务信息公开共享和网络舆情治安治理

信息时代，信息的传播和扩散速度十分迅速，为了社区居民可以快速地获取正规渠道的权威信息，社区有必要及时发布和共享这些信息。如果

---

① 李青文：《城市社区善治的三维向度：党建引领、结构优化与服务回应》，载《青岛农业大学学报》（社会科学版）2022年第1期。

② 李杏果：《社区社会组织参与社会治理共同体建设：内在逻辑与实现路径》，载《河南社会科学》2023年第1期。

社区可以及时快速地发布最新动态和消息共享，那么谣言传播、人心惶惶等不良的社会影响就不会发生。同时结合在同级的各社区间采取统一管理措施，使居民从心理上打消疑惑或不满。针对网络舆情的隐蔽性、复杂性、不稳定性等特点，以及社区网络舆情治安治理中存在的缺乏专业监测人才、信息源庞杂且真假难辨、社区居民情绪易被舆情借势以及应对意识和能力有待提升等问题，应进一步加强社区网络舆情监管、引导等能力，构建和谐稳定的社区舆情氛围和良好环境，推进完善集预防、疏导、控制、研判于一体的社区舆情治理机制。①

第三节　完善农村（乡镇、村）治理

随着农村改革的不断深入，吉林省农村社会结构的分化改变了原有利益主体的单一性，城镇化的快速推进又转变了乡村居民的社会空间与生活方式，活跃的社会组织成为乡村治理走向民主化的重要力量。因此，在乡村社会现代化发展的关键时期，构建多元主体分工合作、共同参与的治理机制，建立法制健全的治理制度，维护和谐有序的治理环境是实现乡村社会治理体系和治理能力现代化的必经路径。

一、吉林省农村社会治理的发展

吉林省是我国农业大省，农村人口占比较高，在社会主义新农村建设时期，大量现代性文化元素涌入农村，并渗透人们的政治、经济、社会活动中，冲击着人们的思想观念、思维习惯与生活方式，改变了人们对基层政权传统政治资源及其他方面资源的依赖。面对乡村社会环境的新变化，

---

①褚洪等：《社区网络舆情治安治理困境与对策研究》，载《河北公安警察职业学院学报》2022年第4期。

需要建立一种体现现代公民意识和民主精神的多元合作的治理结构，实现基层政府职能的有效转变与社会治理方式的成功转型。

（一）明确乡村社会治理主体

当前吉林省的乡村社会治理主体包括组织性主体、群体性主体、个体性主体三类。组织性主体主要包括乡镇党委及乡镇人民政府等国家政权组织，以及村民委员会、村民监事会、村民代表会等政治性组织；群体性主体主要包括互助组织、公益组织、商业组织等次级社会群体；个体性主体主要是指乡村社会中具有领导、管理、决策、整合能力，以及重要影响力和一定社会声望的人。[①]

（二）推动非政府组织参与乡村社会治理

在乡村社会转型过程中，非政府组织积极参与乡村社会治理，进一步拓展了基层民主所创造的公共空间，充分满足了乡村社会政治变迁与政治发展的需求；同时，作为培育乡村公民意识的重要场所，非政府组织也顺应乡村社会治理的发展趋势，不断促进内部结构的优化与运行机制的创新。乡村治理主体的多元化打破了原有乡村政治组织的状态，形成了政治组织与社会组织（非政府组织）、乡村精英等多种力量共同参与乡村社会治理的格局。[②]在吉林省乡村社会治理的新格局中，组织群体与个体行动主体互动合作、有机统一的乡村基层治理体系正在走向规范化和制度化。应当更多地引导社会组织进入乡村治理领域，进一步明晰社会组织参与乡村治理的领域、手段、方式，加强社会组织与乡村共建共治共享，推动社会组织更深地融入乡村。

[①]张继良，邵凡：《乡村治理主体职能结构的调整与优化》，载《河北学刊》2022年第11期。

[②]于健慧：《社会组织参与乡村治理：功能、挑战、路径》，载《上海师范大学学报》（哲学社会科学版）2020年第6期。

二、吉林省乡村治理模式的转变

（一）发挥社会组织的作用

面对多元治理主体并存的乡村社会，吉林省开展了乡村政府组织与非政府组织之间的合作，探索乡村社会治理的新机制与新路径，对于维护乡村社会的良好秩序日益发挥着重要作用。例如，长春市双阳区"1+3+X"成员带领村民自我教育、自我管理和自我服务，在屯组建立了重大事项"三评议、三公开"工作制度，即在建设基础设施、确定低保人选资格、发展公益事业三个方面召开支部会议、屯（组）会议进行民主评议，并公开这三个方面评议事项的具体内容、条件标准、评议结果，做到屯务齐抓共管、公正透明。近三年，双阳区"1+3+X"成员共组织排查问题1200余人次，排查各类隐患1600余项，帮助群众解决问题1800余个。[①]同时，吉林省也优化了乡村社会非政府组织发展的制度环境。努力清除不利于乡村社会非政府组织发展的制度障碍，出台更多鼓励非政府组织快速发展的税收减免、财政补贴、信贷支持等措施，制定更多引导非政府组织健康发展的政策法规和部门规章，推动非政府组织积极参与乡村振兴等活动。[②]

（二）转变政府职能

吉林省在乡村治理的权力关系建构中，重新界定政府的角色功能。政府的主要职能是通过发展农村经济、调整农村产业结构来提升农民的主体性地位，培育乡村自治组织，推进乡村治理达成善治目标。在乡村治理场域中，政府角色实现由原有的完全主导向当下的有限主导的转变，其基本要求是在乡村治理中既不能全面控制，也不能置身事外，而是必须在"管制"和"抽离"的

---

①《长春市双阳区：乡村治理有"法宝" "1+3＋X"模式全力推动乡村振兴》，https://new.qq.com/rain/a/20211231A08UZS00.

②《吉林省发动社会组织积极参与乡村振兴》，2022-05-30，https://www.thepaper.cn/newsDetail_forward_18349865.

两极行为中寻求乡村治理的最佳平衡点。以"乡村善治"作为乡村社会管理的终极目标。其基本含义是政府与人民对公共生活的合作管理，是国家与公民社会良好合作的一种新型关系，是两者的最佳结合状态。①按照"乡村善治"的基本要求，在乡村社会管理中，政府应该给予公民参与政治及社会活动更多的便利，向社会成员提供优质的公共服务和可靠的公共产品，最大限度地促进乡村社会公共利益目标的实现，最大限度地增进人民的福祉。②

（三）调动村民积极参与

吉林省的乡村公民对社会治理公共事务的积极参与突破了乡村社会治理的传统观念，基于自身对社会权力分享的要求，创建和发展了一批民间社会组织，以大量生动的社会实践诠释了乡村柔性治理的内涵。比如，由吉林省民政厅、省委农办、省委组织部参与，省农业农村厅、省纪委监委牵头建立的社区议事协商委员会，完善议事协商制度，创新村民议事形式，完善议事决策主体和程序，保障村民和知情权、参与权和决策权；充分发挥村民会议、村民代表会议、村民议事会、村民理事会的作用，形成民事民议、民事民办、民事民管的多层次基层协商格局，提升农村社区治理民主化、科学化水平，促进基层矛盾有效化解。③由此，乡村社会公共权力的配置开始由政府一级向政府与社会分享权力转变，公共权力的运作开始由单一的自上而下运用转向自上而下和自下而上的双向运用。在政府与社会之间，互惠与合作的治理模式正在形成，这种治理模式为公民参与公共事务提供了越来越多的机会，政府效能和经济社会发展水平因此得到提

①《人民日报新论：提高乡村善治水平》，人民网—人民日报，2021年1月26日，http://opinion.people.com.cn/n1/2021/0126/c1003-32011591.html.

②《五方面加强农村基层治理　深入推进农村社会和谐稳定》，http://jl.gov.cn/szfzt/zxft/szfzxft/2020zxft/gjgytzsdkzqk/ftzy/202003/t20200319_6910063.html.

③《长春："百姓议事"议出新气象》，《吉林日报》2020年12月29日，http://www.jl.gov.cn/zw/yw/zwlb/sx/sz/202012/t20201229_7865321.html.

高。同时，这种治理方式还为村民公共精神的成长提供了有利条件，而村民参与热情的培养也能够为乡村治理目标的实现奠定良好基础。①

三、吉林省乡村治理的完善路径

（一）支持农村非群团类社会组织的发展

第一，吉林省要持续完善对乡村治理的市场配置资源的保障机制。在吉林省，非政府类社会组织的筹资渠道较少，筹资能力明显偏弱，资金来源主要是政府的财政投入及会员的缴费或入股股金。因此，可以发挥市场对资源的配置作用，通过高回报率吸引农村专业合作社之外的资金投入专业合作社的项目经营之中。

第二，完善多元利益主体共同参与的产权治理结构。资产来源的多元化决定了产权结构的多元化。对于大多数非政府类社会组织而言，其资产构成除了原有的经营性投入，还有政府的财政投入以及社会捐赠。社会资产的加盟改变了非政府组织产权结构的单一化，也改变了非政府组织的产权性质，公益产权的特性要求非政府组织必须承担更多的社会责任，必须接受委托人或捐赠人的监督，必须定期向委托人或捐赠人报告经营管理活动及资产负债、损益等财务状况。②

第三，构建非政府类社会组织与政府合作治理的社会治理模式。吉林省乡村的根本性变化就是农村专业合作社等非政府组织获得了社会管理的主体地位，非政府组织逐步成为提供公共产品与公共服务的重要力量。在多元社会治理格局中，非政府组织必须建立与政府的良好合作关系，实现二者功能的互补，这样才能促进公共利益的最大化。政府应当为非政府组

---

① 秦清芝等：《政府公共权力视域中的城乡融合发展路径研究》，载《江苏师范大学学报》（哲学社会科学版）2020年第3期。

② 张鹏飞，李鸿：《社会资本理论对农村社会组织韧性建构的启示》，载《吉林省教育学院学报》2022年第8期。

织的活动提供制度安排及政策支持，营造适合其发展的社会生态环境。在社会治理的某些具体事务上，由于这些事务本身的特殊性质，政府处理可能显得力不从心，或者缺乏效率，在这方面，非政府类社会组织可以充当政府的助手。非政府类社会组织与政府的合作治理是乡村社会管理模式的最佳选择，充分发挥二者各自的优势有利于提高乡村社会管理的整体效能，从而实现乡村社会治理持续改善的目标。[①]

（二）充分发挥"五治融合"在乡村治理中的作用

政治引领、自治基础、法治保障、智治支撑的融合为吉林省乡村基层治理提供了新的思路和有效方法。

第一，通过党的引领（政治）来促进德治。在乡村德治推进过程中，基层党组织应发挥重要作用：一是德治的组织者和推动者要承担统筹规划、建章立制、动员宣传等工作；二是德治的实践者和示范者，所有党员作为参与者，要率先垂范、主动作为，积极参与德治的各种实践项目，通过自己的实际行动带动、引导基层群众积极参与德治实践中。

第二，通过自治促进德治。村（社区）作为基层群众的自治性组织，推进乡村德治需要尊重村级自治权，充分运用村级自治权，要在自治的基础上推进德治，将德治内化到民主选举、民主决策、民主管理、民主监督的全过程，提升群众在德治实践中自我管理、自我服务、自我教育、自我监督的水平，充分发挥自治对德治的促进作用，避免德治实践中的"为民做主"，保障德治实践中的"由民做主"。

第三，通过法治促进德治。充分利用基层法律服务网络，如司法所、法律服务所、村（社区）法律顾问等，为乡村德治提供法律咨询、制度制

---

① 刘露宇，李炫欣：《农村社会组织参与乡村治理的机制研究》，载《学会》2022年第9期。

定、纠纷调解等法律服务，通过法治保障乡村德治依法依规进行。[1]

第四，通过智治促进德治。利用现代科技手段推进乡村德治，让德治实践更加便捷、高效。例如，吉林省桦甸市红石砬子镇新时代文明实践所云平台，该平台包括习近平新时代中国特色社会主义思想、理论直播间、学习强国、党史学习教育、"微课堂"等栏目；志愿服务板块包括服务菜单、活动动态、志愿者招募、"微心愿"等栏目；文明新风板块包括文明创建、乡风文明、道德模范、身边人身边事等栏目；美丽乡村板块包括乡村通知、乡村风采、乡村振兴、村务公开等栏目；农业资讯板块包括专家指导、农机对接、农业视听、供求对接等栏目；便民窗口板块包括政策解读、便民信息、公共法律服务、金融服务、智慧医疗等栏目；休闲旅游板块包括全市旅游、周末去哪儿、桦甸特色游、本地周边游等栏目；蜻蜓眼板块是利用平台支持的视频监控功能，村民通过电视端、手机端可以实时监控查看自家室内、院落、牛棚、田间地头等情况，并且能通过云存储数据调阅近期监控内容。红石砬子镇新时代文明实践所云平台值得在省内其他地区推广学习，该平台不仅为群众提供了菜单式、订单式、一站式随时随地的文明实践服务，还传递了党的声音，搭建了与群众双向互动的沟通桥梁，增强了群众对文明实践的理解、支持和监督，把宣传教育与引导实践相结合，打通宣传群众、教育群众、关心群众、服务群众的"最后一公里"。[2]

（三）加强农村基础设施建设和公共服务供给

为夯实农村基层社会治理根基，吉林省应加快补齐农村公共服务和基础设施建设短板，深入推进农村公共服务现代化建设进程，加强农村卫生医疗、教育培训、就业创业、交通公路、水利水电等公共服务基础设施建设，

---

[1]胡宝珍等：《新时代"五治融合"乡村治理体系之建构——基于福建乡村治理实践的考察》，载《东南学术》2022年第2期。

[2]《全省首个新时代文明实践所云平台在桦甸市红石砬子镇开通运行》，《吉林日报》2022-05-24，http://jl.wenming.cn/wmsj/sjhd/202205/t20220524_6386997.html.

提升农村基层公共服务的能力和水平。完善农村基层社会治理的现代化信息服务体系，通过创新治理模式、治理方式和治理机制，逐步建立符合农村农业实际发展特点和农村居民现实需要的农村信息化治理路径。探索农村承包地经营权流转、宅基地流转、集体非农建设用地入市流转的集约有效利用创新模式；推进集体股份合作公司经营模式多元化。加快提高农村综合服务设施覆盖率，统筹利用好村级集体经济收入、政府投入和社会资金，整合利用村级组织活动场所等现有设施和场地，综合采取新建配套、改建扩建、资产划转、购置租赁等方式，加快推进农村社区综合服务设施建设。①

　　建立城乡基层治理公共服务协调联动机制，推动城乡社会基本公共服务均等化。以平衡的方式将政府权力嵌入农村，通过推介引入项目、项目精准对接等方式，对农村资源进行重组升级，增强农村基层社会治理的资金保障供给。探索建立网格化、精准化的农村基层公共服务机制。根据不同村集体的人口数量和地域范围特征，划定农村基层自治网格区域。每个网格自治单元内居住的全体村民作为一个小集体，共同协商和参与本网格内集体公共事务的管理，同时具有平等参与本人所在村集体治理的权利。加强农村基本公共服务标准化体系建设，服务面向农村不同群体，解决不同人群日常公共服务需求。②区县、乡镇政府应以农村基层社会治理网格建设为契机，建立精准细化的服务流程，科学设计整合农村公共服务内容，因地制宜、因人施策划分服务对象，打造农村基层公共服务精准化对接机制，鼓励和引导服务机构和管理人员下沉到农村，为农村基层社会治理网格中不同群体的村民提供包括公共法律服务在内的均等化的各类公共服务。③

　　①张江海：《农村公共服务高质量发展：价值、问题与路径》，载《福建农林大学学报》（哲学社会科学版）2022年第4期。

　　②孙鹤汀，高千：《乡村振兴战略下农村公共服务供给：现实困境与路径优化》，载《山东科技大学学报》（社会科学版）2022年第6期。

　　③喻少如，黄卫东：《公共法律服务融入乡村治理的逻辑转换及其实践进路》，载《西北民族大学学报》（哲学社会科学版）2022年第6期。

第四节 完善城市社会治理

城市社会治理是推进国家治理体系和治理能力现代化的重要内容。当前在推进城市社会治理现代化过程中仍存在发展与安全不能统筹兼顾、治理体制机制不够完善、叠加经济增速放缓、外部输入风险加剧等因素，给城市社会治理带来前所未有的挑战。因此，统筹发展和安全，深入推进城市社会治理现代化，要从城市运行全生命周期、加强基层组织建设、社区治理、公众参与、强化新技术手段的运用、支持引导社会组织发展等层面健全完善城市社会治理风险防控体系，构筑城市社会治理共同体，营造安全有序的城市发展环境，使人民群众更有幸福感、安全感。

一、吉林省城市社会治理的不足

（一）信息数据共享不足

吉林省内城市社会治理在数据共享方面已取得一定成效，依托"吉林祥云"大数据平台建成了标准、规范、统一的数据共享交换体系，基本上在省、市、县、乡、村五级和各级政务部门之间实现了政务数据高效流转和共享交换，有力助推了吉林省"数字政府"建设。但仍存在一些短板，有待进一步改进和完善，突出表现为数据共享互通仍存在较大欠缺，还不能完全做到政务服务一站式办理，特别是跨层级、跨部门、跨区域的数据共享依然存在诸多障碍和不足，信息碎片化、系统繁多、缺少整合的问题依然突出。目前，吉林省数字政府建设中城市社会治理智能化建设整体性、系统性不强，统一的社会治理信息共享平台和信息互联互通数据汇集机制仍不完善，城市社会治理智能化水平亟待提高。各职能部门之间的信息数据智能化共享不足，特别是基层更难做到及时将相关数据实现共享，导致数据重复提报，效率不高。①

（二）经济增速放缓引发诸多社会问题

良好的经济发展势头是一切工作的物质基础。然而受特定客观情况的影响，2022年上半年，吉林省经济增速放缓明显。经济增速的放缓将会影响就业等诸多社会问题，给社会治理带来挑战。②当公民工作生活的载体受到经济环境的影响、未来存在不确定性时，社会治理可能受到巨大影响。持续性经济下行压力向社会领域的传导效应会引发人民群众收入增长不及预期、社会财富分配差距不断拉大、社会矛盾易发多发、风险因素不断增多、部分民众对于发展的预期不稳，这不仅会延滞或改变人们既定的行为方式，还会使人们产生焦虑不安、悲观失望等情绪。③在统筹发展和安全的背景和要求下，这些困难尤其给社会治理带来巨大挑战。

二、加强吉林省城市社会治理的路径

在深入推进城市社会治理现代化的路径选择上，既要加快推进城市社会治理现代化、构筑社会治理共同体，又要全面考虑全球政治经济和社会发展出现的新情况可能带来的影响。与历史任何时期相比，"十四五"时期创新城市社会治理必将面临更多的挑战和压力。在这样的背景下，吉林省如何提高城市社会治理的综合效能，构筑更高质量、更高水平的平安吉林，需要在基本思路等方面加以创新。

---

① 李抑墙：《深化数据共享应用 助推"数字政府"建设》，《吉林日报》2022-09-01，http://www.jl.gov.cn/zw/yw/zwlb/sz/202209/t20220901_8556380.html.

②《一季度GDP暴跌7.9%，开局不利的吉林能否再度逆袭》，2022-05-05，https：//www.thepaper.cn/newsDetail_forward_17944463.

③陈安平：《经济增速放缓对个体收入和就业的影响研究》，载《产经评论》2020年第6期。

（一）在治理中注重城市安全发展

要全面把握并科学防范城市安全风险，从城市运行全生命周期的视角进行谋划布局。在城市规划设计阶段就应当充分考虑影响城市安全发展的各种风险要素，把其降到最低；在城市建设阶段，应注重各环节之间的统筹协调，保证建设的质量，最大限度地减少风险的形成；在城市运行阶段，要居安思危，科学预防，做好充分的应急准备，避免风险的隐匿；在城市保障阶段，要有系统性思维，防止"木桶效应"，阻止风险恶化。由此可见，吉林省应该在总体规划中充分考虑安全风险评估的重要作用，把公共安全应急规划作为城市安全运行的重要支撑保障，同时要考虑其与总体规划的契合，切实维护规划的严肃性，对已做出的规划切忌随意修改，确保规划的扎实推进实施。[①]

（二）提升党对城市社会治理的领导力

应探索构建党建引领城市社会治理新机制，加强基层组织建设，提升基层党组织领导城市基层社会治理的能力。加强宣传教育，强化基层党组织的党建引领理念，让其准确理解和把握基层党的建设与社会治理的关联性，准确把握党建引领社会治理的含义、方式方法，为基层党组织在社会治理过程中发挥好引领作用奠定理论和理念基础；通过基层党组织建设，提升基层党组织的引领能力。落实好支部书记抓党建"一把手"工程，解决好"软弱涣散"基层党组织战斗堡垒作用发挥不强等问题，与属地社区建立联系沟通长效机制，定期与属地社区联合召开社会治理联席会议，确保党的基层组织在社会治理领域全覆盖；加强政治建设，强化基层党组织的政治领导力。基层党组织要通过深入调研和网络问需等渠道，全面深刻地把握社会形态和社会结构的变化，以及群众诉求的变化，通过座谈会、

---

①苏洁：《从〈"十四五"国家应急体系规划〉看城市安全发展》，载《劳动保护》2022年第11期。

民主恳谈会、联席会、民主协商会等形式，找准辖区内多元主体的利益最大化，形成利益和情感最大同心圆，以此在协调各个主体参与社会共商共建共治共享中，将党的路线方针和政策落实到位。[①]

（三）夯实城市社会治理现代化的基础

社区是城市社会治理的基本单元，是治理重心下移的落脚点。社区基层一线是风险隐患的策源地，是各类灾害事故的承载体，也是存在管理漏洞最多的地方。社区居民最清楚社区治理的薄弱环节，因此，社区也必然成为防范城市风险的"前沿阵地"。社区风险管理和应急能力的强弱是衡量城市社会治理现代化程度和城市安全发展水平的重要标准。通过实施参与式社区风险评估，组织政府、社区居委会、社区社会组织、相关领域的技术专家和社区居民共同绘制社区风险地图，并印发给社区居民。根据风险地图动态加强风险沟通，及时掌握风险隐患，这样就能够不断提高社区居民的知晓度，提升居民的风险意识，防止因不知情而造成的更大风险。根据风险评估情况和社区实际，优化管理流程，制定风险精细化管理手册，为风险防范工作提供具体的操作指南，提升风险管控能力。同时，借助大数据等新技术手段，搭建矛盾纠纷多元化解信息系统，将社区基层网格化协同治理体系完善升级，并完善居民对于风险进行自查自报的动态登记工具或模块，推动社区各类风险辨识、发现并受控。[②]

（四）打造数字政府、智慧吉林的城市治理模式

从强化新技术手段运用层面增强城市智慧治理能力，充分发挥人工智能等新技术手段的运用在提升城市社会治理的科学性与精准性方面所具有

[①]吴楠楠：《新时代城市基层党建创新引领社会治理的挑战、成效与对策》，载《中共南宁市委党校学报》2022年第5期。

[②]任绪保：《统筹发展和安全深入推进城市社会治理现代化》，载《上海城市管理》2022年第3期。

的显著优势。全面优化城市社会治理综合大数据平台，资源整合统一共享，加强基础信息工作，将基础信息合流集成，实现数据共享；全面感知智能防范：平台与物联网、人工智能等新技术实现深度融合，全面提升城市的立体感知能力和智能防范水平；整合现有网格和相关部门管理力量，一旦发现隐患苗头可自动预警，能够第一时间调度管理力量，进而实现精准管控。[1]运用大数据分析技术，形成基于大数据的监测预警和决策支撑体系；通过大数据平台及时精准掌握民生服务需求，构建多元协同共治共享的服务模式。因此，通过大数据平台的优化，运用云计算、大数据、物联网等新技术，构建不同部门和行业的数据信息共联共享、业务联动、部门协同的城市社会治理体系。同时，需要构建多种大数据分析模型，充分利用大数据异常分析、趋势分析、事前预警等技术优势，发挥大数据平台在各项风险监测预警、应急指挥、统计核查、资源调度、信息服务等方面的作用，将大数据的优势转化为城市精细化管理的优势，有效提升城市社会治理的科学性、精准性。[2]

（五）加强公众对城市社会治理的监督互动

提高城市社会治理的社会化程度，改革现行城市治理由政府主导的模式，贯彻以人为本、安全发展的理念，广泛引导公众参与城市治理，行使自己的话语权。科学认识城市治理的复杂系统，重新界定政府及各部门、企业和市民等城市治理主体的作用，建立信息化城市治理新模式，以奖励的形式发动和鼓励公众参与和监督城市治理工作，营造公众积极参与、成果共享的良好氛围，充分调动各类主体参与城市社会治理的积极性，通过政府、市场与社会的良性互动，为市民提供优质高效、精细化的城市公共

---

① 翁士洪：《城市治理数字化转型的发展与创新》，载《中州学刊》2022年第5期。

② 陆昱：《大数据赋能城市治理的主体、组织与政策结构》，载《湖北行政学院学报》2022年第6期。

产品与服务，形成多元共治、良性互动的城市治理新格局。[①]同时，从支持引导社会组织发展的层面提高城市治理社会化水平。随着公民权利意识和志愿服务意识的逐步提高，越来越多的公民参与到社会组织中来，政府应通过降低社会组织的成立门槛、向社会组织购买服务和建立社会组织培育基地等一系列务实举措，促进市域社会组织的良性发展，特别是培育发展贴近居民日常需求的社会组织。通过支持引导社会组织的发展，充分发挥市场机制的优势，使社会组织的作用得以充分发挥，在社会、经济、环境、应急等方面深度参与到城市社会治理中去，促进城市治理能力现代化。[②]

第五节　完善网络社会治理

网络社会是现实社会的延伸，甚至在很多方面比现实社会要复杂得多，互联网为人们迅速获取信息提供了便利，但各种网络谣言传播、诈骗行为等现象也时有发生。近年来，吉林省加快推进网络社会治理的步伐，构建政府相关部门、技术企业、技术专家、网民等多主体网络社会治理体系，进而推动网络社会"碎片化"管理向整体性治理的转变。

一、吉林省网络社会治理取得的成效

吉林省将网络社会治理置于总体国家安全的战略高度，在此基础上，不断推进网络社会治理体系和治理能力现代化，并且逐步加快建立和完善

---

①周勇：《城市治理中公众参与的价值考量与法治进路》，载《重庆社会科学》2022年第5期。

②王颖，金子鑫：《社会组织参与城市公共危机协同治理的路径》，载《中南民族大学学报》（人文社会科学版）2022-10-11。

网络综合治理体系，开展多种网络整治活动，从各方面切实提高网络治理能力。

（一）始终坚持高位统筹

吉林省从维护国家总体安全的政治高度，统筹规划全省网络综合治理工作的目标和任务，在定期总结各地各部门网络综合治理体系建设工作取得的成绩基础上，分析当前存在的问题和不足，研究部署下个阶段的重点工作。2021年11月5日，在吉林省网络综合治理体系建设工作推进会上，深入交流做法和经验，强调各地各部门要认真贯彻落实关于网络强国的重要思想，坚持"正能量是总要求、管得住是硬道理、用得好是真本事"，严格落实网络意识形态工作责任制和网络安全工作责任制，充分发挥制度优势，统筹网上、网下两条战线，坚持管、用、防并举，切实加强党对网络工作的全面领导，旗帜鲜明、毫不动摇坚持党管互联网。[①]

（二）大力开展网络整治活动

在吉林省网络治理体系下，开展了多次网络整治活动，例如，在全省范围内多次开展网络淫秽色情信息专项治理"净网"行动；严厉打击治理电信网络新型违法犯罪专项行动；在省内各市县（地区）落实《网络信息内容生态治理规定》，加强新闻网站管理，建立各类网络媒体、自媒体平台台账，牵头开展"清网"、网络直播行业专项整治等几十项行动，发现问题，整改问题，监督落实。在行动中清理了大量负面信息、违法信息、反动信息等，使省内网络空间环境得到很大改善。[②]在专项整治活动过程中，也明确了网络综合治理六大体系，对责任单位及其职责明确分工；建

---

① 《吉林省网络综合治理体系建设工作推进会在长春召开》，2021-11-06，https://www.sohu.com/a/499524056_120784752.

② 《公安机关"净网2022"专项行动成效显著》，http://www.gov.cn/xinwen/2023-01/10/content_5736093.htm.

立健全联络员会议制度和重大事项会商制度，加强部门间协调联动，增强工作合力，取得分头推动、合力落实的良好效果。

二、吉林省网络社会治理过程中的困境

（一）网络治理具有技术难度

目前，在一些新媒体中仍存在着大量腐朽落后文化和有害信息的传播，毒害着广大网民，尤其对未成年人的身心影响非常大。在一些新媒体网络中，仍存在着不少炫富攀比、负面情绪、歪曲事实造谣、不当评论、人身攻击等不良的社会风气，许多网民有跟风、起哄、谩骂、人身攻击等行为。这些问题不排除有关部门工作人员的疏忽以及补救措施不及时等因素，当然，更多的还是个别网民在网络上肆意宣泄不满和攻击，造成了恶劣的社会影响。有时，这些网络上的恶意行为在技术上和法律上很难界定、预防和及时管控，有些博主、主播为金钱利益吸引公众关注、点击、蹭流量打起了"擦边球"。这些行为给网络监管部门带来很大的技术难题。[①]

（二）管理职能存在交叉的困境

在吉林省网络监管的主体涉及互联网信息管理、公安、政法机关、文化稽查、市场监管、新闻出版（版权）、广播电视、卫生健康等多个部门。尽管如此众多的部门在网络治理领域投入了巨大的人力、物力，但在实际管理效果上却很容易出现混乱的现象。各部门之间的监管边界不够清晰，特别是在新兴技术和业务的很多环节和领域出现交叉重叠，容易使一些部门在互联网监管中互相推诿，出来"踢皮球"现象，导致名为齐抓共管、实为齐抓不管的局面。同时，各部门的监管也缺乏整合优势，各自为

---

①张爱军：《挑战与应对：国家网络安全治理体系的构建与完善》，载《泰山学院学报》2022年第5期。

政，彼此建立的数据库、监测系统、监管体系之间互不沟通，缺乏协调和联动机制，这既增加了监管信息的获取成本、执法成本，又使得监管达不到应有的效果。

（三）利益冲突较为复杂

网络治理中的各个部门由于利益纠葛和部门职能划分，造成对网络治理存在许多管理的隶属问题，很难有效协调。而且，由于历史原因，无论是广播、电视、报纸，还是互联网，具有很高的行业壁垒，彼此间不互通、不插手，各媒介处于分割的经营状态。目前的网络媒体分属三种：商业网站（包括视频App）、行业网站与新闻网站。商业网站与行业网站属于企业，市场色彩浓厚；新闻网站作为党和政府的发声机关，官方背景深厚。一方以盈利为目的，而另一方以舆论引导和宣传为目的。由于政策原因，商业网站与新闻网站在广告、新闻采集、增值服务等许多业务上仍然彼此分离，导致双方在业务竞争中，难免会有冲突混乱的现象。[①]

三、加强吉林省网络社会治理的对策

（一）加强法治和政府监管对互联网的引导

网络治理中存在着众多部门、管理的职能相互覆盖，一个根本原因是法治对其管理的落后，网络法治建设与治理远远落后互联网媒体的发展速度。吉林省在网络立法上不够细化，许多问题仍未进行专门性法律研究，尤其涉及网络犯罪方面，相关立法还留有较大的空白和改善的空间。例如，需要加紧制定包括网络色情内容传播、网络违规游戏、虚拟货币交易、电子商务诈骗等在内的多项专门性法律，使互联网监管部门在执法过程中有法可依。确保各法规、规章条例间保持一致，防止因相互冲突而造成执行困难，给网络行政监管部门的日常工作带来不便。立法机构唯有在

---

① 李强：《网络监管困境分析及对策》，载《江苏商论》2020年第4期。

网络立法时遵循法治统一原则，才能保持网络法律的一体化，在网络监管部门的工作中才会具有公正性与严肃性。就政府而言，对网络空间的治理不应该也不可能做到全部知晓、全部掌控，而是应该把重点放在加大法理研究、立法建设，使互联网管理以法治为主、行政监管为辅。加强网络治理中的政府引导并不是要增加政府的机构与权限，而是要整合监管资源，建立一个网络覆盖面广、具备专业技术的并且了解政府各监管部门职责的网络治理综合治理组织。平时这个组织可以负责协调政府各部门对网络的监管行动，使其各尽其职，相互协调，明晰责任边界，而使政府的监管职责主要集中在制定相关法规和政策导向上，协调好各平台的服务与各部门的监管职能。[①]

与此同时，网络运行平台也要根据相应的政策法规建立自己的管理规章制度。在网络社会生活中，无论是什么类型的网络运行平台，都可以为无数网络行为主体展开网络行为，提供具体的技术与场所支持，聚集着这些网络行为主体的行为活动。网络平台具有中介和枢纽的重要地位，其处于网络主体和网络整体生活之间，可以将两者"联结"起来，在各个不同的网络社会生活领域当中，都形成无数"网络主体—网络平台—网络整体生活"的架构关系。那么网络平台的规则制定就显得尤为重要，平台自身经营运营活动的各个环节都要遵从国家法律法规、公共伦理道德规范和社会的公序良俗，这是经营运营的基本前提。无论是信息数据的发布传播，还是各类网络产品的构想设计与网络服务的实际推展，都应遵循这一规则。吉林省的网络政务运行服务平台往往利用政务网络和内部办公网络建立起来，政府职能部门向社会各方面发布公共服务信息、提供公共管理服务、展开公务政务沟通、宣传推广政策措施的网络窗口。相比较而言，吉林省这类网络运行平台内部的自我规制和约束基本上相当严格。而在吉林

---

①于洋等：《新时代网络生态治理策略研究》，载《中共石家庄市委党校学报》2023年第1期。

省其他网络平台的自我规制和约束方面表现得要差很多，这些网络平台在经营运营中，本身未必规范有序，就很难做到自我规制和自我约束了。这就需要相关政府职能部门承担必要的监管职能和安全保障职能，行业组织和其他社会组织以及广大互联网络用户等，对其运营和服务实施必要的社会监督。①

（二）强化对整个网络媒体行业的监督

在当今互联网飞速发展的时代，对网络的管理中，针对网络媒体重视经济效益、轻视社会效益的困境，需要加强对整个网络媒体行业的监督，包括社会第三方团体与公众的监督。在法治与监督下，也要实施德治与正面引导，德法兼备。在网络治理中，国家强调依法进行网络治理，加强法治的同时，强调法治与德治的互补性和协调性。虽然吉林省在对网络行业管理的初期以自律为主，但效果不算理想。吉林省应继续加大有效引导网络主流舆论的正确方向，发挥其对整个网络舆论的导向作用。我国强调高度重视传播手段的建设和创新，增强新闻舆论的传播力、引导力、影响力、公信力；加强互联网内容建设，建立网络综合治理体系，营造清朗的网络空间。在当代信息化高速发展的时代背景下，网络社会生活的分量和影响力大大增加，在正面舆论占主导的网络生态环境下，网民会传播准确完整的信息内容，传递文明向善的价值理念，合理合规地使用网络；相反，在运行紊乱、消极负面的网络舆论生态环境之下，会起到相反的作用，导致很多不良的社会影响。在实施层面，则需要由包括相关职能部门在内的多方社会力量协同努力，以线上、线下联动为基础来综合引导。建立吉林省优质的网络生态环境，保障网络舆论生态中主流的声音，推进网络社会治理。把网络治理和疏导兼顾起来，加强吉林省各地党委、各级政

---

①王娜等：《数字化与平台治理——第四届网络平台治理论坛暨第六届网络治理青年论坛会议综述》，载《商丘职业技术学院学报》2022年第6期。

府、企业和社会在网络治理、把控和监督工作中的重要作用，充分利用好治理和疏导，相互促进。[1]

（三）重视人工智能和技术手段在互联网治理中的重要作用

发挥网络企业单位和网络人才在网络治理中的重要作用，同时要注重发挥网络新技术和新应用在网络治理中的重要作用。吉林省高校众多，网络技术人才济济，应该利用好这些专业技术人才，吸纳他们加入网络治理中来。可以在省内高校的相关专业开展网络安全监管的科目，把拥有优良的教学资源，包括教师、软件、硬件资源，科学合理地利用可用资源，合理提升实训教室、实验室等网络环境进行教学，并且结合自身专业的内容和相关实验实训设备，给予学生了解和学习网络安全监管专业的知识。另外还要根据当前互联网的发展特色，不断更新现有教学资源，拿出相应的实例以及应对的技术手段进行教学，逐步培养出一批优质的、技术过硬的监管技术型人才，使其投入吉林省的网络治理技术监管中来，只有这样，才能使监管技术层面跟得上网络的发展速度，为网络治理提供技术支持。[2]

---

[1]马玉红：《广播电视与视听新媒体行业网络安全监管探讨》，载《传媒论坛》2021年第13期。

[2]方兴东等：《数据崛起：互联网发展与治理的范式转变》，载《传媒观察》2022年第10期。

第七章

创新吉林省社会治理方式

第一节　创新依法治理

　　法治是社会治理现代化中在方式上体现社会进步的重要标志，是国家治理体系完善和治理能力提升的重要依托。随着新时代我国依法治国的方略不断成熟完善，法治作为现代化治理手段，在国家治理中的基础性作用日益彰显。[①]吉林省要在社会治理领域全面以法治为依据，把各项事务纳入法治化轨道，充分发挥法治的保障作用。

一、吉林省社会依法治理取得的成效

（一）吉林省社会治理的法治探索

　　截至目前，吉林省的法治建设已经卓有成效。一是充分发挥良法善治的牵引作用。加快制定完善社会治理现代化急需的法律法规，满足人民对

---

①姚苹：《关于中国式法治现代化道路的探索和发展》，载《陕西行政学院学报》2023年第1期。

美好生活新期待必备的法律法规，创新完善相关地方性法规和行政规章，2022年，省本级制定修改废止《吉林省促进科技成果转化条例》《吉林省地震预警管理办法》等地方性法规25部，设区的市和民族自治地方制定法规20部，接收市（州）、省直部门备案政府规章3部、规范性文件85件。二是突出对行政权力运行的监督。制定出台《吉林省重大行政决策事项目录管理办法》，编制形成《2022年度吉林省人民政府重大行政决策事项目录》并向社会公开，2022年，省本级合法性审查法律事务275件，政府法律顾问团出具法律咨询意见书185份；加强行政复议应诉工作，全省行政机关共办理行政复议应诉案件3956件；支持纪委监委、审计和检察机关充分发挥监督职能作用，集中整治执法司法领域中的简单执法、选择执法、徇私枉法，诚信建设中毁约违约、失信失责，以及窗口服务单位不作为、慢作为、假作为、不作为等突出问题，2022年，全省共查处形式主义、官僚主义问题775个，给予党纪政务处分654人；扎实做好常态化"经济体检"工作，全年组织开展审计和审计调查项目146个；加大行政违法行为监督工作力度，收到检察建议2704件，采纳2700件；政务公开工作不断深化，扎实推进基层政务公开标准化、规范化向农村和社区延伸，依托省政府门户网站"政策直达"专栏和"吉事办"移动端面，向企业群众推送优惠政策及核心条款。三是持续深化政府职能转变。开展深化"放管服"改革持续优化营商环境踏查服务活动，推动解决办事难、违规收费等8个方面126个问题；动态调整省政府部门权责清单，推动省直部门新增21项、取消3项、调整21项行政权力；在投资、工程建设项目、市场监管行政许可重点领域推行全程电子化"不见面审批"；全面推进行政许可事项清单管理，组织各地各部门认领行政许可事项664项，确定地方性法规自设行政许可事项18项；印发《吉林省市场主体简易注销登记工作指引》，99%的市场主体适用简易注销；全面落实裁执分离，全省非金钱非诉执行裁执分离率达到100%。四是宽严相济，增强行政执法效能。编制了《吉林省综合行政执法改革工作指引》，为规范开展行政执法提供了制度支撑；推动赋予乡镇人民政府、街道办事处部分行政处罚权，编制《吉林省赋予乡镇人民政府（街道办事处）县级行政权力事项指导目录》，梳理出56项符合乡镇（街道）实际的行政处罚事项；印发《吉林省市场监管领域轻微违法行为不予处罚清单（第二批）》，进一步明确不予行政处罚的适用范围，切实优化营商环境；全面推行行政检查执法备案智能管理改革，推行行政检查"执法报备、手机亮证、扫码迎检、事后评价"新模式，等等。①

由于立法、司法、普法宣传教育、公共法律服务等法治环节已在本书其他章节详尽阐述，本节将侧重对执法环节进行探讨。吉林省在总结前期社会治理执法实践的基础上，根据相关规章、办法，开展了整体性、系统性的社会治理执法体制改革，为进一步推进社会治理执法改革打下坚实基础并取得初步成效。

1. 整合机构设置

以长春市为例，市容环境卫生管理局于2019年3月在机构改革中，经过合并成立长春市城市管理局（长春市城市管理行政执法局），目前对外挂三套牌子，合署办公，其中，长春市城市管理委员会办公室负责城市管理与执法协调工作、长春市城市管理局和长春市城市管理行政执法局两套牌子合署办公，同时下设三个事业单位：火车站地区管理局、市容环卫信息管理中心、固体废弃物管理中心。②吉林省内市辖各县（市）也相应整合社会治理部门、社会治理执法机构，成立城市管理行政执法局，内设综合执法科，区下辖街道办事处设立执法保障科，负责属地城市管理工作和城市管理综合执法工作。通过机构整合，社会管理与社会治理综合执法从相对分离变为一个整体。

---

① 《吉林省人民政府2022年度法治政府建设情况报告》，吉林省司法厅，http://www.jl.gov.cn/zw/tzgg/gsgg/gg/202303/t20230307_2228512.html.

② 《长春市城市管理局机关职责》，http://zwgk.changchun.gov.cn/zcbm/ssrhjwsglj/chgljxxgkml/202103/t20210303_2766530.html.

2. 明确社会治理各部门的执法领域

将社会治理综合执法的范围重点锁定在基层发生频率较高、与人民群众日常生产生活关系密切的领域，目的是让社会治理综合执法真正覆盖社会生活的方方面面。为此，明确各地市（县）相继成立管理局，集中行使城市治理行政处罚权：城市市容环境卫生、园林绿化、市政设施、公用设施、城市规划、再生资源回收、环境保护、气象、工商行政等领域的行政处罚权。

3. 合理划分各部门的执法事权

综合考量执法部门的相关职责、执法的数量及执法事项是否为群众所关注等方面的因素，按照市级、区级、街道办（乡镇）三个层面分别划分执法事权。在市一级执法层面，主要对三种行政违法行为行使处罚权：违反公用设施管理方面的行政违法行为、重大行政违法行为；跨区行政违法行为。在市（区）级执法层面，隶属于政府的区城市管理综合执法局承担专业类执法工作；所属街道办（乡镇）城管执法中队承担除专业执法之外的依法或依授权与群众生产生活密切相关、与专业技术要求相适宜的全部城市管理综合执法工作。另外，火车站地区管理局、市容环卫信息管理中心（城市管理督查大队）等委托行使本区域内的行政处罚权。[①]

（二）吉林省社会治理执法法治化改革取得的成效

1. 处罚事项清单化

通过罗列处罚清单，避免行政处罚自由裁量权的滥用。例如，制定长春市城市管理局权责事项清单，一共列出111项事项，内容涉及行政许可、行政强制及行政处罚等；制定重大行政执法事项清单，一共列出83项行政处罚清单，内容涉及对未经批准从事城市生活垃圾经营性清扫、收集或者

①《提质增效谱新篇——全省乡镇（街道）综合行政执法改革纪事》，《吉林日报》2022年9月22日，http://www.jl.gov.cn/zw/yw/zwlb/sz/202209/t20220922_8581994.html.

处置活动等重大违法行为的处罚；制定包容性审慎监管执法四张清单，对7项处罚事项均按照违法程度分别给予减轻、从轻和不予处罚。[①]

2. 处罚依据标准化

各地市出台《城市管理条例》《城市建筑垃圾管理办法》《城市公厕管理办法》等地方性法规和政府规章。同时，结合社会治理工作中的热点和难点问题，各地推进了《城市户外广告设置管理办法》《再生资源回收利用管理办法》等地方性法规的制定和实施。[②]这些法规规章的出台和实施让社会治理及行政综合执法工作都更加有章可循、有法可依。

3. 处罚程序规范化

绘制行政执法程序流程图，从案件来源到举证核实，做出不予立案、走简易程序、一般程序、移交有关部门的决定等一系列执法流程都通过图表的形式展示并公布，其中包括简易程序流程图、一般程序流程图，避免了因执法程序不当而导致群众对司法不公的质疑，从而影响执法的社会效果。

4. 执法行为正规化

制定下发如何规范行政执法人员的行为、如何规范制作行政执法机构执法文书、怎样对行政执法人员进行培训等一系列规章制度，通过建章立制，城管执法队伍正规化建设有了很大成效，执法人员的仪容仪表和执法车辆的使用日趋规范，并且执法行为方式及执法文书的制作也日趋完善。同时完善了执法装备。例如，长春市在2017年为1500名执法人员更换了统一着装；2020年共配备执法记录仪82台、行车记录仪7台；2021年3月起开始计划实施的城市管理综合执法标准化大队建设中，新增无人机、记录仪回传系统，每名执法人员配备4G执法记录仪、移动手持终端和网络模拟对

---

① 《长春市城市管理局权责事项清单》，http://srhwj.changchun.gov.cn/xxgk/zcfg/202104/t20210423_2803017.html.

② 《吉林市人民政府修订发布〈吉林市再生资源回收管理办法〉》，2023-01-09，https://www.163.com/dy/article/HQLHG60R0512UCIM.html.

讲机①，进一步加大了执法规范监管力度，有效推动了执法行为的正规化建设。

二、吉林省执法实践中存在的问题

（一）权责界定有待明晰

经过对社会治理执法的不断探索，吉林省建立起以"管、罚"结合为特征的执法格局，在这种执法格局下，市、区（县）两级的执法部门不仅承担着原先有关市容环境卫生、园林绿化、市政设施维护等方面的全部行政处罚权，还集中行使环保、规划、气象、工商、食药监等部门移交过来的部分行政处罚权，但管理部门和综合执法部门之间职责权限的划分不是很清晰，也就是说，主要承担行政许可职责的管理部门在某些领域还是具有一定的行政处罚权。例如，从市（县、区）城市管理行政执法局内部机构职权划分上看，市容管理科、环境卫生科等部门除了要承担专业管理工作，还要承担专业内行政执法工作，这与综合执法科在职责权限的划分上有交叉重合的现象，容易导致社会治理的低效率。

（二）配合机制不够顺畅

首先，同级部门配合机制不顺畅。由于社会治理的相关部门已经将部分行政处罚权及强制权移交给执法部门承担，环保、规划、气象、工商、食药监等相关社会治理部门在进行行政审批、行政检查、行政监督时，当出现需要采取行政处罚及行政强制的情况时，往往会发生沟通配合不够顺畅的情况，工作中"扯皮""推诿""层层加码"现象时常发生，从管理部门发现问题到移交执法部门实施行政处罚，目前依然存在沟通不畅、效率不高、懒政等问题。

---

① 《长春市城市管理综合执法标准化大队建设试点单位落户新区》，https://baijiahao.baidu.com/s?id=1713671619920678763.

其次，上下级部门配合机制不够顺畅。作为社会治理的基层组织，街道办、社区担负着大量社会治理的繁杂事务，却没有相对独立的行政执法权，在履行社会治理职责时，当出现需要做出行政处罚事项时，需要向上一级行政机关汇报请示，通过授权和委托的方式协助执法，管理基层事务往往出现处理不及时、管效率低下等问题。

（三）执法力量有待加强

随着社会治理执法机构的整合，市、区、街道三级执法队伍也得到了集中优化。但随着城市规模的扩大、人口的激增，城市管理的任务日益繁杂，这也对保障社会治理综合执法体制改革顺利推进的执法人员提出了更高的要求。根据住建部规定的城市管理执法人员按城市人口最低标准"万分之三"的定员数来衡量，执法力量严重不足，职业化建设相对缓慢。为了弥补执法人员的缺口，往往从社会上招聘一些执法协管员，这些人员专业水平参差不齐、执法为民的理念及法律素养缺乏等问题依然存在。另外，相应的执法设备也存在配备不足的情况，这些都影响了执法的实际效果。[1]

三、吉林省促进社会治理中执法法治化的路径

（一）明确管与罚的权责边界

一是梳理职责。在明确行政执法权与行政管理权边界的基础上，全面梳理社会治理执法部门和行业管理部门之间具体的职责权限，详细划分管理事务与处罚事权之间的界限，并据此逐项清理，不留下职责不清的模糊地带。二是建立清单。根据清理的内容和结果，建立权责清单，在权责清单中列明管理部门和执法部门的职责分工，厘清社会治理前端服务作业监

---

①刘彤：《吉林省城市管理综合行政执法问题研究》，长春理工大学2021年硕士学位论文。

管与后端执法后续监察的界限，防止出现职责不清、相互推诿的现象。三是动态调整。根据新形势下出现的社会治理新情况、新任务，实时动态调整权责清单，防止权责真空地带的出现。[①]

（二）加强部门间的协调联动

第一，要加强平级部门之间的协调联动。从前端管理入手，在承担社会治理综合执法任务较多的区级执法层面，设立区级城市管理工作委员会，与市级城市综合管理委员会职责一致，负责统筹协调、指挥区级城市管理部门和执法部门的各项工作，这两个级别的城管工委可以合署办公，人员配备可以从原先市级城管工委人员中分流，无须增加人员配置。要建立城市管理与执法信息共享的大数据平台，以此打通部门之间的信息藩篱，使城市管理部门与执法部门的行政信息可在同一范围、同一时间内实时共享，这是保障部门协调配合执法的基础。

第二，要加强上下级部门之间的协调联动。从末端执法入手，在区级层面组成专门的执法工作委员会，建立综合执法调度指挥平台，快速应对当所辖街道出现行政处罚事项时，及时高效地将行政处罚权以委托或联合执法的形式下沉到属地街道办组织实施；需要突出街道办在综合执法中的作用和地位。在市、区、街道三级执法体制中，街道办历来都是受上一级执法部门的"委托"，配合执法、协助执法，而不是真正意义上的执法者，对于承担着大量城市管理工作的街道，目前在法律没有赋予街道办相应执法权的情况下，还是应当扩大街道办的城市管理执法权限，当出现属地内需要执法的事项时，街道办可以自行调度、处置，只有在需要进行跨区执法时，才由区执法指挥调度平台负责协调处置。这种模式对于建立上

---

①屠振宇，陈一飞：《行政执法尽职免责机制的实施困境及其纾解》，载《中国市场监管研究》2022年第12期。

下联动、快速处置的城市管理执法工作机制还是很有必要的。[①]

（三）打造专业化的执法队伍

城市管理综合执法队伍应该实现专业化，也就是将城市管理执法变成一种具有职业道德规范和专业技术含量的工作，将城市管理执法人员打造成专业的执法队伍。

第一，应该明确城管执法人员的责任定位是执法，依法纠正违章违法行为是他们的职业定位和行业操守，而创建文明城市、创造安全卫生的宜居环境应该是城市管理部门应考虑的问题，所以在政府人事建制中应当给予城管执法队伍一个职业化的建制，引导他们以职业态度对待工作，把遵守职业道德、依法执法作为自身职业规划的方向，这样才能显著提升城市执法的水平和层次。[②]

第二，应逐渐提高协管执法人员的地位和待遇。从目前的情况来看，社会治理执法人员和协管人员的区别在于编制问题，由于城市管理体制及经费的限制，无法招录更多的编制类城管执法人员，但也不能因此降低对协管人员的录入及考核标准，实际上，协管承担了城市管理大部分的工作，将城管执法人员与协管区别对待的做法是不可取的。所以，从执法能力上看，应该对具有正式编制的城管执法人员与协管人员有统一的标准和要求，应该尽量提高协勤城管的工资和待遇，分阶段逐步缩小与公务员城管之间的差距。

第三，要构建人民群众参与体制。要进一步深化行政执法体制改革，创新行政执法方式，完善行政执法程序，推进基层直接民主制度化、规范

---

① 夏德峰：《综合行政执法改革政策执行过程的实践维度及其逻辑进路》，载《河南社会科学》2022年第12期。

② 王玫：《如何做好思政工作加强执法队伍建设》，载《活力》2022年第1期。

化、程序化，依法保障群众的知情权、参与权、表达权、监督权。①健全促进市场主体履行社会责任的激励约束机制，鼓励企业利用技术、数据、人才优势参与社会治理，主动承担起安全生产、合规经营等责任。拓宽新社会阶层、社会工作者和志愿者参与社会治理的渠道，加强流动人口、网民以及自由职业者等新兴群体的群众工作，构建基层"群众自治圈""社会共治圈"。

第二节　创新道德治理

道德治理是道德文化内容通过特定的治理组织得以实现的一种治理方式，是社会治理现代化中传统文化精髓的重要体现。为了进一步加强基层社会治理，助力社会治理能力的整体提升，吉林省更加注重用好道德治理这一治理方式，使其与法治等其他方式有机结合，共同促成良好的治理局面。

一、关于德治的政策法制依据

第一，国家层面。近年来，德治的地位和作用在国家的政策话语体系中不断得到明确，从提出"健全自治、法治、德治相结合的乡村治理体系"到申明"健全党组织领导的自治、法治、德治相结合的城乡基层治理体系"，直到进一步肯定了"着眼国家长治久安、人民安居乐业，建设更高水平的平安中国，完善社会治理体系，健全党组织领导的自治、法

---

①熊文钊：《下一步行政执法体制改革的主要方向与重点任务》，载《国家治理》2022-10-17。

治、德治相结合的城乡基层治理体系"①。

此外，《中共中央 国务院关于实施乡村振兴战略的意见》（2018）、《乡村振兴战略规划（2018—2022年）》（2018）、《关于加强和改进乡村治理的指导意见》（2019）、《中华人民共和国国民经济和社会发展第十四个五年规划和 2035年远景目标纲要》（2021）、《中共中央 国务院关于加强基层治理体系和治理能力现代化建设的意见》（2021）等政策规划都提到了德治，充分反映了推进城乡基层德治的决心，设计未来一段时间应达到的目标，明确工作重点和措施。

第二，地方层面。在上述精神的指引下，各地从省市到地县都肯定德治作为"三治"体系中重要组成部分的地位，因地制宜对于加强德治的具体举措做出规定。重视发挥道德教化作用，深化社会主义思想道德建设，在社会主义核心价值观统领下，加强社会公德、职业道德、家庭美德、个人品德建设，以较高道德水平为社会和谐稳定筑牢根基。深入汲取中华优秀传统道德精髓，为社会治理现代化提供不竭动力和创新启发。把道德内容纳入各类规则，加快建立覆盖全社会的征信系统。实施文明创建工程，加强见义勇为激励表彰，发挥榜样带动作用，形成凡人善举层出不穷、向上向善蔚然成风的良好局面。例如，吉林省敦化市制定《开展"大德敦化"系统工程建设活动实施方案》，以之为统领，抓好文明城市创建任务落实，营造浓厚的德治教化氛围，取得了良好效果；针对党政干部群体出台《敦化市公务员职业道德教育试点工作实施方案》，提升公务员职业道德修养，为塑造勤政为民、务实高效、公正廉洁的政风做出积极贡献。②

---

① 《中共中央关于党的百年奋斗重大成就和历史经验的决议（全文）》，http://www.gov.cn/zhengce/2021-11/16/content_5651269.htm.

② 《吉林省敦化市：以德治促政风 正行风育民风》，http://www.sohu.com/a/416642307_120798024.

二、吉林省基层社会治理中德治的探索

吉林省基层社会治理中的德治已经历了一段时间的探索，表现出较为鲜明的运行特征，取得了一些较为明显的成果。

从运行方向来看，吉林省的德治具有自下而上、上下呼应的特征。德治本来源自农村农民的自我创新，具有典型的基层探索特征。由于这一探索的现实效果和积极意义，继而得到了政府决策和学术界的大力支持和宣传推广。

从城乡分布来看，吉林省德治实践进展参差不齐。在城市基层治理的形式不太丰富，有时作用不太明显。在一些农村地区，这一情况要丰富得多，影响要大得多。这在很大程度上是由于城市基层德治融合在其他治理形式和社会运行秩序之中，因而不易辨别，不甚引人注目；在广大农村，由于治理形式相对少一些，因此特色鲜明且与历史资源衔接的德治更易为社会关注。①

从地区来看，由于经济和文化基础较其他地区更为发达，长春地区的德治工作进展得更为迅速，相关政策保障也更为充分。其他地区多处于跟随和模仿阶段，或者刚刚起步。

从总体作用来看，德治具有明显的现实问题解决能力，对于化解基层矛盾、教育干部群众、帮扶困难人群、提升社会文明水平具有较好的推动作用。

从作用方式来看，虽然德治功能的发挥在单纯的道德伦理领域也有体现，但更为重要的体现在对自治和法治的有益补充和配合上。

三、吉林省完善基层治理中德治的路径

在城乡基层党建的引领下，在"三治融合"的框架之中，在取得已有

---

① 王姿雯：《吉林省"三治合一"乡村治理体系研究》，吉林农业大学2021年硕士学位论文。

成绩的基础上，德治工作还有许多需要改进之处。寻找综合性的改进路径是从学理到实践两个层面都需要思考的问题。

（一）深入研究加强顶层设计

站在社会治理体系和治理能力现代化的视角上，从学术上和政策上深入研究思考基层德治的顶层设计。首先，在总体上，统筹考虑全省城乡基层德治建设的各个层次和各种领域、各类环节和各种问题，既要统揽全局的总体框架，又要观照各个局部的特殊性；既要追根溯源，又要着眼现实，在政治和哲学层次上寻求德治建设诸多问题的解决之道、德治水平的提升之道，注重全局性、长远性与根本性。其次，在重点上，从政府工作的角度出发，对全省城乡基层德治建设的现实和重点进行深入把握和准确定位，尤其对制约现实进展、正在发生障碍作用的问题进行研究，寻找出有效的解决办法。最后，在方法观照上，既要考虑基层治理的德治结构是过往组织资源有效性的延展与应用，又要对新的秩序安排和制度建构形成重要支撑；既要作为城乡基层治理的一个方面解决本领域的问题，又要考虑辐射其他层次和领域的问题，考虑多层次治理构架和治理景观全局。

（二）优化政策加大引导力度

作为城乡基层治理的一种重要形式，德治建设必须得到政策等方面的支持和保障。近年来，各地区出台了许多基层治理的政策，从多个方面对于德治工作予以推动。不过，由于道德建设本身的难度，以及现实生活中的一些复杂情况，德治政策有时不够周密准确，流于表面和形式，真正发挥的推动力量不是很强；有时混杂在其他政策内容之中，得到执行的力度较为有限，对此可进行具体、可操作化的解决。

对德治的机构及其职能应予以清晰的规定和细致的设计，在必要的条件下，甚至应在法律层面上予以明确。同时，在德治已经取得一定成绩的地区，在借鉴人民群体丰富经验的基础上，可以确定德治机构的权责边界和权责清单。确定基层德治机构与其他机构的配合关系，构建精简高效的基层治理体系。落实《中共中央 国务院关于实施乡村振兴战略的意见》要求的"依托村民会议、村民代表会议、村民议事会、村民理事会、村民监事会等，形成民事民议、民事民办、民事民管的多层次基层协商格局"。在尊重这种设计的全面系统性的基础上，在实际工作中可以适当进行精简，条件允许时，甚至可以把村民代表会议、村民理事会合并进来，使德治机构和自治机构相互贯通，充分发挥多方面的职能，节减人员精力和经费，提高工作效率。①

（三）加强对相关人员的培训

城乡基层德治涉及极为广泛的社会群体和人员，仅就从事德治工作的人员来说，就涉及基层党政干部、志愿者、相关工作人员、配套机构人员等。加强对这些人员的培训和优化非常必要。培训应该在德治机构和人员调查的基础上分类别、分职能提出培训理念和培训课程体系。培训理念中一个非常重要的内容是明确党建指引下的德治不同于传统社会的德治，突出强调当代德治建立在中国特色社会主义核心价值观之上。②这些培训可以由各级党组织或政府部门组织，也可以由培训承担单位出面组织，一般由各级党校、社会主义学院承担为宜，具备条件的高校也可以承担部分工作；可以单独设置体系化的课程和班次，也可以和其他培训结合进行。

（四）挖掘运用传统文化中的德育资源

作为一种传统的治理形式，德治天然地与传统文化具有亲和力，因而可以从优秀的传统文化中得到滋养。挖掘运用传统文化资源对提高城乡基

---

① 鲁旭，池建华：《规则主导与制度耦合：自治、法治与德治的辩证关系分析》，载《原生态民族文化学刊》2023年第1期。

② 刘东超，闫晓：《城乡基层治理体系中的德治》，载《行政管理改革》2021年第12期。

层德治水平具有重要意义。一方面，深入挖掘乡村熟人关系蕴含的同气连枝、扶弱助残等道德规范，以及陌生人或半熟人社会中仗义疏财、一诺千金等道德传统；另一方面，要结合时代要求进行创造性转化和创新性发展，在今天的社会制度和法律框架下活化优秀传统美德。需要指出的是，虽然传统德治实践中有许多落后错谬的内容，但也有许多有价值、有启发的内容，有些略加调整可以直接运用到现实德治实践中去。比如，以个人道德威望优化一方社会伦理秩序，中国古代一些杰出的清官往往在这方面有所表现。①

（五）强化与自治、法治的配合

"三治融合"的重要内容之一是德治和自治、法治的配合，对此学术界曾有较为广泛的考察研究。但是，由于各地做法的差异和各位研究者视野的差异，在这一问题上存在较大的分歧。这就需要在理论上厘清德治和自治、法治的关系，尤其厘清三者的边界，排除在这个问题上似是而非的看法。在实践上考察德治和自治、法治的配合方式，尤其探寻德治真正能长期持续地提升二者效能的方法。其基本原则在于，通过德治赋予自治、法治正义的力量和底色，通过法治赋予德治强力的支撑，通过自治赋予德治基层秩序层面的载体。②而这需要在具体实践中寻找到具体实现方式。一方面有必要调查和归纳总结一些地方的成功做法，提升到一定理论层次和政策高度；另一方面，要关注个别市、县、区的无效和失败做法，避免可能产生的相反效果。

---

① 商植桐，张明宽：《中国传统德治思想的发展脉络及历史贡献》，载《唐都学刊》2023年第1期。

② 肖立辉：《法安天下 德润人心——人民日报专题深思：实现法治和德治相得益彰》，人民网—人民日报，2021年1月29日，http://opinion.people.com.cn/n1/2021/0129/c1003-32015912.html.

（六）加强对德治的保障

基层德治具有较强的软性特征，也具有较为重要的基础性地位，特别需要各个方面的长期配合和有效保障。

1. 寻求基层群众支持

基层德治的根本目的是服务当地的居民和村民。这就要求充分尊重居民和村民的意愿，切实了解他们的各种需求。在德治的过程中注重满足他们的合理要求，调动广大群众在基层治理工作中的积极性、主动性、创造性。从实践效果来看，德治工作获得基层群众支持的途径有多种。基层德治要得到群众支持，必须因地制宜，同时要有准确的政治思想引领。

2. 健全基层社会治理制度

基层治理制度是一个复杂的系统。其中法治和自治的制度内容更多、功能更强。德治的开展必须以自治和法治为载体框架和主要支撑，忽略自治和法治的德治只具有空想的意义。因此，自治、法治的制度和机构是否具有较高的水准、能否发挥应有的功能直接影响德治的效能和水平。目前，健全和创新基层党组织领导的自治机制和法治体制仍然是一项重要工作。德治本身也有制度规范，相对法治、自治而言，内容少一些、功能弱一些，但必须在新时代的条件下，结合各地具体情况健全优化。①

3. 提高基层社会精神文明程度

从根本上说，德治的效果决定于社会的整体文明程度。今天一些地区的德治效果较为彰显，显然和这些地区社会文明程度有正相关性。全面培育和践行社会主义核心价值观、大力弘扬中华优秀传统道德、提升城乡基层社会文明程度可以为德治的推动和提升提供良好的环境。其中最为关键的是要通过系统的教育、宣传工作，建构适应新时代要求和基层需要的思想观念、精神面貌、文明风尚、行为规范。在中国特色社会主义新时代，

———————

① 尹寒：《自治、法治、德治的辩证关系与融合策略创新》，载《攀登》2022年第3期。

基层德治并不是一个轻轻松松的过程，而是需要埋头苦干、密针细缕和挖潜创新、开拓进取的大量工作。[①]

第三节　创新文化治理

吉林省社会治理不再依赖规定约束治理的单一管理办法，而将文化治理作为社会治理的长效机制融入其中，走社会治理创新发展道路。文化治理的关键在于形成一套主旋律内核丰富、引领性强、特色鲜明的文化体系，以优秀的精神文化成果营造良好的社会氛围，形成和谐的社会治理生态。吉林省在加强和创新社会治理的过程中，充分发挥了文化作为治理方式的积极作用。

一、吉林省文化治理的实践与探索

吉林省文化底蕴深厚，文化资源要素集聚，注重发挥文化在社会治理特别是基层治理中的作用。在用文化牵引社会治理中，十分注重文化创新，注重用文化创新力撬动社会治理活力。从自身的优势出发，在构建现代公共文化服务体系、文化产业体系、文化市场体系中，注重用引导式、教化式、渗透式、融入式等文化方式牵引和助推社会治理，并且取得了明显成效。

（一）发挥主流文化的引领力

吉林省积极开展百条红色旅游线路，涵盖"重温红色历史，传承奋斗精神""走近大国重器，感受中国力量""体验脱贫成就，助力乡村振

---

① 刘开君：《社会治理视野下德治体系构建的实践路径——基于"枫桥式"五维德治体系的整体性实践叙事》，载《浙江警察学院学报》2023年第1期。

兴"三类主题，充分展示我党带领全国各族人民在中国革命、建设和改革历程中取得的重大成就。在国家层面入选的23处红色资源分别体现了吉林省在红色历史、大国重器、脱贫成就三个方面红色旅游资源优势，对干部群众就近就便开展实地考察、国情调研、带动红色旅游高质量发展起到重要的引导和推动作用。①

在各地市（县）区，文化局等部门坚持公益性、主旋律、开放性取向，不断推进演出、培训、电影、书刊、服务等"五送"文化实事工程。目前全省已建成农村文化小广场9034个，基本覆盖全省行政村，共建成村综合文化服务中心9000余个；全省拥有公共图书馆66个、文化馆78个、博物馆109个、乡村博物馆52个、农家书屋9226个，建成农村数字影院376个；每年投入1500万元开展送演出下基层2000场，投入1380万元用于民生读本出版，投入1120万元放映11.2万场农村公益电影，投入200万元举办市民文化节、农民文化节活动；文化进万家活动连续举办多年，共组建文化文艺小分队1500余支，文化、文艺、摄影、书法等名家，以及工作者、志愿者2.6万人次深入基层，开展各类活动近8000场，送图书150万册，送电影5万余场，培训基层文化骨干、农村文化能人3万余人；每年的市民文化节、农民文化节，立足亲民、乐民、惠民，安排文艺演出、展览展示、文化赛事及广场活动等2000余项丰富多彩的活动；围绕送文化、种文化、评先选优、展览展示、文化扶贫、文艺大赛六个方面，每年送演出下基层1000多场次，送电影下乡2万多场次。②门类众多的公益培训等活动让普通居民走出家门，从艺术门外汉变成志好相投、情趣相悦的文化团队，既增进了邻里间的交流互动和友谊，又有效维护了社会治理秩序。

---

① 《吉林省23处红色资源入选国家"建党百年红色旅游百条精品线路"》，2021-06-02，https：//www.thepaper.cn/newsDetail_forward_12930082.

② 《文化建设成绩斐然"吉"字品牌精彩绽放》，《吉林日报》2022年10月17日，http：//www.jl.gov.cn/zw/yw/zwlb/sz/202210/t20221017_8599659.html.

（二）提升群众文化的自治力

吉林省群众文化活动花开四季，春季开展送演出下基层，夏季举办市民文化节、书香吉林阅读季，秋季举办农民文化节，冬季开展"我们的中国梦"——文化进万家等活动。省内大量的文艺团队、居民在群众文化活动中自我表现、自我教育、自我服务，体现了群众是文化建设中的主体；文化配送大都在零点公司调研摸清社区需求和居民"点菜"基础上，由政府购买并按"需求自下而上、配送自上而下、反馈自下而上"的规则操作，用民主的方法解决文化上的民生问题。长期以来，这些文艺团体依法演出、按章办事，通过民主和协商的方法，协调团队活动、激励服务社区等，在社会治理中作用凸显。另外，社区文化团队还踊跃报名参与文明志愿者、平安志愿者等活动，成为社区自治的生力军。文化的力量铺就了邻里和睦、社区和谐与基层团结之路。①

（三）增加文化创新发展的动力

创新为社会治理提供理念、思路、路径支撑，只有在创新机制下，社会治理才能获得事半功倍的效果。创新的关键是要提升由引领力、凝聚力、自治力构成的文化软实力，通过引领，明确基层建设的目标方向和社会治理的价值追求，提高从文化入手开展治理的自觉性；通过凝聚，提高基层对社会治理的参与度，形成用文化治理推动社会治理的合力；通过自治，不断实现政府治理、文化牵引和社会自我调节、居民自治良性互动。社会治理，特别是基层治理，离不开人力、物力硬件，也离不开文化引导、教化、熏陶等软件。近年来，充分挖掘红色文化、冰雪文化、影视文化、动漫文化、汽车文化、黑土地文化等文化资源，以文化产业的发展

---

① 《"吉"牌文化绘就幸福新画卷——我省五年来文化建设综述》，《吉林日报》，2022年6月18日，http：//www.jl.gov.cn/zw/yw/zwlb/sz/202206/t20220618_8482576.html.

壮大促进文化的繁荣兴盛，制定出台《吉林省"十四五"文化发展规划》《吉林省推进文化数字化战略的实施方案》，推动各文化产业类型、行业类别持续健康发展，例如2022年文化制造业规上企业营业收入32亿元，同比增长5.5%；2022年吉林省下发文化发展专项资金7650万元，对文化精品创作、文化产业项目、重大文化活动等180个文化项目予以资助，协同激励文化市场主体规模不断扩大，文化新业态持续发展。[①]

二、吉林省文化治理的启示

吉林省应用文化感召力释放社会治理功力，将文化治理因素注入百姓文化活动与社区建设，使文化治理与社会治理相互结合、相互促进，对社会治理达到更好的促进效果，这是吉林省创新和推进社会治理的重要方式之一。

（一）文化治理与社区治理相结合

无论是城镇，还是乡村，基层本身就是一个整体，是一个由政治、文化、社会及生态等要素构成的社区系统，其中任何一个要素发生"短板"都会制约社会治理的总体水平；文化建设与社会建设两者也是互相联系、互相作用并一起影响社会治理的。在思想理念上，要确立合力推进的思维和意识；在顶层设计上，要坚持文化治理与社会治理同步规划，一体推动；在路径选择上，要注重文化治理与社会治理有机结合、资源共享。要探索文化与社会合力的体制联动。在行政包揽的社会治理转向多方参与的社会治理过程中，要用开放的思维推动基层文化体制创新，让群文团队进入群文协会形成内化活力，让群文协会进入社区结构外化治理能力，让群众文团队像业委会、志愿者、社工等一样参与基层共治。群文及其他的团队组织在街镇与居村间，要增强体制性的联结与互动，形成纵横有序的整

---

① 《深挖"文化+"激活产业新动能》，http://www.achie.org/news/cygh/2023/0309/18791.html。

体张力。这样的合力体制才有可能解决基层"负担重""队伍荒"等问题。要完善文化与社会合力的功能培育。文化具有服务社区建设的功能，既传承党史光辉，又增加地方特色，还针对实际问题与矛盾；加大事迹写实与创作，传颂了人间真情，相互理解，化解矛盾，弘扬了社区风尚。社区也可借助文化建设实现善治，如通过群文活动培养社区治理的积极分子、委托群文团队承担某些工作。①

（二）搭建文化服务平台载体

进一步培育和放大文化与社会共治的功能作用。要强化文化与社会合力的组织机制。创新社会治理、加强基层建设的目的是增强社会活力，实现基层的共治与自治。社区党组织处于社会治理的核心地位，是推进基层治理的主导，社会组织及其团队和居民为主客体的统一是推进基层治理的基础，而文化是党建社建形成基层治理合力的最佳途径。文化作为思想精神要素，为社会治理提供价值共识和柔性力量，文化作为体制连接通道具有党建基础，文化作为党员和群众的活动载体最容易和最值得进入学习型领域、服务性阵地和创新性空间。要切实加强对社区文化工作的领导，加强对文化在社会治理中功能、作用及路径的研究，着力创造用文化的方式推动社会治理的新思路、新举措。

要制度化、机制化、长效化发挥图书馆、文化馆、社区文化活动中心等文化载体在社会治理中的知识传播、活动引导、信息交流、核心价值观构建等主阵地作用。贯彻落实国家和吉林省关于文化数字化发展的战略，将全省各公共文化服务机构的诸多功能整合到一个线上平台，满足各级文化服务机构发布讲座、展览、培训、表演等多种多样文化活动服务信息的需求，提高公共文化管理和服务的信息化、数字化、网络化水平，促进基

---

① 李彬：《农村社区共同体构建中的文化治理与群众认同——以吉林省少数民族村屯为例》，载《湖北民族大学学报》（哲学社会科学版）2022年第6期。

本公共文化服务的标准化、均等化。[①]

三、吉林省创新文化治理的路径

（一）以文化治理促进社会发展

实施国家文化战略。在文化全球化的时代境遇下，现行国际治理体制和全球秩序需求的矛盾不断深化，中西方文化的碰撞、冲突和交融越来越激烈，中国传统文化遭到了西方文化的强势挤压。为此，应当在国家层面推进文化发展战略，建构"以一为主，一多并存"的社会主义文化体系，不断增强主流价值观的价值引领力和社会凝聚力，以有效应对西方文化的挤压和挑战。比如，应当涵养和培育社会主义核心价值观，通过理论学习、宣传教育、自觉践行、媒介传播、公共外交等方式弘扬主流价值观，不断提高主流价值观的影响力和感召力，通过主流价值观引领社会价值、调整利益冲突、促进社会和谐、展示国家形象、输出国家价值、提升国家文化软实力。[②]

（二）以文化治理优化市场秩序

第一，培育契约文化精神。从本质上讲，市场经济就是以公平竞争、诚实守信为核心的契约经济，也只有在权利平等、社会公平、人性自由的社会中，才能实现市场经济的良性发展。所以，应当培育诚实守信的道德文化，建构公平竞争的制度文化，营造勇于创新、敢于竞争的文化氛围，引导人们公平竞争、诚实守信、正当获利，促进市场经济繁荣发展。第二，发展企业文化精神。企业文化精神不仅是促进企业文化发展的重要力

---

① 《"吉林文旅云"公共文化一体化服务平台正式上线启动》，《吉林日报》2022年8月16日，http://whhlyt.jl.gov.cn/stdt/202208/t20220816_8543000.html.

② 杜刚，武杰：《协同论视域下文化治理的时代价值》，载《系统科学学报》2023-01-14。

量，也是社会精神文明建设、文化软实力培育的重要载体。所以，应当加强企业文化建设，培养企业的核心价值观，以企业文化精神、价值观等培养员工的综合素质，提升企业的核心竞争力。[①]

（三）以文化治理培育公民意识

第一，加强公民文化建设。社会治理离不开公民的积极参与和有效参与，如果公民缺乏基本的素质、意识、能力、价值观念等，就无法充分参与到社会治理活动之中，也就无法实现社会治理的善治目标。所以，应当加强公民文化建设，通过公民意识教育、思想政治教育、普法教育等方式培养公民的主体意识、责权意识、参与意识等，通过公民政治参与影响公民的政治心态、培育公民的政治认同、塑造公民的政治行为等。另外还应当积极推进公共文化建设，以公共理性精神影响公民的精神理念、思维方式、心理习惯等，培育宽容妥协、相互包容的合作文化，促进社会的和谐稳定和长治久安。第二，培育社会文化认同。社会治理以公民对政治制度、行政体制、文化范式、社会秩序的认同为基本前提，如果公民缺乏民族认同感、政治认同感、利益认同感等，就无法实现善治的社会目标。所以，应当将社会文化认同作为文化治理的重要内容，大力弘扬民族传统文化，积极传播主流意识形态和价值观，不断增强社会成员的文化认同感和社会认同感。另外还应在促进文化认同的基础上培育公民德性，提高公民履行义务、承担责任、尊重他人、善待自然的意识，为公民社会发展提供持续不断的精神力量。[②]

当前中国正处于全方位、深层次的社会转型中，面临着经济结构调整、社会阶层分化、价值观念分化、利益格局调整等问题，在这种时代境

①段莉：《文化产业治理的辩证法》，载《中国文化产业评论》2021年第2期。

②张波，丁晓洋：《乡村文化治理的公共性困境及其超越》，载《理论探讨》2022年第2期。

遇下，仅仅依靠行政、法律、经济等社会治理手段是不够的，还应当充分发挥文化的社会治理功能，以柔性化的文化治理破解社会治理中的种种困境。[①]

第四节 创新智慧治理

"智治"是社会治理方式现代化中体现新科技革命的重要标志。现代科技为"中国之治"引入新范式、创造新工具、构建新模式。要把智能化建设上升为重要的治理方式——"智治"。为了促进社会治理现代化的理论与实践创新，探索具有中国特色的社会治理之路，满足人民日益增长的美好生活需要，应积极探索大数据等的内在发展规律，促进数字活力的持续释放，发挥大数据等智能因素在社会领域中的重要生产力作用，进而推进大数据社会治理和社会治理共同体的实现。

一、吉林省"智治"的实践与成效

吉林省把"智治"的方式运用到社会治理领域，从多方位、多模式、多角度运用"智治"，已经取得了显著的实践效果。

（一）智慧乡村治理

近年来，吉林省高度重视农业农村的现代化，以信息化为核心要素，将"互联网+农业农村"现代信息技术与农业生产、经营、管理、服务各环节，与农村经济社会各领域深度融合。随着吉林省乡村振兴战略与数字农业农村建设的推进，长春市人民政府与中农阳光、中国铁塔、普华永道

---

①傅才武，秦然然：《中国文化治理：历史进程与演进逻辑》，载《兰州大学学报》（社会科学版）2022年第3期。

签署了智慧乡村振兴战略合作协议，共同建设和推广数联网·智慧乡村综合服务平台。以九台区为示范，打造吉林省乃至全国的农业农村大数据应用示范中心。智慧乡村九台示范项目得到了广泛的关注和好评，吸引很多市、县（区）政府与之达成合作意向，如白城市洮北区政府与中农阳光确定共同推进"数字洮北"战略合作，并将其列入该区"十四五"规划。通过信息技术赋能，除了提供智慧农险、智慧农贷、智慧农业生产、智慧带货等服务，真正实现智慧农业发展；同时，在智慧乡旅、秸秆禁烧监测、森林防火防盗监测、平安乡村、防灾减灾等方面也进行了广泛应用。用最短的时间、最低的成本解决政府和百姓最关注的治理难题，提供更好的服务，极大提升了乡村基层的治理效率和现代化治理能力。①

（二）智慧政法工作

为深化政法智能化，吉林省加强"智慧法院""智慧检务""智慧警务""智慧司法""智慧治理"等信息平台建设，开通政法举报平台网上受理通道，深入实施大数据战略，实现科技创新成果同政法工作深度融合。顺应人民群众多元化的司法需求，以"智能化、规范化、集约化、便民化"为原则，对诉讼服务中心进行提档升级。经过改造后的诉讼服务中心重新布局了智能化自助服务区，设置了智能诉讼综合柜员机、综合便民终端、智能查询一体机、综合智能柜等设施，集合立案登记、自助缴费、材料转交、查询等全程一站式自助诉讼服务功能，人工服务可替代率达到70%。以智慧法院建设为契机，积极倡导"指尖诉讼"，全面推行"吉林微法院"、律师服务平台、人民法院调解平台，搭建全业务流程"一站式"诉讼服务矩阵平台，为群众提供全方位、全天候的多种诉讼服务，满足群众多元化的司法需求。通过该服务矩阵，当事人可以实现网上立

---

① 《让数字技术融入乡村生活——我省数字乡村建设纪事》，《吉林日报》2022年8月16日，http://www.jl.gov.cn/zw/yw/zwlb/sz/202201/t20220106_8371332.html.

案、跨域立案、电子送达、在线调解、网上缴费等功能，让诉讼服务"家中办""掌上办"成为新常态。依托中国裁判文书网、审判流程公开网、中国庭审公开网、执行信息公开网，大力推进审判流程、庭审直播、裁判文书和执行信息四大司法公开平台建设。当事人通过这些平台，能够随时知晓本人案件从立案、开庭、结案、执行所有环节的相关信息，依法保障保证当事人的涉诉权利。同时，加强信息化综合运用，利用法院官方网站、微博、微信、户外大型LED屏幕等方式，主动将法院审判业务、工作流程、工作动态向社会公布。2022年，以高规格、高标准建设了长春智慧法务区，其中长春知识产权法庭、长春互联网法庭、长春破产法庭、长春国际商事法庭、长春金融法庭、长春环境资源法庭六个专业法庭建设是法律服务功能聚集区的重要组成部分，目前运行良好，成效初显。例如，长春互联网法庭集中管辖吉林省范围内应由基层法院审理的第一审互联网案件，该庭充分运用现代信息技术手段，实现立案、调解、送达、庭审等审判各环节全部线上完成，目前已受理互联网纠纷案件1618件，审结1448件。[①]

（三）智慧社区建设

吉林省推行"互联网+""大数据+"等社区治理模式，不断提升社会治理与为公众服务的质量和效率。社区利用"惠民通"App及时解决居民反映的问题；培养面向所有社区业务的社工，为居民提供便捷高效的服务；利用大数据信息化，打造"10分钟社区治理圈"和"10分钟便民服务圈"。如今，全省大街小巷，充电桩、智慧灯杆、智慧垃圾箱等小区智能化设施不断增加，正在实现向智慧社区转变；各大医院，网上复诊，信息互通，智慧医疗正全面铺开；乡村城市，虽处于不同空间，但孩子们却能

---

① 刘中全：《吉林省用司法智慧和实效全面提升法治化营商环境》，法治日报—法治网，http://www.legaldaily.com.cn/index/content/2023-02/25/content_8825891.html.

通过智能设施享有平等的优质教学资源……"智治"在众多方面极大方便了人民群众的生活，切实提升了社会治理的效率。[①]

二、吉林省运用"智治"过程中存在的问题

（一）智慧政法工作中的问题

智慧社会变革使得已有社会结构和社会关系迅速变化。作为对社会变化的回应，现有的司法治理方式必须做出相应调整，才能"满足"变化的社会需求，保证司法治理效能。当下智慧社会转型引发的司法治理挑战主要为社会智能化和数字化促使新型法律关系不断涌现并冲击司法权威。疑难案件的裁判效果一直以来都是人们认知和评价司法治理效能的重要标尺，而在当下人工智能、大数据、区块链技术日新月异的时代变革中，人们的生活方式急剧变化，因科技进步所带来的各种新型社会矛盾不断涌现并考验着司法回应的"敏感度"。在法律制度方面，智能革命对当下的法律规则和法律秩序带来一场前所未有的挑战，法律制度产品供给缺陷日益突出，典型体现在民事主体法、著作权法、侵权责任法、人格权法、交通法、劳动法等领域；在法律运行方面，司法的被动性无法保证裁判者在缺乏依据时定案解纷。面对机器人"人格"和权利认定、数据信息侵权与保护、认证方式拓展与滥用等新问题，法官的主要做法仍是被动等待相应立法或司法解释出台。此时，作为重要社会治理方式的司法治理必然面临裁判依据不足的难题，造成司法公正性及司法权威和公信力受到削弱的直接结果。因应被科技进步所改变的社会经济形态、交往模式和政治法律结构，诸多法律关系的主体、客体和权利义务内容随之发生变化，传统的法律体系已不足以应对人工智能、大数据带来的风险和不确定性，法律规则

---

① 《为幸福生活"加码"——聚焦吉林省新生活设施建设》，2022-08-09，https://www.sohu.com/a/575435944_123753.

本身亟须重构。①

（二）智能舆情治理中的问题

随着网络技术的加快发展，以及大数据和自媒体平台的快速壮大，信息传递的速度仅仅在几秒钟之内，一些舆论（造谣、敏感事件、重特大案件等）会在短短的几分钟快速传播开来，容易造成较大的舆情。尽管吉林省正逐步加强自媒体平台建设和监管，以及对网络舆情的引导工作，也建立了相应的管理机制，但总体而言，在应对新媒体方面仍处在基础性起步阶段。网络舆情危机发生后，如果政法机关不能妥善处理，公众对政府及司法机关的信任便会大打折扣。在新媒体高速发展的背景下，基层政府没有充分利用新媒体进行有效的舆论引导，没有发挥主流媒体在信息披露和沟通方面的重大作用，也没有充分运用微博、微信公众平台、自媒体等新媒体工具，信息发布迟缓，与民众的沟通交流较少，缺乏真诚、有效的沟通。各级机关没有建立起完善的预警机制，缺乏事前预防。政府部门没有提前关注舆情的发展苗头，等舆情危机爆发时，才急忙应对。各级机关缺少事前预防、事中处置、事后总结的系统体制，舆情应对还是停留在危机发生后处理的被动层次。部分相关政府工作部门处置网络突发事件时仍沿用传统思维，对自媒体上的海量信息依靠人工进行收集和分析，信息技术的运用与时代脱节；从专业队伍、应对程序、信息发布等方面来看，目前还没有形成一套成熟的常态有效的处置机制；有的政府微博功能和定位不清楚，疏于管理，流于形式，没有良好发挥与民互动、便民利民、舆情监测等基本功能。②

①肖文波，熊纬辉：《市域社会治理现代化背景下智慧政法建设研究》，载《公安研究》2022年第6期。

②郭得富：《人工智能时代涉警网络舆情治理研究》，载《网络安全技术与应用》2022年第12期。

三、吉林省推进"智治"的对策建议

（一）智慧治理促进司法与社会的良性互动

司法参与社会治理的一个重要依据和目标就是司法权威和司法公信力。在通常情形下，司法公信力主要通过法制体系、司法目标、司法制度、司法人员素质等来实现。而在现代智慧社会治理中，智慧司法也成为重要手段，不仅仅实现辨别是非的社会功能，还能使公众凭借对司法的"印象"来评价司法活动并调整自我行为。一是通过裁判的公开性和程序的可视化促进司法公正。在大数据时代，公共决策最重要的依据将是系统的数据，不同于以法律效果和社会效果为衡量目标的经验性认定，建立在客观数据和真实信息基础上的智慧司法直观展示了公正的意涵，通过"看得见"和"说得出"的正义彰显司法权威和公信力。二是针对新型法律关系及时做出司法回应以加强司法权威。由于法律的滞后性和司法的被动性，法律化解社会矛盾只能尽可能地趋近社会变革速度，评价一国法治水平与能力的重要标准便是针对新型法律关系和社会纠纷能否及时快速地做出回应。面对当下智能社会发展所引发的人工智能人格认定、网络数据权利保护、自动驾驶责任分担等新型问题，及时有效的智慧司法将成为提升司法权威的重要砝码。[①]

智慧社会治理是一个分散与集合相伴的活动过程，系统内各要素必须在交相互动中加强合作，政府公共要素、公众个人信息以及经济流通渠道都汇集在数字化平台上，需要政府与商界、公众和社会力量开展合作，以保证规则的公平正义、安全和可靠性。在司法治理中，该平台会通过市场、社会、法院、公民等多主体的有效参与，实现数据掌握平等化、司法政策公开化、司法价值明确化。政府、司法、个体、组织等治理主体应该

[①] 季金华：《智慧时代司法发展的技术动力、价值基础和价值机理》，载《中国海商法研究》2022年第3期。

依靠某一平台实现互补并形成合力。不过在此过程中，多主体的有序参与并非指政府、公民及社会组织等可以干预或影响司法活动，而是强调司法过程中各主体信息掌握的程度。

（二）智慧治理促进政府公信力提升

在自媒体信息泛滥、碎片化的环境下，如果有关部门在应对的过程中处置不当，很容易造成不良影响，从而影响政府机关的公信力。当政府机关失去公信力时，不论说什么，都会被认为是说假话、掩盖事实而引起民众反感。目前，不少政府机关开通的微博问政或微信公众平台的实际效果仍不太理想。充分利用自媒体树立自身形象，积极与公众互动，及时解决问题、化解矛盾是增强政府公信力的重要手段。

官方媒体平台的内容应保持专业正规、科学准确，保持政治严肃性、权威真实性，根据需要及时更新，一般应最优先提供涉及民众的政法工作等动态。要将各项应公开的工作制度、办事规则等都在网络上公开，用透明、公开的方式最为直接有效地使社会消除顾虑，增强认知，让司法等工作取信于民。在自媒体大潮中，政府机关的门户网站等也是众多窗口之一，应以科学、专业来赢得权威。在互联网时代，典型报道、正面报道也有必要与时俱进，改进传统的会议和领导活动报道等的发布形式。在自媒体平台，用民众能听懂的话来沟通，让民众产生认同感，拉近与民众之间的距离。[1]

（三）提升领导干部对"智治"的正确认识

在推广智慧治理的过程中，使领导干部正确认识智能治理的功能与规律，带头学习运用科技的力量参与社会治理，接纳和使用科技手段，提升自身学习能力。参与社会治理的相关单位要组建智能治理的专业化队伍，

---

[1]李晴：《制度视角下政府公信力研究》，中共中央党校2021年博士学位论文。

建立健全科技参与社会治理的手段和运行机制，准确掌握大数据分析的具体社会治理问题，能够及时处理、处置相关问题，采取行之有效的应对方法。增加与民众通过智能化的沟通互动，增强民众对社会治理工作的理解，营造良好的、高效率的社会治理环境。

（四）立足善智取向而正向提升智治效果

为充分发挥智治在管理中产生的积极效果，要注意改善外部环境和实施者自身的价值取向，应以构建成熟的法治体系为前提，聚焦技术路径层面去体现"智"，立足善智取向而正向提升智治效果，从而推进社会治理体系架构、运行机制、工作流程的良性的智能化再造[①]：大力构建"智治"基础设施体系，统筹规划政务数据资源和社会数据资源，完善基础信息资源和重要领域信息资源建设，形成万物互联、人机交互、天地一体的网络空间；大力构建"智治"深度应用体系，推进"智辅科学决策""智防风险挑战""智助管理服务"，拓展社会治理场景应用；大力构建"智治"安全防护体系，加强工业、能源、金融、电信、交通等关系国计民生的重要行业、领域关键信息基础设施安全保护，提高网络安全态势感知、事件分析、追踪溯源能力。

---

①王妍：《"以智为本"还是"以智为贼"？——组织智治的本质、误区与完善》，载《领导科学》2023年第2期。

第八章

实现吉林省社会治理现代化

第一节　提升党的领导力

"坚持和加强党的全面领导，关系党和国家前途命运，我们的全部事业都建立在这个基础之上，都根植于这个最本质特征和最大优势。[1]"中国特色的社会主义治理必须坚持和加强党的全面领导，把巩固党的执政基础、加强党组织建设作为贯穿各级社会治理的一条红线。各级党委要牢牢把握主导权，不断提高领导力量，全面发挥在社会治理工作中总揽全局、协调各方的领导核心作用和政治责任，进一步明晰进行领导的方式、事项、范围等，围绕其形成最大合力。要在各类机关和组织中深入加强党建工作，完善相关机制。组织动员广大党员在新的管理教育模式下积极投身社会治理，从"单位党员"变为"社会党员"，成为社会治理力量中的主心骨、主力军，在社会治理中充分贯彻落实党的意志和要求。

---

[1]董振瑞：《毫不动摇坚持和加强党的全面领导》，http：//www.qstheory.cn/qshyjx/2021-08-26/c_1127797973.htm.

一、完善领导体制

进一步完善党对社会治理的管理体制，实现良好的顶层设计，明确各级党委的领导权力、职能、行使方式及责任等，加强其在社会治理过程中的方向引导和价值引领。深入推广党建引领城乡基层治理统一领导体制，全面构建"大党建"格局，加快构建党委领导及党政统筹的基层社会治理体制，并推动政务服务向基层下沉延伸，在统一的领导体制下，将党建引领城乡基层治理触角延伸到每个社区网格、农村屯组。

在新时期应继续全面推广和深化吉林省已有的良好做法，包括由省委高位统筹，省委书记担任省委城乡基层治理工作委员会主任，相关省领导分别担任"街道（乡镇）管理体制改革"5个专项工作组组长，全省各市（州）以及县（市、区）全部设立工作机构，省委组织部制定完善有关工作任务清单和计划及《吉林省党建引领城乡基层治理标准体系》，省、市、县三级大力向街道（乡镇）下放服务事项、大幅增加社区（村）领办代办事项等。①

另外还可以合理借鉴其他省市的创新探索和有益经验，例如，构建省、市、县（区）、街（镇）、社区（村）五级城市基层党建工作领导体系；深化街道管理体制改革，赋予街道在党的领导下的人事考核权和征得同意权、基层综合执法案件协调协作权等多项权力；在未设街道的县（区）设立党领导下的"城市社区管理委员会"，履行城市社区党的建设和各项管理服务职能，包括贯彻执行党的路线、方针、政策，执行上级党组织的决议、决定，承担城市社区基层组织、纪律检查、宣传统战、党员干部、人才队伍建设等党的建设工作，指导社区做好社区居民管理和思想

① 《党旗招展万千红——吉林省党建引领城乡基层治理工作综述》，http://www.12371.cn/2022/02/22/ARTI1645522853115979.shtml.

政治、道德法制等宣传教育工作等。①

二、建强党的组织

党的力量来自党的组织，党的全面领导、党的全部工作都要依靠党的坚强组织体系去实现。组织优势是我们党的独特优势之一，我们党历来重视组织建设，不断创新基层组织设置方式，着力扩大党的覆盖面，健全党的组织体系。扩大党的组织和党的工作在全社会的覆盖面是基层党建的根本基础和重点任务。要把党的组织、党的工作、党的领导作用有效地覆盖到社会的各个领域。只有实现党的组织从"有形覆盖"到"有效覆盖"，才能做到事业发展到哪里，党组织建设就跟进到哪里，哪里有群众，哪里就有党的工作，全面增强党的创造力、凝聚力、战斗力，切实把党的组织优势转化为推动改革发展的优势。②

当前已经遍布各行各业的基层党组织为经济发展、社会稳定发挥了巨大作用，面临新产业、新业态、新模式不断涌现，以及社会发展带来人口大量流动等挑战，传统基层党组织的建设模式也应做出调整，包括：创新党组织划分形式，着眼党组织覆盖所涉及领域的健全，参考群众职业、居住地、宗族亲缘关系、风俗习惯、产业片区类型、职业划分等情况对党组织的范围进行划分，消除党建盲区；细分党组织管理模式，可依托"互联网+党建"概念，对党员建立登记信息数据库，再根据个人情况进行跨党组、小团体形式的再分配，解决支部活动开展呼应少、越来越多流动党员难以管理等问题；贯通党组织工作方式，积极探索组织共建、党员共进、要素共享的新型党建工作方式，形成纵横贯通、有效互动的立体式、网络

---

①《赣州市赣县区城市社区管理委员会职能配置和内设机构情况》，http://www.ganxian.gov.cn/gxqxxgk/c111834s/202106/5c10987f29a7480db26f32316da0d420.shtml.

②胡军：《推动党组织从"有形覆盖"到"有效覆盖"》，2020-01-19，http://tougao.12371.cn/gaojian.php？tid=3056424.

化党组织集合。^①

应注重对党员力量以再组织化方式深化整合。在对党员管理模式从传统单一式"单位党组织—党员"转变为"工作在单位、服务在基层、奉献双岗位"的基础上，创新推动党员参与基层社会治理的做法，既要保障党员个体依靠党组织的力量增强作用，又要约束其遵循党组织的意图和要求。^②

可以参考其他一些地区织密社会治理中党的组织网络体系的经验，如南昌市推行社区"一委一居一站"模式，大力将社区党组织升格党委，灵活设置功能型、联合型等开放组织，依托非公党委、社会组织党委、物业管理协会党委、非公互联网企业党委等行业，党组织广泛引领"两新"组织（新经济组织和新社会组织）参与社会治理，组建大量社区网格党支部、党小组，建立社区党员干部包联网格、走访群众制度，打通联系服务群众"最后一公里"。^③

三、规范运行机制

为使社会协同治理中党的领导体制设计、组织覆盖能够充分发挥效用，还应当建立并且不断完善引导、管理、支持等方面的各项相关运行机制。

建立健全街镇、社区党建工作联席会议机制，定期对社会治理中的公共事务进行研究协商、共抓落实；机关单位与社区结对共建机制，推动在职党员到社区报到并开展志愿服务活动；党组织领导下的居委会、业委

---

① 马斌：《党建"三式"推动落实组织覆盖落到实处》，2022-05-03，http://www.chinainc.org.cn/show-25-512820-1.html.

② 詹国彬，江智灵：《组织再造、机制嵌入与党员参与基层社会治理》，载《行政管理改革》2021年第11期。

③ 《江西南昌：党建引领"洪城红"社会治理谱新篇》，http://www.12371.cn/2020/12/09/ARTI1607505721392607.shtml.

会、物业服务企业等议事协调机制，推动社区物业党建联建，在业主委员会、物业服务企业中新建党组织或党小组。

可借鉴一些地方在社会治理党建运行机制上的具体做法，例如，山东省除了全面完成社会组织"党建入章"、各级社会组织综合党委直接管理的9440家社会组织100%实现党的组织覆盖和工作覆盖之外，还建立了一系列工作运行制度，如社会组织负责人人选审核、意识形态工作报告、拟任党组织书记谈话、党费收缴、党委委员联系点制度等。以党建引领使社会组织高质量发展获得有效保障。①另外还有一些精细化的制度可供参考。例如，为推动志愿服务标准化管理、常态化开展，浙江省宁波市北仑区成立的以党员为主体、以志愿服务为主业的社会组织——"红领之家"，在党员志愿服务项目运作过程中，建立并实行了成员实名制、活动申报制、服务积分制、积分兑换制、项目互动制等多项制度。特别受"淘宝抢购"模式启发，通过论坛、微信等平台，提前发布服务项目活动，由"红领"成员线上认领项目、线下开展服务，并对服务活动全程纪实，定期公开每位"红领"的服务时长、累计积分、星级评定等情况，根据积分多少可兑换书卡、报卡、体检卡、理发券、赛事门票等物品。②

四、筑牢党建阵地

在经济社会建设、发展、治理的各个领域都要努力做好党建工作，巩固党的执政基础和阵地。特别应在下列各个阵地加强党的领导及党建工作。

第一，市域治理共同体。通过党建联席会议、区域化党建等工作制度的落实，在强化党的领导的前提下，推动机关部门、企事业单位、群团组

---

① 姬升峰：《建好 管好 用好 服务好——山东社会组织党建引领下实现高质量发展》，载《党员干部之友》2022年第1期。

②《红领之家：浙江宁波北仑区为新时代文明实践志愿服务探新路》，http：//www.wenming.cn/wmsjzx/sjqy/202001/t20200112_5378504.shtml.

织和社会组织，以及学校、医院等党组织的成员及负责人下沉到基层党组织作为兼职成员，充分发挥带动和统筹的作用，使多元治理共同体以更大的力量、资源等优势为现代化市域治理增加实效。①

第二，基层社区。社区是党联系和服务居民群众的"最后一公里"；"提高社区治理效能，关键是加强党的领导"②。无论在传统的社区事务，还是在顺应现代发展趋势的韧性社区建设中，都要切实加强党的领导，做好党建工作，这样才能有效提升基层社区应对各种风险、实现和谐安定的治理局面的能力。③应进一步推广深化吉林省在社区党建工作中不懈探索取得的良好成效，包括以长春市二道区东站十委社区为代表的"街道党工委—社区党委—小区党支部—楼栋党小组"四级党建责任体系，宽城区团山街道长山花园社区在党建的引领下组织发动党员带动群众提升治理效能、建设美好家园的做法，松原市全部镇辖社区组建党建联盟推进单位党建、行业党建、区域党建等互联互动的模式，等等。④

第三，民主党派。可以参考一些地方成立基层"民主党派之家"并将其与党建阵地建设有机融合的试点经验，确保党对民主党派参政议政等各项活动的领导，健全由党委统一领导、党委统战部统筹、各相关部门按职责管理、街道（社区）党（工）委具体指导和负责的民主党派统战工作机制，形成"基层党建+统战"工作格局，以"枢纽型"社区党组织为依托，

---

① 戴欢欢，陈荣卓：《联动治理：市域社会治理的逻辑与路径》，载《社会科学家》2022年第10期。

②《谈社区治理：提高社区效能的关键是加强党的领导》，2020-07-24，http://china.huanqiu.com/article/3zBTBAdGhdT.

③ 吴淑娴，宋晓：《党建引领韧性社区建设路径探析》，载《学习月刊》2022年第1期。

④《党旗招展万千红——吉林省党建引领城乡基层治理工作综述》，http://www.12371.cn/2022/02/22/ARTI1645522853115979.shtml.

激发、引导和规范各民主党派的参政治理活动。[①]

第四，其他各类社会组织。通过加强党的领导和党建引领，一方面为社会组织的进一步发展把握方向、增添动能（有关数据显示：建立党组织的社会组织经济增长贡献度明显高于非建立党组织的社会组织）；另一方面在多元治理格局中筑牢基层党组织这一战斗堡垒，在引导以社会组织为主的社会力量参与治理时，保证党的方针政策得到贯彻落实。[②]党的性质从根本上保障了在其领导下社会组织提供服务和参与治理的现代化方向。同时，党可以利用多重政治表达工具及社会整合方式，包括在社会组织中聚合党员并强化其政治身份认同、吸纳群众特别是精英并将其社会身份政治化、耦合群众非政治化利益与党的政治化利益、按功能领域划分党组织以增强政治共同体意识、健全制度规范以激励提升集体行动力等，增强社会群体在党领导的"人民共同体"中身份、利益、价值等方面的认同，更好地团结起来参与基层共治。[③]还应重视"两新"组织党建，以其党组织较强的凝聚力和引领力促进"两新"组织为新时期经济发展、社会建设和治理做出更大贡献。[④]重视志愿组织党建，制定落实关于党小组学习、述职、查摆等的制度和机制，推动志愿服务贯彻党的大政方针。重视社工机构党建，以党的有力政治引领、平台搭建、资源统筹等，在促进社工机构专业服务质量提高的同时，增进其在社会治理领域与党的目标认同和行动

[①] 朱存贵：《小社区大党建 小阵地大统战——包头市东河区"民主党派之家"同心阵地建设多元共赢》，载《内蒙古统战理论研究》2021年第2期。

[②] 刘金林，蒙思敏：《党建引领社会组织发展的必要性及政策措施研究：来自广西的证据》，载《云南民族大学学报》（哲学社会科学版）2022年第1期。

[③] 王杨：《党如何塑造社会群体？——以社会组织孵化器党建为例》，载《社会主义研究》2022年第1期。

[④] 李明伟，索殿杰：《党建引领"两新"组织参与北京社会治理：功能与路径》，载《新视野》2022年第1期。

共进。①

第五，爱国统一战线。"统战工作是全党的工作，必须全党重视，大家共同来做。"②中国共产党章程规定党的中央、地方及基层组织都必须经常讨论和检查党的统一战线工作；中国共产党统一战线工作条例、中央统战部关于加强党的政治建设的实施意见也明确各级党组织是统战工作的责任主体、各级党委（党组）主要负责人为本地区本部门统一战线工作第一责任人。在加强党对统一战线的领导的基础上，应在统战工作中融合开展党建，以基层党组织为轴心，以党员为骨干，团结带领党外知识分子、少数民族同胞、宗教界人士、新的社会阶层和非公有制经济人士等统战成员形成基层共治的最大合力。③

五、创新服务模式

一是创新党建推动社会组织参与社区服务的方式。在不断完善政府购买社会组织社区服务项目制度的基础上，探索推动各类社会组织通过定期参加基层协商、联席会议、"党建微盟议事会"等新颖的载体或方式，在党建引领下，参与突发事件应急在内的社区管理及基本公共服务。

二是创新党建带动社会工作者提供社区服务的方式。推广党建领导下的社区社工站（点）作为服务平台，将街道（乡镇）社会工作服务站建设进一步向下拓展至社区一级，尽量设在党群服务中心、便民服务中心内，在党建引领下，有效整合共享儿童之家、日间照料中心等基层服务场所及设施设备，推进综合服务设施建设提升工程；党委、政府通过设置社工岗

---

① 张紧跟，庄少英：《党建何以引领社工机构发展——以A市F机构为例》，载《中共福建省委党校（福建行政学院）学报》2021年第6期。

②《"大统战"：全党重视 汇聚改革正能量》，http://news.cnr.cn/native/gd/20150522/t20150522_518617651.shtml.

③ 侯名芬：《健全和完善统一战线系统党的建设制度体系研究》，载《辽宁省社会主义学院学报》2021年第4期。

位、落实"三岗十八级"等级薪酬绩效机制和"五险一金"福利待遇等各种激励、保障措施，推动社会工作者充分发挥专业优势为社区居民开展急需的社工服务，包括社会救助、儿童福利、养老服务、突发事件应急等；创新服务模式，如依托社工站深入开展服务示范创建、根据实际需求打造富有实效的服务项目等。

三是创新党建引领筹集资源开展慈善救助活动的方式。以党建为核心不断拓宽筹资渠道，在基层党组织的领导下，发动统一战线成员等各种力量，群策群力扩大筹集来源、渠道，拓展募捐范围，面向所有社区居民、企业、团体以及外部组织、实体等，开展慈善募捐活动；创新筹资模式，多种方式链接社会资源，保障应急物资的储备及供应，如以场地、宣传、服务等吸引周边企业、实体等投入资金、设备，发行特色主题福利彩票以筹集公益金专门用于民生及应急；在党建引领下，开展各类主题社区慈善救助活动，拓宽为社区居民服务的领域，监督保证服务质量，加强对慈善组织及筹集资金的规范管理，确保造福于民。

四是创新党建带领志愿者提供志愿服务的方式。组织各级各类机关单位在职党员到社区报到，建立完善党员干部定期轮换下沉提供志愿服务制度，推广居民群众点单、社区网格交单、党员干部接单的"菜单式"等服务方式，积极参与民生保障、应急处置、平安建设等活动；党建引领志愿服务体系与社工站服务体系同步建立，促进志愿服务与社工融合发展，广泛动员社区居民、社会公众参与志愿服务；探索志愿服务创新模式，如推广"道德银行""积分制管理"等社区互助式志愿服务，运用基层下沉资源或鼓励社区慈善资源为志愿者提供津贴、补助、保险等激励手段。

第二节　增强政府责任力

在坚持党的领导的根本性前提下，政府的负责是共建共治共享新时代社会治理格局中的关键要素。针对我国从"社会管理"到"社会治理"的转型期间集中凸显的传统行政管理体制"条""块"分割模式所致结构性困境①，政府应着重在构建各级社会治理共同体的过程中提高全方位负责的能力，在更好协调各纵向治理层级与各横向管理部门、提高纵向层级之间通达性和横向部门之间协同性的基础上，进一步明晰自身的权责，理顺其他治理主体相互之间的关系，加强统筹并主导协作，从而显著提升整体社会治理的效能。

一、找准自身定位

随着经济水平的发展、社会结构变化、人民美好生活需要的多样化以及多种叠加的矛盾风险给新时代社会治理带来复杂挑战，传统单一由政府部门体系构成的行政管理结构已经渐趋转变为"人人有责、人人尽责、人人享有"的社会治理共同体。在新时期各个多元治理主体当中，政府仍然具有总体负责的功能；与此前传统的排他性管理职权比较，政府当前的要务是经过科学研判，合理精准地进行自身定位，以之科学指导决策和执行的实践。

（一）着重明晰服务型政府的定位

应转变管制型政府角色，积极探索以服务社会以及推动社会自治服务的相关职能，保障社会治理手段的现代化和群众多样化需求的更好满足。

---

① 许晓东：《当前基层治理存在的突出问题与治理路径》，载《国家治理》2020年第26期。

党中央提出建设职能科学、结构优化、廉洁高效、人民满意的服务型政府。在服务型政府建设和运行过程中，建立完善本区域高效便捷、普惠均等的公共服务体系，统筹本区域公共服务的力量和资源，及时、有效地满足人民群众对于美好生活日益丰富多样的需求，同时促进整个社会的全面、长远发展，这对于新时代社会治理价值目标的实现、治理体系的完善和治理能力的现代化而言至关重要。①

（二）认准责任政府的定位

应当以责任政府、有限政府、廉洁政府的努力建设，最大限度地顺应经济社会发展趋势和人民利益需要。通过政府职能向民主、公平、回应等核心价值理念转变，大力推动责任政府建设；通过职能转变中合理下放权力、控制政府规模、规制行政行为的过程，有效推动有限政府建设；通过提高政府透明、法治、参与的职能，积极推动廉洁政府建设。②

二、明确内部职责

政府负责在共建共治共享的社会治理共同体运行中发挥着基础作用，应在明确政府职责的性质、范围、重心、方向等要素的基础上，构建完善的新时期政府职责体系作为开展各项执行活动的依据。虽然政府在职能重心、范围、方式等方面都发生了一定转变，但是仍保留着最基本的一些公共管理职权，只不过将更加精细化、适于自治性的那些公共服务及治理职能让渡给了社会主体，即使这样，也仍对其他治理主体和治理事务具有主导、督促、统筹、监管、兜底负责等权能。对于所有这些传统保留的以及转型新兴的各项职能，政府都应当有清醒的自我认知，在政策规章中加以

---

① 吴金群，刘花花：《超越抑或共进：服务型政府与发展型政府的关系反思》，载《浙江大学学报》（人文社会科学版）2021年第5期。

② 罗敏：《政府职能转变与政府建设的三维路向》，载《社会科学家》2021年第5期。

系统明确，以便完整地体现在行政实践中。新时期的政府职责并不是一个僵化不变的体系，而是应当根据情况变化、灵活、合理地进行不断的再调整，通过政府职责动态配置来实现以人民为中心的绩效的最大提升，其具体路径包括新发展理念、多元主体协同共治等。①在这一职责体系中，应明确整个行政系统各级各类构成部分之间的权责分配关系。

（一）纵向各层级之间的权责分配

要理顺相互权责，解决职责同构问题，形成国家、省域、市域、县（区）、乡镇（街道）各级构成的完整行政治理链条，尤其在当前数字政府建设的背景下注重数字赋能赋权，在所有层级之间构建一个统一的数字政府纵向分层治理体系。②在推进市域治理现代化过程中，增强作为中间治理单元的市域层面的资源、责任等统筹的职权，从市域范围着眼统筹市与县、市与乡、县与县等不同维度的发展关系，推动整个市域的城市化发展和现代化治理③；在加强和创新基层社会治理进程中，注重把管理权限连同公共事务、专业性力量和资源等垂直下沉到基层，同时减轻其责任负担，完善城乡社区治理体系；对乡镇政府应根据新形势新要求调整权责，使其破除财政体制制约、管理方式落后等困境。④

（二）横向各部门之间的权责分配

针对当前存在的各自为政、碎片化运作等问题，应在强化各职能部门

---

① 何精华：《政府职责动态配置的立论基础、实践逻辑与可行路径》，载《上海行政学院学报》2021年第1期。

② 赵娟，孟天广：《数字政府的纵向治理逻辑：分层体系与协同治理》，载《学海》2021年第2期。

③ 王阳，熊万胜：《市域社会治理现代化的结构优势与优化路径》，载《中州学刊》2021年第7期。

④ 陈哲华，刘书明：《基层减负背景下乡镇政府职能转变的困境与出路探析》，载《中州学刊》2021年第28期。

的公共责任及相应管理职能的基础上，明确国家安全维护、矛盾纠纷化解、社会治安防控、司法行政、应急管理、卫生健康、金融监管部门、市场监管部门、各类公共服务管理等不同部门的职能及相互边界，并推动相关职能部门之间以多种方式加强协作。

（三）跨行政区划的府际之间的权责分配

在新时期国内都市圈、城市群发展的大背景下，为形成区域协同的发展和治理优势，应大力促进跨区域的府际协同。在由于地理位置、历史文化、自然资源、经济发展等因素而形成紧密联系的地域或地区之内的各个省级（或市级）政府之间，以及在市域内部的各个县级政府之间，除了基础设施、公共服务、产业集群等方面发展规划及政策上寻求联通和协作，还应当在具有行为跨区域性、后果外溢性等特征的管理事务上积极进行协同治理，构建务实有效的联动体制和机制，如重大突发公共卫生事件应急[1]、毒品犯罪惩治[2]、大气环境保护[3]、水污染防治等领域。[4]

三、调整各类关系

改革开放以来，我国围绕着政府职能转变而展开的多次行政机构改革除了涉及行政体制内部不同向度的关系，还体现为对于其外部相关特定重要关系的重新调整、形塑和保障，即政府、社会、市场这三种力量之间关系的优化。总体而言，在政府与社会的关系上，政府要尽力引导社会力量

---

[1] 付玉联：《重大突发公共卫生事件区域协同治理的操作框架构建》，载《卫生经济研究》2022年第5期。

[2] 胡江，沙良旺：《毒品问题的区域协同治理机制研究——以成渝地区双城经济圈建设为背景》，载《山西警察学院学报》2022年第1期。

[3] 胡光旗等：《中央督察下的地方环境竞赛与区域协同治理模式》，载《人文杂志》2022年第2期。

[4] 张艳楠等：《分权式环境规制下城市群污染跨区域协同治理路径研究》，载《长江流域资源与环境》2021年第12期。

参与公共服务及管理，实现自治和共治；在政府与市场的关系上，政府要在对市场适度管理的同时，使其活力充分释放；在社会与市场的关系上，政府要合理协调市场与社会的目标和行为，促进人民中心理念下的新时代社会主义公平、正义、效率，努力实现安全保障下的可持续发展。[①]

（一）政府与社会之间的关系调整

作为在新时代社会治理共同体中负责决策、统筹和执行的主体，政府在保有公共事务基本管理职能之外，还对于社会组织、企业、公众等社会性治理主体发挥引导、鼓励、主导、协调等作用，调动其参与相关场域的社会事务治理或者提供更多更好公共服务的主观能动性。各级政府应从政策的制定和执行上为社会力量参与社会治理拓展更广空间，切实让渡除基础设施提供、社会秩序维护、重大决策和监督等之外的治理及服务职能，并通过完善政府购买制度、健全基层民主协商机制等加强制度保障，大力推动社会组织等主体参与公共服务供给、公共议题协商等社会事务。[②]

（二）政府与市场之间的关系调整

处理政府与市场二者之间关系的重大举措便是"放管服"改革，应进一步推动以"放管服"为导向的政府职能转变，在价值取向上从注重经济效率转向注重社会公平，在侧重点上从结构性转向效能性，在对象上从以管理者为中心转向以服务受众为中心，在方式上从权力直接管理转向制度化、法治化、网络化间接管理，从而真正释放出各类市场主体的活力、创

---

① 包国宪，周豪：《从转变政府职能到优化政府职责体系：中国行政体制改革的视角转换与分析框架》，载《理论探讨》2022年第2期。

② 陈静：《外力与内力：社会组织参与社会治理的机会获得分析》，载《社会工作与管理》2022年第1期。

造力。^① 政府应从市场主体保护、经营自主权、减税降费政策落实、"融资难"问题解决、投资审批制度改革、政企沟通便捷化、一站式政务服务、跨部门执法联动机制等方面转变职能，提供便利，优化营商环境。^②将改革措施以法律法规、规章制度的形式固定下来，使市场主体获得更适宜的、可预期的发展环境，得到培育壮大，促进经济社会持续健康发展。^③

（三）社会与市场之间的关系调整

除了市场与社会之间的自发协调之外，政府对于市场与社会之间的关系也应本着自身职责加以协调。应努力培育市场、激活社会，使市场治理、社群治理能够与行政治理实现互补嵌入。在凝练的共同目标引导下，市场、社会行动者相互之间以及与政府之间通过集体行动进行动态交流和反馈，实现共赢目的，促进社会公平正义，提升社会治理的效能和水平。

四、创新统筹方式

经过数次行政体制改革而大幅转变职能之后，政府在新时代社会治理中，对于社会重大决策和基本事务仍具有绝对的管理权威及履行责任，在其他可由社会自治供应的公共服务及管理上则削减了不必要的职责，引导、统筹多元社会治理主体进行共治，在此过程中，政府应不断探索创新各种手段方式，更好统筹社会力量及资源，引导异质性多元主体履行社会责任、发挥各自优势、良好互动协作，共同提升社会治理效能。吉林省在环保领域，推动市县政府通过实施政府与社会资本合作（PPP）、政府购

① 何颖，李思然：《"放管服"改革：政府职能转变的创新》，载《中国行政管理》2022年第2期。
② 程波辉：《政府职能转变视域下自贸区营商环境评估——以A自贸区企业满意度测量为中心》，载《理论探讨》2021年第5期。
③ 向东：《加快政府职能转变 为市场主体发展壮大创造良好环境》，载《中国行政管理》2021年第12期。

买公共服务等模式，吸引社会资本投入，确保治污工程项目正常建设和运转；鼓励以整县为单元推行合同环境服务，对生活污水处理、垃圾收运处置、畜禽养殖污染治理等进行"打包"，选择专业的环保企业投资建设及运营，强化规模效应以提高环境治理水平[①]，可逐渐向其他治理领域推广。另外，可以根据系统性、针对性、科学性、实用性等原则，健全地方政府社会治理能力评价指标，通过进行量化的评价，促使地方政府有效提升社会治理能力[②]，结合数字化转型赋能，围绕经济发展、科教文化、社会保障、公共安全、环境治理、生态保护、职能转变、效率效能、司法公正、廉洁信用、创新扩散等维度，完善政府质量测度指标体系，促进建设高质量的政府。

第三节　强化社会协同力

面对当今时代我国各地城市化快速发展和市场化改革带来的社会结构与关系深刻变化重组、社会矛盾和风险不断衍生交叠、公共事务及管理日益微妙精细等巨大挑战，社会治理的复杂性和难度已较以往极大增加。因为政府职能的有限性和市场机制的失灵可能，靠政府或市场的单打独斗已无法有效应对社会治理需求。所以需要从整体上提升社会协同治理的能力，确认各类社会主体包括市场主体在社会治理中各自的地位、权利和责任，引导其在共建共治共享格局下作为一个整体充分发挥对于社会治理应有的积极作用。新时期，吉林省要探索在社会治理中提高社会协同力的路径。

---

① 《吉林省重点流域劣五类水体专项治理和水质提升工程实施方案（2019—2020年）》，http：//sthjt.jl.gov.cn/zwzx/zwxx/201901/t20190111_5468384.html.

② 刘银喜等：《数字化转型中的政府质量测度与提升路径》，载《中国行政管理》2021年第12期。

一、增强社会的凝聚力、向心力

吉林省作为多民族省份，在进行行政管理及社会治理的过程中，尤其应注意从国家安全这一根本目标出发，不断增强整个社会的凝聚力，构筑社会和谐稳定局面的社会心理基础。重点是通过多种举措，对公民个体而言，培育所属全体公民的身份意识，加强其对自身与国家和地区之间关系的体认，增进其与所属地之间的结构性联系，增强其作为成员的荣誉感；对各个民族而言，应强化各个民族对于与中华民族大家庭血肉联系的认同，实现与中华民族命运共同体息息相关，增强中华民族自豪感。[①]整个社会、全体公民、各个民族的凝聚力需要有承接的载体，这样，各类社会组织等主体就可以起到承载汇聚的作用。应发动各种媒介做好宣传工作，除了广义的新时代社会主义思想文化宣传教育，还应广泛宣传社会组织的作用和贡献，提高人们对其的认知水平和认同程度，增强其参与社会事务或治理时的公信力和号召力。通过各类社会组织等治理主体联系群众的载体功能的充分发挥，最大程度地把包括新的社会阶层人士在内的各界群众、各种群体组织起来，增强社会的向心力，打造共治同心圆，调动各类社会主体参与社会治理的积极性、主动性和创造性。[②]

二、完善社会治理协同机制

为了提升整个社会协同治理的能力，除了以坚持党的政治领导、政府决策指引、法律法规保障等来常态推动各类社会主体与党政部门协作共治之外，还应着重构建和完善各种社会治理协同机制，有针对性地为社会协同力的提升提供机制保障。

[①] 周平：《筑牢多民族国家统一的社会心理基础》，载《中国社会科学报》2021年1月13日第8版。

[②] 熊晓宇：《从"机械嵌入"到"有机嵌入"：社会组织参与城市社区治理的困境及路径探究》，载《南方论刊》2022年第2期。

（一）在多元治理主体之间缔结合作型伙伴关系

在党委、政府、各类社会组织、社区、居民等治理主体之间发展党领导下的多决策中心机制，以开放性治理结构吸引多元主体广泛参与社会治理，形成协同共治的最大合力，融入权、责、利相统一的新时代社会治理共同体，实现社会公共事务上政府的他治理与社会的自治理之间的良性互动，以及总体利益的最大化。①

（二）在社会事务领域适当引入市场机制

进一步开放公共服务市场，将更多的公共服务职能下放给社会和市场。通过建立健全政府购买制度以及补偿、激励、管理等机制，具象体现互利协作，同时对社会和市场力量参与公共事务起到有力的引导、支持、规范等作用。②

（三）在各类社会治理主体之间建立顺畅沟通机制

尤其在政府（及其职能部门）与社会力量（以社会组织为代表）之间，在性质独立、目标一致、功能互补、关系信任的基础上，通过政府主导推动下的制度化、经常性的对话沟通，共商社会治理问题的解决，发挥主体能动性并利用双方各自优势，实现方案优化和行动契合。在此过程中，应不断完善各种沟通协作平台，借助现代化网络和科技的力量，持续升级沟通方式和效能，构建即时、迅捷的沟通机制。

（四）健全对于各类治理主体的联合监督机制

通过政府监管、行业自律、社会监督的有效结合，保证整体治理活动的规范有序进行。政府及其相关部门除了对于其他社会性治理主体进行权威性

---

① 丁向群：《以高质量党建引领非公企业和社会组织高质量发展》，载《党建研究》2022年第2期。

②《学习辅导百问》，党建读物出版社、学习出版社2020年版，第19页。

的、不断完善的监管外，也应合理地对权力运行实行自我约束，并通过依规公开行政管理活动中的各种信息，接受社会组织和公众的监督。社会组织除了配合政府民政部门、业务主管机构以审核、抽查、走访、评估等各种方式对其设立资质、业务活动等进行监管，努力达到各项要求，还应完善资产、财务、业务等方面和环节的内部监督机制，并通过在"慈善中国"平台公布包括微信社团、新媒体等在内的社会组织的各项相关基本信息，结合信用体系建设，接受公众、传媒、其他社会组织等的社会监督。[①]

三、孵化发展社会组织

（一）加强孵化培育

通过法律法规赋权、政策支持、制度措施保障、财政税收扶持、孵化基地建设等方式，大力培育和扶持社会组织，使其在数量上进一步增长，以顺应社会治理现代化的发展趋向，满足群众对公共产品日益丰富多样的需要。可借鉴温州等地孵化社会组织的有效做法模式。为做好培育工作，近年来，温州大力搭建多方、多级参与的社会组织孵化架构，实施社会组织示范园建设项目，积极孵化乡镇及社区支持型、枢纽型的社会组织，重点培育社区服务、公益服务、社会事务、慈善救济等社会组织。还制定实行《温州市社区社会组织培优专项行动方案（2021—2023年）》，推进以政府购买方式向社会组织转移公共服务职能，使社会组织多元化参与、常态化响应基层社会治理工作，并在公益、矛调、救援等方面创造出富有本地特色的社工品牌。[②]

---

① 邱玉婷：《市域社会治理现代化格局中社会组织协同治理的效能提升》，载《理论导刊》2021年第8期。

②《温州积极推动社区社会组织参与社会治理》，http：//www.wenzhou.gov.cn/art/2021/12/10/art_1217832_59114431.html.

（二）平衡区域分布

不能完全任由社会组织自发、无序生长，要着眼本辖区的全局，努力引导和推动，实现各类社会组织的均衡布局，适度扭转社会组织易于在经济发达区域集中的趋势，引导其在相对落后的区域设立和活动，有助于不同区域之间在包括社会组织在内的治理及服务资源上逐步实现均等化。

（三）优化功能类型

适应民生需求，在已有的比较壮大的各级各类教育型社会组织之外，应侧重引导孵化其他各类基本公共服务性及公益性社会组织，尤其其中提供紧缺公共服务、帮助解决群众急难愁盼问题、有助于维护社会和谐稳定局面的社会组织，包括生活服务型、慈善互助型、权益保护型、纠纷调处型等社会组织。[1] 可以借鉴2020年得到习近平总书记肯定和推广的诸暨市枫桥镇新时代"枫桥经验"，大力扶持设立邻里纠纷调解、乡贤参事议事、平安建设、治安巡防、志愿服务、乡风文明类等各种基础型社会组织，以及其他按需发展的个性化社会组织，提高居民人口中参加社会组织人数的比率，拓展社会组织参与基层社会治理的具体领域。[2]

四、促进社会组织自身建设

对于作为整体的社会组织体系的建设而言，外部支持固然重要，但是社会组织的自身努力也必不可少。应当推动其在各个基本方面有针对性地进行自我提升，固本培元，做大做强，进而提高提供社会服务、参与社会治理的能力。

---

① 潘琳，周荣庭：《安徽社会治理创新：构建逻辑、困境与行动路径》，载《安徽行政学院学报》2021年第3期。

② 李敬含：《"枫桥经验"与基层社会治理的有效路径》，载《科学与技术》2021年第2期。

（一）拓展社会组织的资金来源

拓宽社会组织的资源筹集渠道，更多争取包括政府专项财政扶持资金在内的各项扶助，利用有关政策享受金融、税收等方面的优惠，积极参加政府各类公共项目竞标，竞争取得政府购买服务的资格以使自身服务获得足额经济补偿；扩大与其他社会组织包括周边企事业单位的沟通与协作，获取物资、场地等形式的支持或赞助。努力吸纳来自社会各界的闲散资金，以及教育、科技等其他资源，建立平台进行统筹使用和管理。

（二）加强社会组织的组织建设

逐渐增强社会组织的自主性、独立性，摆脱对政府的过度依赖。加快自身再组织化进程，符合现代化发展要求和趋势，确立法人地位和结构。完善社会组织监督管理，健全内部管理制度，发展民主决策制度。明确组织章程并以之为核心构建内部治理架构，优化组织运作程序，顺畅工作机制和流程。另外还应当注意提升社会组织的本土性，强调马克思主义思想指针、中国共产党的领导作用、人民中心价值、共建共治共享理念以及地方实际情况和需要等因素在各类社会组织中的体现[1]，包括在广大乡村地区孵化不依赖政府购买项目而建立的长期性本土社会组织，支持其尽可能筹集汇聚本土资源，大力培育兼具专业知识的本土人才队伍。[2]与时俱进拓展各类社会组织的业务领域，使其所提供的服务日渐涵盖基本民生、特需人群、精神文化、环境卫生、消防安全、治安巡逻、灾情应急、纠纷调解等众多方面。

（三）增强社会组织的人才力量

建立健全并适当运用薪酬、职位（社会地位）、精神（奖励、表彰

---

① 曹胜亮，胡江华：《新时代社会组织参与社会治理创新的理论困境和路径选择》，载《武汉理工大学学报》（社会科学版）2021年第5期。

② 章晓乐，任嘉威：《治理共同体视域下社会组织参与农村社会治理的困境和出路》，载《南京社会科学》2021年第10期。

等）等激励机制，配合长效运行机制，减少社会组织人员流失，增加引进专职人员的数量及其专业素质，注意吸引年轻人才、高学历人才及特殊需要人才等加入队伍。加强队伍专业化建设，定期组织教育和培训，健全规范化的队伍组织管理制度，包括岗位人员服务质量评估机制。[①] 在尽力稳定专职人员队伍的同时，采取灵活机动的招募模式，以吸收志愿者来壮大人员队伍，促进知识技能交流和服务质量提升。通过在全社会大力弘扬互助、睦邻、公益等精神文化，充分吸纳居民群众参加志愿活动；以共建等方式进一步拓展志愿者招募范围，使之广泛来自其他社会组织、企业、事业单位团体等。

第四节　提高公众参与力

社会治理共同体是解决当前多元治理主体发展空间和动力不足以及相互之间有机联系欠缺问题的正确答案，这就要求超越政策文本、理念倡导，在现代社会、现实世界切实构建起共建共治共享的命运共同体。社会治理共同体是政府、社会组织、公众等多元主体按照"人人有责、人人尽责、人人享有"的基本理念，基于互动协商、权责对等的原则，出于解决社会问题、回应治理需求的共同目标，自觉形成的相互关联、相互促进且关系稳定的群体。[②]在这样的共同体中，党政的领导和统筹功能，以及社会组织的动员和汇聚作用，都要具体落实到全体社会公众，这样才能真正建立起一个最广大的现代化社会治理共同体。

---

① 李华俊等：《社会组织参与社会治理的权责调适与法治路径》，载《江汉学术》2022年第6期。

② 王力平：《社会治理共同体的理论意涵、出场实践及建设路径》，载《甘肃社会科学》2023-02-23。

一、培育现代公民意识

作为公民对自身的政治地位、法律权利义务、社会责任和基本规范等的感知、信念及自觉、自律、情感、理想等，公民意识对于公众整体积极而有序地参与政治事务和社会治理发挥着必不可少的主观能动作用。通过情感治理手段来加强民众的情感联系，增强其归属感、获得感、成就感和凝聚力，进而提升公共责任意识及合作行动能力。[①]当前公民意识的培育应以激发社区居民的公共精神作为抓手，具体可通过以下途径进行：

（一）与社会主义精神文明建设相结合

结合社会主义精神文明建设，特别是以新时代文明实践中心作为深入宣传习近平新时代中国特色社会主义思想的一个重要载体，对整体公众加强思想道德和经济社会文化等方面的宣传教育，着眼凝聚群众、引导群众而以文化人、成风化俗[②]，提升公众的文明素质、精神境界、道德水准，包括公共精神和公益理念，在方式上要灵活、易被接受，在内容上要侧重中华优秀传统美德和习俗、中国特色社会主义文化以及社会主义核心价值观，在功效上要能直达民众的内心，以便外化为行动，深入民众的日常生活以形成行为习惯，动员和激励广大城乡社区群众积极投身社会主义现代化建设和社会治理的具体实践。[③]

（二）吸收发展合理的传统社会治理规则

包括邻里守望相助、和为贵、村规民约等传统社会治理的理念和实

① 贺芒，李明洋：《要素协同与情感治理：社区治理共同体构建的"双重"逻辑》，载《湖南行政学院学报》2022年第2期。
② 中央全面深化改革委员会第三次会议，2018-07-06，http://www.wenming.cn/wmsjzx/gcdt/202112/t20211223_6273780.shtml.
③ 徐玉明：《核心价值观与公民意识融合培育再探》，载《文教资料》2020年第15期。

践，既符合我国长久以来血缘和熟人社会的深厚积淀，也具有在新时期传承及创新的独特价值。与源于西方文明的法治、契约等理念相比，具有中华历史文化内涵的这些传统的社会治理理念，因其人性化色彩，可使治理超越冰冷的规则而变得更有温度，增进公众个体及其所属群体之间的情感联结，有助于社区治理共同体的形成和完善。①

（三）在共建共治共享社区治理实践中锻造全体成员的公共精神

形成社区治理共同体是新时代社会治理共同体建设在城乡基层的必然体现，在涵盖了多元治理主体的社区治理共同体实施社区居民自治机制的过程中，通过引导不同身份背景、职业、所属群体等的各种社区居民参与社区各项事务，使其在潜移默化中形成守望相助并塑造公共意识。社会组织在作为治理主体参与社区治理时，注意调动个体成员的活力，促进其为了共同目标而携手奋进，在增进群体团结的同时，培养了个体的公共精神。②

二、理顺公众与其他治理主体之间的关系

在构建社会治理共同体、调动各种社会力量积极参与社会治理进程中，在党加强政治领导、政府保留核心管理职能的同时，群团组织和社会组织、市场主体更多地承担社会责任，公众参与社会治理的空间也日益扩大。从公众的角度来看，应理顺与其他治理主体之间的关系，明晰各自治理职能的边界，实现与其他治理主体良性互动。为此，应促进各类社会治理主体根据有关政策方针、法律制度和规约惯例等，积极主动而又规范有序地共同进行公共事务的治理，其间处理好各自职责分工、权限边界、利

---

① 姜坤：《提升吉林省基层社会治理能力的路径探析——以韧性社区建设为视角》，载《长春市委党校学报》2021年第1期。

② 贺芒，李明洋：《要素协同与情感治理：社区治理共同体构建的"双重"逻辑》，载《湖南行政学院学报》2022年第2期。

益分配、相互监督、参与方式、运行机制等问题。在生机蓬勃、井然有序的共治实践中，激发公众共建的热情，保障公众共享的利好，使公众与其他治理主体之间的关系保持良性并日益向好。

（一）完善制度化的基层民主协商平台及运作机制

通过发展各种基层民主协商机制，切实吸纳广大基层公众参与基层社会治理，特别是在与其切身利益相关的问题上表达合理诉求、提出改进建议，使基层治理能够充分听取民意、汇聚民智、采纳民意、保障民利。可以借鉴各地搭建共商共建平台的良好做法，如甘肃省敦煌市政协、新墩村政协的协商议事室，大力推动在该村文化集市开办、乡村振兴战略实施、文化广场绿化、雕塑公园建设、游客中心规划等事关群众切身利益的大事、要事开展广泛协商，充分吸引公众参与[①]；上海市宝山区，为使全区老百姓都广泛参与社区治理，真正体现人民当家作主，以智能化系统"社区通"作为基层协商平台，引导575个居村社区、80余万居村民、50余万户家庭实名上线，深入了解民情，真实反映民意，广泛集中民智，推动问题解决，接受人民监督，开创了全过程人民民主在基层的生动实践。[②]

（二）党政主体鼓励公众积极参与志愿服务

党委和政府通过引导广大公众参与志愿服务，在加大对社会组织支持力度的同时，提升公众的社会自治水平。从地位、职责、经费、专业培训、激励措施等方面完善志愿服务保障机制，以志愿者作为重要力量，带

①《搭建协商议事平台提升基层治理效能——敦煌市推进政协协商向基层延伸工作综述》，http://gszx.gov.cn/htm/20219/9_35153.htm.

②《上海宝山："社区通"助力社会治理智能化》，http://www.mca.gov.cn/article/xw/mtbd/202201/20220100039155.shtml.

动全体民众参与基层社会治理。[①]另外还应支持发展社会互助，在社会建设从全面建成小康社会向进一步纵深发展的过程中，大力扶持居民之间、家庭之间社区互助体系建设在内的各类社会互助实践，使其扬弃变革传统社会互助形式，以有目的、现代化、彰显社会主义核心价值观的互助有效地推动基层社会治理模式的创新。[②]

三、推动公众参与社区治理

社区是将国家、社会与公众联结起来的纽带，社会治理的基层基础在社区。广大居民作为社区的主体，自觉、自愿、自给性地广泛参与社区的公共事务，有助于真正筑牢国家社会治理的公众基础。随着我国城市"微更新"的发展，社会治理的空间从大尺度空间日益向基层下沉，沿着街区、社区、楼道的方向延伸，直至楼道空间，激发居民个体积极性，不断扩大公众参与社会治理的范围。[③]从社区工作者和社区团队在社区治理实践中的优秀经验提炼而成的当前"社区工作法"，在微观层面上，主要指向居民公共事务以及居民之间矛盾纠纷的调处预防，而且多是利用社区工作者的人际关系、个人魅力、情感联结等优势来达到良好效果，充分体现了公民个体在社会治理中的重要价值。[④]

（一）凝练公众参与社区治理的目标

推进公众参与社区治理，使每个人都作为社区的一分子主动加入基层

---

① 陆士桢，蔡康鑫：《社会治理现代化视野中的志愿服务运行与管理》，载《中国青年社会科学》2021年第6期。

② 赵宇峰：《社会互助：社会治理共同体建设的新驱动》，载《南京社会科学》2021年第12期。

③ 宋道雷：《城市文化治理的空间谱系：以街区、社区和楼道为考察对象》，载《福建论坛》（人文社会科学版）2021年第8期。

④ 田毅鹏，都俊竹：《社区工作法的"治理禀赋"与基层社会治理升级》，载《东岳论丛》2021年第11期。

社会治理共同体构建。要以社区治理的共同目标激发公众的主人翁精神，以顺畅的渠道引导公众有效商议解决所在社区的公共问题，以公共利益的最大化来尽量确保每位公民在参与社区治理中的个体利益（包括认同感、成就感等精神上的利益）。

（二）拓宽公众参与社区治理的范围

除了与社区居民切身利益及日常生活紧密相关的本社区的治理问题，还应启发引导公众以论证会、听证会等形式参与探讨所属县域、市域、省级等上层决策中关系所在社区的社会治理热点、难点和重点问题；以行使知情权、监督权等方式，使广大公众成为监督相关各级公共权力的重要外部力量。[1]

（三）创新公众参与社区治理的模式

参考其他地区吸引普通民众参与治理的一些创新模式，融会贯通、推陈出新，创造出吉林省自己的新颖模式。例如，海口市美兰区从2017年至2020年在若干社区开展了公民参与政府财政预算改革试点，以"全民参与""双层级参与"等作为特色，将公民对社区事务的表决、管理、监督等事项加以制度化，有效地深化了民众参与式治理改革[2]；"广州街坊"群防共治模式，以各街镇平安建设促进会这一平台增进党政部门与会员群众的沟通互动，充分发挥包括民众在内的社会力量作用，卓有成效地开展群防共治和平安创建活动[3]；近年来，北京市朝阳区在推进社区协商议事制度的过程中，以推广建立社区"居民议事厅"（楼院小区议事平台）的形式，广泛吸

---

① 李琼琼：《新时代公众参与社会治理的现实困境及建构维度》，载《河北青年管理干部学院学报》2021年第6期。

② 吴方彦：《建设海南自由贸易港社会治理共同体的现实路径》，载《南海学刊》2021年第8期。

③ 姚迈新：《城市社会治理共同体的实践机制研究——基于"广州街坊"群防共治组织的分析》，载《探求》2021年第3期。

纳不同职业、背景、角色、利益的社区居民，尤其老党员干部、党代表、人大代表、政协委员、社会组织及居民代表、专家学者等，针对居民切身利益相关、群众反映强烈、成为治理重点难点等问题，凝聚民智民力，共同商议更好解决。在良好解决社区大量各类问题的同时，有效增强公众在参与公共事务决策、维护共治成果、主动监督等方面的意识和能力。[①]

第五节　加强法治保障力

法治是人类文明进步的重要标志，是治国理政的基本方式，是党和人民的不懈追求，法治兴则国兴，法治强则国强。在新时代社会治理中，本着法治化的基本方向，要进一步提高法制对于治理的保障作用。

一、推进法治吉林建设

在贯彻落实法治中国建设规划[②]的框架下，坚持依法治国、依法执政、依法行政共同推进，一体建设法治国家、法治政府、法治社会，奋力建设良法善治的法治吉林乃至法治中国。具体来说，全面贯彻实施宪法，坚定维护宪法的尊严和权威，包括坚持把宪法作为根本活动准则、加强宪法实施和监督、推进宪法学习宣传教育；建设完备的法律规范体系；建设高效的法治实施体系、严密的法治监督体系、有力的法治保障体系、完善的党内法规体系；依法维护国家主权、安全、发展利益；加强人权司法保护，促进人权事业全面发展；加强涉外法治体系建设，加强涉外法律人才培

[①]《协商议事解决了7000多件社区"小事儿"》，http://www.mca.gov.cn/article/xw/mtbd/202101/20210100031828.shtml.

[②]《中共中央印发〈法治中国建设规划（2020—2025年）〉》，http://www.gov.cn/zhengce/2021-01/10/content_5578659.htm.

养，等等。

近年来，吉林省高度重视法治吉林建设，扎实推进依法治省，通过了《吉林省深入推进全面依法治省实施方案》（〔2021〕8号）等文件，各项工作取得显著成效，为维护国家安全和社会稳定、保障吉林振兴发展提供了坚强保障。2021年4月，省委全面依法治省委员会会议强调，要充分发挥法治固根本、稳预期、利长远的作用，努力建设更高水平的法治吉林，为推动吉林高质量发展提供坚强保障。2021年9月，省委书记主持召开省委理论学习中心组集体学习会强调，深入贯彻习近平新时代中国特色社会主义法治思想和习近平总书记视察吉林重要讲话重要指示精神，全面推进依法治省，加快建设法治吉林，为新时代吉林振兴发展提供坚强的法治保障。在法治吉林建设的整体背景下，科学合理地推进法治轨道上的社会治理；同时在社会治理的各个领域和环节，真正落实法治吉林建设的各项具体要求。

二、健全法规体系

与社会治理有关的法律、法规、规章、行政命令、标准等规范的存在和完备是在社会治理中实现法治的物质基础和前提。目前，从国家到吉林省地方级的社会治理法律规范体系已经形成一个比较成熟完善的体系，但历史轨迹、社会形势是不断向前发展的，法律作为对社会关系和社会现实的一种反映，必然也要因应变化而不断调整演进。

参与研究推动和贯彻落实国家层面包括宪法在内的既有法律法规的修订（改废释），以及重点领域、新兴领域、涉外领域、改革配套等急需新法律的制定编纂，结合立法体制机制的合理改进，使以宪法为核心的中国特色社会主义法律体系不断走向完善，并在社会生活中得到切实体现。包括：探讨和推进宪法中"紧急状态"条款的进一步细化完善，公民环境权的入宪，或者编纂环境法典，制定紧急状态法、消防救援人员法、统一社会信用立法等。

按照2015年修订的《立法法》（赋予设区的市在城乡建设与管理、环境保护、历史文化保护等方面以地方立法权）等法律及政策依据，根据省市地方的实际情况，围绕服务国家发展战略，因地制宜、科学灵活地制定修订与社会治理有关的地方性法规、规章等，尤其针对当前重点难点问题，探索制定内容合理、可操作性强、符合上位法和地方特色的地方性法规，如关于事前信用承诺完全公开制度、失信联合惩戒对象认定、社会信用评价和修复、生态环境损害赔偿制度、重点流域上下游生态补偿、环境污染强制责任保险、河湖田林草长制、湖泊等各类生态环境保护修复、协同差异环保监管模式等的法规。

健全各类地方性法规。主要是完善社会治理各领域各行业的地方标准，包括大气、水体、土壤等生态环境保护和污染治理的地方标准，新型灭火和应急救援装备、消防员防护装备、森林消防装备、绿色阻燃建筑材料、智慧消防设施、消防信息化、工程防火、森林防火等标准，食品药品成分、检验等方面标准，动植物进出境检疫标准等，加快推进配套支撑国家政策实施和关键需求引导下或填补地方空白的技术和管理标准编制，并加强标准实施和管理。另外还应推动各行业建立行业规范，据以加强行业自律；各种社会组织健全组织章程，强化内部管理；基层自治组织制定村规民约等自治规范用于加强社会自治。

三、严格法规执行实施

文本上的法律只有在现实的社会生活中得到全面施行和体现，才能切实发挥法制的引导、调整作用，使国家治理实现真正的法治。在国家保障宪法全面实施的体制机制下，配合加强宪法实施和监督、落实宪法解释程序机制、推进合宪性审查，确保宪法在社会生活的方方面面都得到遵守，各级相关主体积极主动运用宪法来处理与自身相关的具体事务。实施法治政府建设实施纲要，坚持和完善重大行政决策程序制度，健全专家论证、社会风险评估、合法性审查、决策监督等机制；推进简政放权和履行部分行政职能的群团组织的去行政化。深化行政执法体制改革，探索市域综合执法试点改革，健全行政执法体系，加强重点领域执法；加强执法队伍建设，推动行政机关人员下沉基层执法一线，推行执法人员资格考评认证、持证上岗和动态管理制度，强化人员教育培训；严格规范公正文明执法，规范执法自由裁量权，健全行政执法自由裁量标准，细化行政处罚等级；推进行政复议体制改革，完善行政诉讼等制度；规范政务信息公开、评价考核、人大执法检查、社会监督、政务监察等程序，强化行政执法全过程监督；建立完善和规范实行行政执法与刑事司法衔接机制，严格执行移送标准和程序。

四、促进公正司法

司法是在社会矛盾的解决、社会关系的引导、社会秩序的维护过程中体现立法精神、巩固执法效果的重要环节，公正的司法对于良法善治而言必不可少。拓宽司法途径解决社会矛盾纠纷渠道，探索律师参与信访处理等信访相关制度，健全社会心理服务体系和危机干预机制，建立矛盾纠纷多元调处化解机制，发展行业性、专业性调解，完善人民调解、行政调解、司法调解联动机制，探索调解、诉讼、警务衔接机制，畅通群众表达合理诉求、维护或调整权益的通道。深化司法体制综合配套改革，完善审判制度、检察制度、刑罚执行制度、律师制度；全面落实司法责任制，推进省以下法检机关人、财、物统一管理改革，加强对司法活动的监督，保障司法的独立性和公信力；深化执行体制改革，探索执行权运行管理新模式，结合数字化执行系统，切实解决"执行难"问题。加强司法领域信息化建设，搭建政法跨部门智慧办案平台及智慧辅助办案系统，实现公检法司网上办案信息共享，助力克服刑事等案件办理过程中的差异性、主观性等缺陷，提升办案效率和质量，促进司法公正。①

①李小立：《市域社会治理法治化的内涵、价值和进路》，载《长春师范大学学报》2021年第5期。

第六节　重视科技赋能力

随着现代科学技术的突飞猛进，尤其信息技术、数字技术的高速发展，社会治理获得了一种前所未有、极其有效的手段，即"智治"。它适逢其时地可以满足社会治理事务日益复杂多样的现实需要，以其特有的优势助力社会风险危机的监测预警和化解、基本公共服务的供应和精细化等。新时期应当顺应时代发展潮流，在社会治理的各个领域和环节进一步发挥最新科技对治理效能的驱动作用。加强信息基础设施、平台等建设，强化运用物联网、传感器等智能技术对社会的各种要素包括风险进行感知，运用大数据、云计算、智能识别等技术进行数据归集、共享、分析和挖掘，利用统一数据平台及智能决策辅助系统等技术进行治理决策，等等。具体来说，应从以下几方面注重科技赋能：

一、加强政府及部门的数字化建设

数字政府作为一种新型的国家行政管理模式，是通过现代计算机、网络、信息等技术支撑，实现政府机构日常办公、信息收集与发布、公共管理及服务等事务的网络化、数字化运行。[①] 通过构建信息化、大数据驱动的政务管理架构和运作机制，做到"用数据对话、用数据决策、用数据服务、用数据创新"，可以极大地优化政府治理方式，提升政府治理能力。具体来说，通过应用数字技术来再造政务流程和模式，推动政府转变职能，科学决策，精准治理，高效服务；通过数字化管理公共权力和资源，有效地监督和制约权力运行，助推法治政府、廉洁政府建设；通过坚持以

---

① 邵景均：《扎实推进数字政府建设》，载《中国行政管理》2020年第10期。

人民为中心，创新方式为人民群众提供更加智能、便捷、优质的公共服务，解决人民群众急难愁盼突出问题，构建人民群众满意的服务型政府。[①]

近年来，国内各级数字政府建设进展较快。政策规划方面，在国家指导下，地方政府纷纷出台地方建设数字政府的方案；基础设施方面，各地都在加大数字基础设施投入，建设各种云服务；数字政务实践方面，越来越多的地方实现了"最多跑一次"或者网上办理。从最近的防控工作来看，各级政府也都借助数字化手段实施了更加精准高效的防控决策。[②]在地方性数字政府建设上，广东、浙江、贵州等省份已有一些先行做法和经验，例如广东省自上而下统筹建设、机构改革先行的做法，浙江省由试点到全面铺开、流程再造先行的模式，贵州省打造包容创新环境、产业发展先行的路径[③]；北京市强化顶层设计和平台建设、进行"一网统管"的探索，[④]等等。

未来吉林省应在借鉴他省经验的基础上，更加系统地推进数字政府建设，在数字政府建设的框架下，推动各个社会治理相关职能部门加强数字化建设和彼此协同，加快不同地区、部门、层级等的协同发展，实现最大层面数据资源和信息的互通共享，发挥数字化的网络规模优势，实现不同层级、地域、系统、部门、业务之间的协同管理和服务。[⑤]另外还应注意培养党员干部的信息化素养和思维，使其练就善于获取数据、分析数据、运用数据这

---

① 范一大：《加强数字政府建设 推动民政数字化高质量发展》，载《中国民政》2022年第9期。

② 杨继东：《加强数字政府建设，提升国家治理能力》，http://www.china.com.cn/opinion2020/2022-04/29/content_78193629.shtml.

③《数字政府的实践与创新（2021年）》，http://cbdio.com/BigData/2021-03/03/content_6163181.htm.

④ 曹志佳：《关于加强北京城市治理"一网统管"建设的路径思考》，载《城市管理与科技》2021年第5期。

⑤ 赵娟，孟天广：《数字政府的纵向治理逻辑：分层体系与协同治理》，载《学海》2021年第2期。

一做好工作的基本功；从以更便捷普惠的服务和管理满足人民美好生活需要出发，适应数字技术发展，以极大的勇气和自觉性进行自我革命。

二、强化基层科技支撑

在作为社会治理体系基础的广大基层，也应注重加大科技投入，促进数字化转型。[①]包括加强信息基础设施建设，搭建一体化数据平台，夯实硬件基础；发展多业务综合协同应用系统，打好软件基础；在推动数据共享的同时，完善数字治理机制，等等。一些地区在这方面早已进行积极探索，例如，近年来，上海市赵巷镇中步村大力开展"智慧乡村"建设，统筹搭建"智慧乡村"农村综合管理服务平台，投入大量智能化技防设备，包括：创建本村微信公众平台，村部和小区入口安装LED电子显示屏，村委会门口设多功能信息一体机，作为村务公开、法规条例、普及知识、事务办理等信息传递途径；设流动人口和出租房管理平台、网格可视化管理平台；360度自动巡航、辐射半径3000米的"鹰眼"高空摄像头，对村域进行无盲区的视频覆盖，可精准捕捉秸秆焚烧等事件并发出报警信息；每户门口的芯片式监控探头遇突发状况可调出监控查证，兼顾了村内治安管理与村民隐私保障；一体化智能垃圾分类设备，最大支持30天录像回放，可有效追溯投放源，实现垃圾分类实效评定和全程监管；村民小组重点地区的12根智能柱，集照明设施、监控系统、报警系统、无线网络覆盖、GIS定位、信息发布查询于一体，供随时查看全村整体监控细节，及时、准确地做出警情、火情的判断、指挥和决策；为农户安装可燃气体探测器，可将燃气泄漏警情和探测器位置及时上传到管理平台及相关人员手机端；河道水质监测器，可实现远程实时查看五大水质指标数据，异常告警实时上报；为城管、社区民警、综合协管、网格队员、村民小组长、党员及群众志愿者组成的共治巡逻队伍配备Wi-Fi嗅探、巡更等设备，增添了智能化、

---

① 李建宁：《基层社会治理数字化转型的审思与创新》，载《领导科学》2021年7月（下）。

精准化的管理手段。[①]再如，广东运用移动互联网信息技术，开发"广州街坊"小程序，设置巡防、宣传、信息、调解模块供社会公众选择参与特色群组的群防共治活动，并高效进行人员招募、群组管理、活动发布、需求对接等工作，充分吸收利用了网络空间来源的社会资源，同时有效降低了社会治理成本，提升了多元主体协同共治的能力。未来应进一步利用区块链技术等新兴技术的特色和优势，如分布式数据存储、点对点传输、共识机制、加密算法等，将其用于社会治理以帮助解决数据联通中的信息安全问题、人际关系中避免欺诈及构建互信等问题。[②]

在借鉴其他地方经验的基础上，吉林省可尝试在基层社会治理共同体建设中借助科技赋能，通过搭建网格化管理服务、社区治理服务等平台，有机结合"智网工程"和"全科网格"运行机制，利用互联网、大数据、云计算、区块链、人工智能等手段，高效整合信息、资源，及时感知风险、隐患并进行妥善处置，形成真正的社会治理共同体。在城乡社区治理中，可设计一些系统化的治理机制，包括推行"智感安防小区"微治理实践等，以逐步实现科学化、智能化、精准化治理。

三、提升社会层面的智能水平

在社会治理的其他领域和方面也应支持增强科技支撑或保障，最终使整个社会层面的智能水平得到极大提升，在为社会治理带来便捷和高效的同时，更好地满足人民群众对于美好生活更高层次的需要。

在社会治安方面，完善信息化、智能化防控网络，利用物联网、大数据、云计算、人工智能等先进技术手段，精准、有效地预测、识别、预警、判断、防范和处置社会层面各类复杂风险和矛盾。包括推行智慧公安

---

① 《赵巷镇中步村大力开展"智慧乡村"建设逐步实现乡村智能化治理》，http：//www.shqp.gov.cn/zhaox/gzdt/20200417/654437.html.

② 姚迈新：《城市社会治理共同体的实践机制研究——基于"广州街坊"群防共治组织的分析》，载《探求》2021年第3期。

建设，在学校、商圈、广场、楼栋等公共场所广泛安装视频监控、智能感知设备，辅以大数据、人工智能等手段，实现动态精准防控，推动治安防控从原来的侧重事后处置向现在的源头治理转变。[①]

在应急管理方面，应不断完善应急管理信息化体系，并与"智慧城市""智慧社区"、住房和城乡建设信息化体系等建立互联共享机制；建设安全生产、自然灾害、消防安全等的大数据系统，加强对各类灾害风险的分析研判、早期识别和监测预警；结合"互联网+基层治理"行动，推动将应急管理嵌入基层一体化政务服务平台，鼓励有条件的乡镇（街道）建设消防物联网智能火灾监控平台，与本地区"智慧消防"系统联通；加强远程监控、物联网监测、电气监控等信息化手段的运用，提高各类灾害智能防控能力等。

在基本公共服务供给方面，以数字化手段整合各类公共服务资源；通过"智能+"的方式提升服务要素生产和配置效率；借助线上服务产品的开发，使偏远地区和广大农村享受到优质服务，实现普惠均等；运用最新智能科技成果，推广各类政务公共服务的"一站式""指尖办""全网通办"等办理模式，实现便捷高效。[②]另外社会组织也可借助各类数字化平台和最新技术手段，通过线上方式进行资源链接、人力汇聚和组织融通，更好地参与防灾救灾、平安创建、普法宣传、便民服务、社区活动、扶贫攻坚、生态环保等社会治理活动，提供群众急需的公共服务。[③]

---

① 张术霞：《以制度建设推动社会治理创新》，载《党政论坛》2020年第5期。

② 许晓东，芮跃峰：《市域社会治理现代化：体系建构与路径选择》，载《社会主义研究》2021年第5期。

③ 张成岗：《走向"智治"时代，以科技创新推动社会治理现代化》，载《国家治理》2020年第14期。

四、平衡相关权益保护

科学技术是一把双刃剑，在利用最新技术造福社会、便利群众、提高社会治理成效的同时，也应注意防范其负面效应，保证其应用的全过程、全环节都处于人类合理依规有效的控制之下，避免其失控、被恶意利用或发生科技伦理的其他风险，特别应保障国家、政府部门、公众包括个人等各类主体在科技手段面前的安全和权益。在这方面，近年来，我国的相关法规已经做出明确规定，为平衡科技的积极作用与主体的权益保障提供了遵循。按照宪法规定：国家尊重和保障人权；公民的人格尊严不受侵犯；公民的通信自由和通信秘密受法律的保护。

在国家层面法规、政策的框架指引下，吉林省的地方性法规、措施正在不断丰富和完善，力争在充分利用科技手段实现精细化现代化、社会治理的同时，妥善保护各类主体相关权益，确保基本安全。《吉林省促进大数据发展应用条例》（2021年1月起施行）对数据采集、归集、整合、共享、开放进行规范，旨在带动社会数据汇聚融通，推动公共数据共享开放，在社会治理和公共服务领域提升行政监管能力，同时兼顾数据安全和个人信息保护：健全数据安全保护制度，定期进行安全风险评估，加强安全监管；明确数据采集的范围，收集使用个人信息应遵循的原则（合法、正当、必要），以及告知被收集人并征得其同意的义务。①

吉林省在数据信息相关权利保护方面的制度措施和实践工作也进展良好，积极营造出全社会共同保护未成年人网络合法权益的良好氛围。2021年开展了吉林省网络安全宣传周活动，推进个人信息保护"12351计划"，2021年10月吉林省总工会和省妇联主办吉林省暨长春市2021年"个人信息保护日"启动仪式，对广大职工、妇女群众开展网络安全知识宣传和普法

---

① 晓峰，尚鹏飞：《"数字吉林"驶入快车道 吉林省出台促进大数据发展应用条例》，载《吉林人大》2021年第1期。

安全教育，有力强化了个人信息保护意识。[①]"十四五"时期，吉林省应在当前成效的基础上，进一步完善信息安全及权利保护方面的地方性法律规范，深入开展相关活动，努力在充分利用和发挥信息化手段优势的同时防止其消极作用。

第七节　夯实人才支撑力

社会治理的主体和客体都离不开人这一因素，尤其作为社会治理主体重要组成部分的各类个体人才，其构成、数量、素质和效率都深刻影响着社会治理的局面和效果。因此，需要从各方面充实提高人才对于我国社会治理的支撑力量。尤其在当前经济和社会发展的转型期，随着结构转换、形态变迁、体制转型、机制转轨、资源流变、利益调整，人们的行为方式、生活方式、思想观念、价值信仰、社会心理都相应发生了多样性变化，使社会治理的风险增多、难度加大，决策、整合等都面临挑战，要求众多具有管理经验、专业技能的人才参与治理过程，充分发挥自身的优势和作用。

一、壮大人员队伍

在各级政府统筹规划下，经发展和改革、财政、人力资源和社会保障、宣传、教育及民政等各相关职能部门协同配合，为各级、各部门承担与社会治理有关职能的工作人员提供并完善各种职业保障，以稳固人心、提振士气、吸引人才、壮大队伍。包括增加各级财政经费预算投入以提供工资待遇等保障；向司法所、乡镇（街）公安派出所、乡镇综治中心、三级网格、消防站等岗位倾斜人员编制等资源；通过完善工作绩效考核评估

---

① 《吉林省暨长春市2021年"个人信息保护日"启动》，http：//news.cnjiwang.com/jwyc/202110/3463725.html.

机制并与补贴、奖金等挂钩而起到激励作用；健全各类专门人员职业资格准入制度以保证思想道德和专业素质；针对各级尤其基层工作人员广泛实行入职培训、定期在职培训和各种教育、培养计划以不断提高专业化水平和工作能力；通过评选树立先进典型并广泛宣传来发挥榜样带头作用，等等。

应大力发展政府专职消防队伍和消防文员，将其纳入国家综合性消防救援力量统筹规划布局，坚持职业化建设方向，建立完善与消防救援职业高危特点相适应的职业保障机制。①适当提高社区居民网格长工资待遇，规范社区居民网格长年终考核制度、发放绩效考核工资，对有一定年限且离任的社区居民网格长实行定额补贴。②保障专职网格管理员的工资待遇，实行绩效考核与发放奖励相挂钩的激励措施，对表现优秀的网格管理员，在招录事业单位考试适当加分或在同等条件下给予优先录取等优惠。③各级司法行政机关建立健全司法所工作人员职位岗位准入规定；司法所统筹使用政法专项编制等各类编制资源和人员力量，按照规定条件和程序招录、选调司法所工作人员，优化年龄结构和知识结构；实行分级培训制，组织司法所工作人员积极参加岗前培训、干部培训等各类教育培训；对司法所人员经费以及调解、普法依法治理、基层公共法律服务、社区矫正、安置帮教等办案（业务）经费、装备经费等支出均纳入财政预算予以保障。④

---

① 《国务院安全生产委员会关于印发〈"十四五"国家消防工作规划〉的通知》，http://www.mem.gov.cn/gk/zfxxgkpt/fdzdgknr/202204/t20220414_411713.shtml.

② 《关于提高社区居民网格长工资待遇的提案》，http://www.szzxw.gov.cn/html/2022/tianxuandeng_0411/713.html.

③ 《关于保障网格管理员待遇的建议》，http://rsj.gzz.gov.cn/gzrsj/c103292/202103/2131385d33fc4a11a0980e243af63634.shtm.

④ 《司法部关于发布实施〈全国司法所工作规范〉行业标准的公告》，http://www.moj.gov.cn/pub/sfbgw/zwxxgk/fdzdgknr/fdzdgknrlzyj/lzyjsfhybzj/202112/t20211209_443440.html.

二、发动公民参与

公民是多元社会治理格局中的重要一员，在建设基层社会治理共同体过程中，动员广大公民参与可以最大限度地增加参与特定公共事务管理和自治的主体，达到治理的最佳效果。

（一）发展共建共享机制

通过创新制度和机制（如多层级制度化的基层民主协商制、采取村居共治协会方式的村居民自治制度、社会力量与社区群众自治组织的共建、提供激励的成果共享机制的设计等），发挥村规民约、优良家风等道德规范的调节作用，充分照顾不同主体的意愿和要求，唤醒主人翁意识和积极性、主动性、创造性，凝聚共同目标，激发社会责任，形成治理共识；同时助力实现个人价值，落实权利义务，协调利益关系，从而使异质性的多元主体形成一个情感、行动、利益共同体，汇聚社会组织、企业、公众及个人在内的众多主体参与公共事务治理，并结合资源下沉、公共服务体系完善及其他保障措施，促进经济、政治、文化、社会、生态等物质和精神发展的机会和成果在每一个个体之间实现共享。[①]

（二）发挥贤达人员带头作用

在城乡基层社区发掘、培养、支持在当地有影响力的各行业领域和社区贤达人员积极参与邻里纠纷调解、群众自治组织建设等公共事务，充分发挥其威望、经验阅历、人际关系、协调处置能力、说服力等，提升基层治理效率，如很多地方纷纷采取的"乡贤+"多元矛盾纠纷化解模式[②]；此外，通过贤达人员的带动、引领，调动更多原本消极观望的群众参与基层

---

① 文宏，林仁镇：《多元如何共治：新时代基层社会治理共同体构建的现实图景——基于东莞市横沥镇的考察》，载《理论探讨》2022年第1期。

②《紫阳："乡贤"赋能基层社会微治理》，2022-03-07，http：//www.zyx.gov.cn/Content-2375082.html。

社会治理的主动性、积极性，使其配合接受并自愿提供有关公共服务。

（三）完善平台载体建设

搭建多种多样的社会动员平台，利用多种载体，健全社会动员机制，用以广泛动员基层群众，如充分利用微博、微信群、QQ群、手机报等新媒体，大力宣传与基层社会治理有关的法规政策等信息，使群众在知情的基础上积极参与；综合协调运用传统与现代、柔性与刚性等多种治理手段和工具，如倡导良好的民风乡俗、发掘优秀传统和红色文化资源、加强信息化智能化等。[1]

三、广泛动员志愿者

广大志愿者是当今复杂精密的社会治理体系所需大量人力资源的有力补充，新时期也应当将志愿者作为各类社会治理人才尤其是基层社区治理力量的重要来源，灵活探索多样化方式，通过多种平台和渠道大力动员众多社会成员充当志愿者，服务社会而又自我服务、自我提升，同时实现个人价值与社会价值。

（一）社会组织招募志愿者

有很多组织以志愿者的形式吸引人才、优化服务，成立志愿者协会，结合自身资源优势，支持发展多种多样的志愿服务项目品牌，积极开展相应主题的志愿活动，取得了良好的服务社会、培养公民意识并动员公众参与的实践效果。例如，中国国民党革命委员会（中国大陆八个民主党派之一）吉林省委员会（简称"民革吉林省委"）成立了中山志愿者协会，树立"宝贝回家""中山法援""中山文艺""星愿计划""关爱抗战老兵"等志愿活动品牌，聚集包括民革党员在内的大量志愿者经常性提供相

---

[1] 姚迈新：《城市社会治理共同体的实践机制研究——基于"广州街坊"群防共治组织的分析》，载《探求》2021年第3期。

关服务。① 未来可以采用更加创新多样的模式来招募更多志愿人员，包括以共建的形式从其他社会组织、企业、事业单位等吸收志愿者，在壮大队伍的同时，推动知识经验交流和专业技术切磋，合力提供政策法律宣传、身心诊疗疏导、文化实践活动、生态环境保护、卫生防疫等优质公共服务。②另外还包括符合条件的社会单位及企业、乡镇、农村建立志愿消防队或微型消防站，发展森林草原防灭火等方面的社会救援力量等。

（二）社区吸引志愿者

依托社区贤达人员和社区已有的组织，培育扶持居民组成的社区自组织，在此框架下，召集志愿者队伍，并对其进行登记、培训、激励和管理，培育以志愿者队伍为主的社区内生服务力量，如社区义工队、巡防巡护队，在共同行动中逐步培养其服务社区、社会的意识和能力；或者通过实行公益积分制度、开展"时间银行"活动等，鼓励居民结成互惠互助关系，先作为志愿者奉献，后作为服务对象享受，不断扩大社区居民自我服务的范围。③

（三）党政机关及事业单位动员党员志愿者

各级党委政府、部门机构和事业单位等应当把提倡志愿服务、深入社区基层服务群众作为爱民实践、党建工作的一项重要内容或者抓手，动员组织广大党员干部下沉基层更好地履行本职工作，或者就近到所住社区帮助开展急需的惠民便民活动。例如，2022年春季，吉林省大力动员全省党政机关部门及事业单位的所有党员积极担当志愿者，加入中宣部、中央文

---

① 郭乃硕：《民革组织参与立法协商的吉林探索》，载《团结》2020年第5期。

② 郑文佳，李忆华：《嵌入式治理：志愿组织参与城市社区治理的路径分析》，载《西华师范大学学报》（哲学社会科学版）2022-11-18。

③ 潘佳垠，何朝银：《青年志愿者参与老旧小区治理创新的机制研究》，载《领导科学论坛》2022年第8期。

明办开展的"志愿服务关爱行动"，省、市、县共有20余万名党员干部下沉基层，在一线成立7000余个临时党组织，组建1.2万支党员志愿服务突击队，在社区党组织的统一领导下，协助网格长在本小区为居民群众提供防控相关服务，充分发挥了党员先锋模范作用。[①]

（四）向社会层面招收公民志愿者

市域范围内或特定领域的许多公共服务也存在大量的人力缺口，可以广泛向社会公众征集富有社会责任感的人士作为志愿者，提供所需的公益服务。包括森林火灾义务消防员和志愿者、灾情信息报送员、网格管理员、街面巡逻队等。可探索灵活多样的激励方式，吸引并留住人才，如举办各种好人评选、见义勇为颁奖、以项目方式给予资金扶助、支持成立基金会为志愿者提供补贴或购买人身安全保险、畅通志愿者成为专职人员的上升通道等，包括使优秀专职消防队员、地方森林扑火队员加入国家综合性消防救援队伍，社区志愿者网格员成为事业编制网格员等。

四、扶持专业社会工作者

社会工作者是"三社联动""五社联动"等新型社会治理机制中的一个重要主体，为社会治理的现代化、精细化发展做出了很大贡献。通过各种鼓励政策、创新机制、支持活动和保障措施，引导和培养各门各类专业社会工作者提供所需的社会服务，可以极大地补充和优化新时代社会治理的人力资源。

（一）完善政府购买服务制度

通过民政部门以项目方式依法依规与承接主体签订政府购买服务协议，加强对承接主体的资金和服务监管，指导承接主体制定人员招聘方

[①]《吉林省"志愿服务关爱行动"综述》，http://gongyi.ce.cn/news/202204/19/t20220419_7340444.shtml.

案，按照服务协议设立服务站点，组织社工开展专业服务。

（二）加强组织机构等保障

第一，以建立社工站作为机构依托。积极推进辖区内乡镇（街道）社工站、村（社区）社会工作服务点覆盖，孵化枢纽型社会工作服务机构，培育扎根基层的公益类社会组织。[①]第二，采取多种激励保障措施。保障社工工资待遇，实行省、市、县等多级社工人才激励制度，将督导、培训、外出参访交流等机会向一线社工倾斜。第三，加强能力培养。提高社工站项目团队意识和能力，使其能够注册成立本土社工机构并独立承接政府购买服务，动员社工站项目社工报考（助理）社会工作者职业水平考试，通过宣传、培训等方式传授社会工作的专业手法。

（三）创新工作机制

探索社区与社会组织、社会工作者、社区志愿者、社会慈善资源的联动机制，形成"五社联动"机制，包括建设乡（镇）社会事务办、社工站、村支"两委"、社区自组织、村民代表等组成的联席会议制度，定期商讨社区公共事务。

（四）支持开展活动

大力支持社会工作者提供相关的专业性社会服务，为社会治理良好局面作出贡献，包括：开展防震减灾宣传教育、逃生演练和救灾演练；对社区进行灾害风险评估、灾害点和潜在风险点改造或明确标识；协助实施社会救助等扶助，其中涵盖对城乡低保、特困供养、临时救助对象的复核排查建档、政策宣传、资源链接、工作技能和应对风险能力培养、社会融入服务等；提

---

① 《吉林省民政厅关于印发〈吉林省乡镇（街道）社会工作服务站设立工作方案〉的通知》，http://mzt.jl.gov.cn/mztyw_74291/shgzyzyfw/fgwj/202102/t20210204_7936019.html.

供社会心理等服务，其中涵盖协助开展家庭随访，调查评估未成年人身心健康等情况，进行心理健康教育，提供心理援助和危机干预服务，及时发现报告遭受或者疑似遭受家庭暴力或其他受虐行为，协助做好对无人监护或遭受监护侵害未成年人的心理疏导、精神关爱，协助中小学校和农村社区做好未成年人安全教育、监护法制宣传和家庭暴力预防教育，帮助孤儿、事实无人抚养儿童等留守儿童以及困境儿童获得关爱帮扶、成长陪伴、课业辅导或法律援助；宣传婚育政策，提供家庭暴力、生活减压社会支持和情感沟通、心理疏导、关系修复、纠纷调解等个案服务。[①]

---

① 《吉林省民政厅关于印发〈吉林省乡镇（街道）社工站项目服务内容参考（暂行）〉的通知》，http://mzt.jl.gov.cn/mztyw_74291/shzzgl/fgwj/202109/t20210930_8235720.html.

参考文献

［1］王伟进.社会治理范围的模糊、清晰与泛化——理论、政策与实践的三种视角［J］.社会学评论，2021，9（06）：83—99.

［2］蔡益群.社会治理的概念辨析及界定：国家治理、政府治理和社会治理的比较分析［J］.社会主义研究，2020（03）：149—156.

［3］李建伟，王伟进.理解社会治理现代化：内涵、目标与路径［J］.南京大学学报（哲学·人文科学·社会科学），2021，58（05）：35—44+158.

［4］戴欢欢，陈荣卓.结构性整合：市域治理现代化背景下社会矛盾有效化解的一种解释框架［J］.云南社会科学，2023（02）：64—72.

［5］陈俊峰，司海峰.城市基层社会治理的再认识与机制创新［J］.齐齐哈尔大学学报（哲学社会科学版），2021（10）：73—76+84.

［6］刘燕妮."共建共治共享"社会治理的生成逻辑和制度优势［J］.重庆社会科学，2022（01）：68—80.

［7］李坤轩，马玉丽.治理现代化背景下社会组织参与社会治理的理论基础探析［J］.武汉公安干部学院学报，2021，35（02）：26—29.

［8］赵亚珠，邱韵，折静.基于"共建、共治、共享"理念下城乡社区治理理论逻辑与创新路径［J］.榆林学院学报，2021，31（05）：105—109.

［9］沈夏珠.柏拉图政治价值理论：一个正义观念体系［J］.南京社会科学，2017（03）：90—95+105.

［10］程燎原.现实与理想：亚里士多德法治政体思想的二重展开［J］.政治法学研究，2017，7（01）：3—38.

〔11〕朱飞，胡思越.西方古典法治理论的起源〔J〕.九江学院学报（社会科学版），2013，32（02）：115—120.

〔12〕裴洪辉.法治理念的生成逻辑〔J〕.河南财经政法大学学报，2022，37（04）：146—156.

〔13〕孙蕊，王少洪.共建共治共享开放式社会创新的理论与实践〔J〕.内蒙古社会科学，2022，43（01）：180—187.

〔14〕丁元竹.构建中国特色基层社会治理新格局：实践、理论和政策逻辑〔J〕.行政管理改革，2021（11）：29—44.

〔15〕谢冬慧.戊戌变法的近代影响及当下思考——基于审计与监察制度的考察〔J〕.常州大学学报（社会科学版），2021，22（02）：86—99.

〔16〕王小章."乡土中国"的现代出路：费孝通与吴景超的分殊与汇合〔J〕.探索与争鸣，2021（09）：112—120+179.

〔17〕刘晨光.超越西方"宪政"话语——兼论中国特色社会主义法治理论的要义〔J〕.科学社会主义，2021（03）：64—71.

〔18〕叶静漪，李少文.新时代中国社会治理法治化的理论创新〔J〕.中外法学，2021，33（04）：845—864.

〔19〕杨新红，姚桓.党领导基层社会治理：理论溯源与创新路径〔J〕.新疆社会科学，2021（04）：27—33.

〔20〕蔡宝刚.聚焦社会：社会主体参与社会治理的法治观照〔J〕.求是学刊，2021，48（06）：101—111.

〔21〕马文祥，江源.新时代中国社会治理理论的三重逻辑：思想、理论、现实〔J〕.石河子大学学报（哲学社会科学版），2022，36（01）：6—11.

〔22〕张炜达，郭朔宁.社会治理法治化：生成逻辑、价值意蕴与中国方案〔J〕.西北大学学报（哲学社会科学版），2022，52（03）：118—128.

〔23〕郑文佳，李忆华.嵌入式治理：志愿组织参与城市社区治理的路径分析——以衡阳市为例〔J/OL〕.西华师范大学学报（哲学社会科学版）：1—10〔2023-09-06〕.

〔24〕万瑀.法治思维下的共建共治共享社会治理路径研究〔J〕.产业与

科技论坛，2021，20（22）：10—11.

　　［25］张潇梦.共建共治共享：新时代社会治理共同体的公共性建构及其价值辨梳［J］.广西社会主义学院学报，2021，32（04）：30—36.

　　［26］徐汉明.中国式社会治理现代化的科学内涵［N］.中国社会科学报，2023-02-21（005）.

　　［27］苗宇飞，杜永波.新时代中国社会治理理论的创新［J］.黑河学院学报，2021，12（03）：92—94.

　　［28］李君如."智慧中国"的社会治理［J］.人民论坛，2020（29）：38—39.

　　［29］王珺.市域社会治理现代化视角下服务型政府的法治化［J］.行政科学论坛，2021，8（06）：38—43.

　　［30］杨仁忠，张诗博.社会治理共同体的公共性意蕴及其重要意义［J］.河南师范大学学报（哲学社会科学版），2021，48（01）：9—16.

　　［31］国务院新闻办公室.中国的全面小康［EB/OL］.（2021-09-28）.https：//www.gov.cn/zhengce/2021-09/28/content_5639778.htm.

　　［32］人民日报.确保人民安居乐业、社会安定有序、国家长治久安［N/OL］.（2021-05-21）（02）.http：//politics.people.com.cn/n1/2021/0521/c1001-32109165.html.

　　［33］杨朝晖.加强和创新社会治理 建设更高水平的平安中国［N/OL］.人民政协报，2021-10-19（012）.

　　［34］曾毅.吉林和谐社区初露风采［N/OL］.光明日报，2007-01-03.https：//www.gmw.cn/01gmrb/2007-01/03/content_530737.htm.

　　［35］吉林日报.吉林省深入开展平安吉林建设［N/OL］.（2012-04-27）.http：//gxt.jl.gov.cn/jlqlh/jjxx/201204/t20120427_1190476.html.

　　［36］曾毅，任爽."百姓说事点"真给大家办实事［N/OL］.光明日报，2012-01-12（01）.https：//epaper.gmw.cn/gmrb/html/2012-01/12/nw.D110000gmrb_20120112_1-01.htm.

　　［37］潘佳垠，何朝银.青年志愿者参与老旧小区治理创新的机制研究［J］.领导科学论坛，2022（08）：114—116.

〔38〕孟海鹰.彩虹桥怎样铺设回家路（新春走基层·一线调查）〔N/OL〕.人民日报，2013—02—01. http：//politics.people.com.cn/n/2013/0201/c1001—20398099.html.

〔39〕王先明.关于社会组织评估的思考与建议〔J〕.社团管理研究，2012（07）：42—43.

〔40〕吴志伟，阚勋.栽得梧桐树 引得凤凰来—吉林省打造高层次社会工作人才队伍〔N/OL〕.中国社会报，2018—05—25. https：//www.mca.gov.cn/n152/n166/c40677/content.html.

〔41〕任胜章.吉林省努力建设好生态宜居美丽乡村〔N/OL〕.吉林日报，2018—07—31. http：//country.people.com.cn/n1/2018/0731/c419842—30180700.html.

〔42〕人民日报.加快转变政府职能（学习贯彻党的十九届五中全会精神）〔N/OL〕.（2020—12—03）. http：//news.cnr.cn/native/gd/20201203/t20201203_525351110.shtml.

〔43〕李晓燕.市域社会治理现代化中基层治理的进阶式发展〔J〕.北京社会科学，2022（07）：118—128.

〔44〕农民日报.吉林省长白朝鲜族自治县：造就无讼村屯 续写枫桥经验〔N/OL〕.（2021—08—19）. http：//tuopin.ce.cn/news/202108/19/t20210819_36824126.shtml.

〔45〕孙翠翠.坚决扛稳国家粮食安全重任—我省多措并举提高粮食生产水平纪事〔N/OL〕.吉林日报，2021—06—16. http：//www.jl.gov.cn/zw/yw/zwlb/sz/202106/t20210616_8105368.html.

〔46〕农民日报.吉林省出台一揽子粮食生产支持政策全力提升产能〔N/OL〕.（2022—05—18）. https：//www.peopleweekly.cn/html/2022/sannong_0518/126384.html.

〔47〕董凡超，张淑秋.吉林创新"百姓说事点"平台为民解忧止纷〔N/OL〕.法治日报，2021—01—11（04）. http：//epaper.legaldaily.com.cn/fzrb/content/20210111/Page04ZB.htm.

〔48〕吉林日报."五治""三长"齐发力 长春打造社会治理现代

化"新高地"［N/OL］.（2021-12-02）.http：//www.changchun.gov.cn/zw_33994/yw/zwdt_74/zwdt/202112/t20211202_2948622.html.

［49］崔维利，袁松年.强本固基聚合力——四平构建"全科智慧网格"引领基层治理现代化见闻［N/OL］吉林日报，2021-04-16.http：//www.jl.gov.cn/zw/yw/zwlb/sx/sz/202104/t20210416_8028556.html.

［50］李家鼎.吉林省梨树县：法官进网格 诉前解纠纷［N/OL］.人民日报，2021-07-27（05）.http：//xfj.jl.gov.cn/xwzx/tbtj/202107/t20210727_8153800.html.

［51］徐汉明.社会治理法治研究［M］.北京：法律出版社，2018.

［52］黄红.发挥社会组织在社会治理中的作用［N/OL］.黑龙江日报，2019-03-21（06）.http：//epaper.hljnews.cn/hljrb/20190321/413148.html.

［53］阿莱·木拉提.充分认识群团组织和社会组织在社会治理中的作用研究［J］.中小企业管理与科技（上旬刊），2021（06）：102-103.

［54］邱玉婷.市域社会治理现代化格局中社会组织协同治理的效能提升［J］.理论导刊，2021（08）：84—92.

［55］李楠，闫韶华.基于统一战线视域的新媒体从业人员参与社会治理［J］.湖南省社会主义学院学报，2021，22（05）：68—70.

［56］潘琳，周荣庭.安徽社会治理创新：构建逻辑、困境与行动路径［J］.安徽行政学院学报，2021（03）：106—112.

［57］赵清.共建共治共享理念下社工机构的发展困境与路径［J］.海南师范大学学报（社会科学版），2021，34（05）：119—126.

［58］杨家豪.乡镇中小企业嵌入基层社会治理体系问题分析［J］.乡村论丛，2021（05）：45—52.

［59］赵晨昕.志愿组织参与社会治理的价值、困境与机制——以北京市H社区志愿组织为例［J］.大众标准化，2021（09）：63—65.

［60］严雪雁，谢金晶.乡村社会治理中的社工助力探析：角色定位与路径选择［J］.乐山师范学院学报，2021，36（06）：76—84.

［61］罗维，张佳乐.社会资本视角下公益性社会组织发展之路——以"红领之家"为例［J］.宁波大学学报（人文科学版），2023，36（02）：

102—109.

［62］曹胜亮，胡江华.新时代社会组织参与社会治理创新的理论困境和路径选择［J］.武汉理工大学学报（社会科学版），2021，34（05）：46—54.

［63］章晓乐，任嘉威.治理共同体视域下社会组织参与农村社会治理的困境和出路［J］.南京社会科学，2021（10）：62—67.

［64］张飒.新形势下社会组织参与社会治理研究——以回天地区为例［J］.公关世界，2021（22）：66—68.

［65］许晓东，芮跃峰.市域社会治理现代化：体系建构与路径选择［J］.社会主义研究，2021（05）：125—131.

［66］杨凯.论现代公共法律服务多元化规范体系建构［J］.法学，2022（02）：3—20.

［67］张淑敏，吕小康.社会心理服务体系的政策语境与行动逻辑［J］.南开学报（哲学社会科学版），2021（06）：68—77.

［68］冷童童.建设社会心理服务体系 让矫正从"心"开始［J］.人民调解，2021（11）：54—56.

［69］曹鸿鸣，黄武，姚宏文，等.建立健全经常性社会心理服务疏导和干预机制，防范化解个人极端风险［J］.中国发展，2022，22（01）：1—7.

［70］钱熠，郑希羚.以"三社联动"助力社会心理服务体系建设［J］.中国民政，2022（06）：60.

［71］宋丽芹.普惠性学前教育公共服务体系建设：困境与突破路径［J］.现代基础教育研究，2021，43（03）：101—106.

［72］孟雨，邹国防，季永武，等.对全民健身公共服务体系建设的再思考——基于社会主要矛盾变化的现实［C］//中国体育科学学会.第十二届全国体育科学大会论文摘要汇编——墙报交流（体育社会科学分会）.［出版者不详］，2022：148—150.

［73］白晋光.基层劳动就业与社会保障公共服务体系建设的探析［J］.中国集体经济，2021（25）：120—121.

［74］赵彬蓉.加强医保基层公共服务体系建设的思考［J］.四川劳动保障，2022（02）：17.

［75］管健，杭宁.少数民族地区社会心理服务体系建设研究［J］.西南民族大学学报（人文社会科学版），2021，42（10）：220—227.

［76］丁煌，任洋.农村电商公共服务体系建设何以破解农副产品产销困境——来自贵州省全链条型服务体系的实践证据［J］.贵州财经大学学报，2022（01）：66—74.

［77］苗芃.治理现代化视角下我国社会心理服务体系建设的路径创新［J］.山东大学学报（哲学社会科学版），2021（06）：119—127.

［78］李琛.浅析新时代下青少年体育公共服务体系建设［J］.体育科技文献通报，2021，29（01）：119—121.

［79］叶强.推进家庭教育纳入基本公共服务体系建设［J］.理论导报，2022（03）：44.

［80］文宏、辛强：《全面推进新时代社会心理服务体系建设》，http：//www.gmw.cn/xueshu/2021-02/19/content_34627310.htm.

［81］高文兴.北京社会治理精细化走向深入［N］.公益时报，2021-07-20（002）.

［82］张术霞.坚持和完善共建共治共享的社会治理制度路径探析［J］.福州党校学报，2021（04）：25—29.

［83］杨彤彤，王海威.应急管理制度化建构的理论逻辑、历史逻辑和实践逻辑［J］.理论导刊，2021（05）：85—91.

［84］贺汉魂，许银英.实现人民的美好生活需要是效率、公平的硬道理——习近平效率、公平观的伦理意蕴探析［J］.海派经济学，2020，18（02）：32—48.

［85］胡秋玲，陶振.突发事件应急指挥体制的分类、演进与调适［J］.四川行政学院学报，2021（03）：26—40.

［86］三秦统战微信公众号.紫阳："乡贤"赋能基层社会微治理［EB/OL］.（2022-03-07）.http：//www.zyx.gov.cn/Content-2375082.html.

［87］李芳.新时代应急融合发展思路探索——以应急指挥中心为例［J］.中国应急管理科学，2020（05）：55—61.

［88］张晓君，王伟桥.走向"大应急"？机构改革以来应急管理制

度的变革与形塑——基于综合应急管理的视角［J］.湖北社会科学，2021（04）：25—35.

［89］冯双剑.提升应急管理能力的"制胜一招"——广东省智慧应急的探索与实践［J］.中国应急管理，2021（05）：68—73.

［90］李华强.自然灾害防灾减灾社会化中的公众参与：一个阶段化路径模型［J］.中国行政管理，2021（06）：128—135.

［91］刘纪达，麦强.自然灾害应急协同：以议事协调机构设立为视角的网络分析［J］.公共管理与政策评论，2021，10（03）：54—64.

［92］赖先进.强化应急指挥体系建设策略分析［J］.中国应急管理，2022（02）：48—51.

［93］裴培华.综合性消防救援队伍与多种形式消防队伍联勤联动研究［J］.消防界（电子版），2021，7（02）：50—51.

［94］徐东，吴量，迟长啸，等.健全体系提升国家物资储备效能［J］.中国应急管理，2021（04）：52—54.

［95］傅浩.应急物资储备及管理策略研究［J］.中国商论，2021（11）：24—26.

［96］马克祥，纪庭超，李钦富，等.应急管理体系完善思考及信息化应对建议［J］.中国电子科学研究院学报，2021，16（06）：617—620.

［97］郭乃硕.民革组织参与立法协商的吉林探索［J］.团结，2020（05）：10—15.

［98］宋洪兴，周领.构建监狱安全生产防控体系探究［J］.犯罪与改造研究，2021（06）：69—74.

［99］杨月巧.新时代应急管理机制体系分析［J］.中国安全生产，2020，15（06）：27—29.

［100］吉勇.打造本质安全型现代产业园区［J］.群众，2021（04）：25—26.

［101］游志斌.城市管理要把安全风险治理放在首位［J］.中国党政干部论坛，2021（08）：71—72.

［102］杨兴亮.锁定30项重点任务　标本兼治深入推进［N/OL］.中国

应急管理报，2021-06-16（004）．http：//yjt.jl.gov.cn/mtbd/zgyjglb/202108/t20210823_8192696.html.

［103］徐姚.加强国土空间规划中防灾减灾和安全发展规划建设［N］.中国应急管理报，2022-03-04（001）.

［104］沈惠章.社会治安防控体系立体化建设的实践与思考［J］.铁道警察学院学报，2021，31（01）：17—22.

［105］刘巍.吉林省公安机关全面加强公共安全治理体系建设［EB/OL］.（2020-03-04）.http：//jl.sina.com.cn/news/yaowen/2020-03-04/detail-iimxyqvz7638019.shtml.

［106］陈慧娟.中央政法工作会议召开［N/OL］.光明日报，2022-01-17（03）.https：//epaper.gmw.cn/gmrb/html/2022-01-17/nw.D110000gmrb_20220117_2-03.htm.

［107］高立龙.加快构建立体化智能化社会治安防控体系［N/OL］.湖南日报，2021-12-30（011）.https：//hnrb.voc.com.cn/hnrb_epaper/html/2021-12/30/content_1557042.htm.

［108］习近平.决胜全面建成小康社会，夺取新时代中国特色社会主义伟大胜利［M］.北京：人民出版社，2017.

［109］刘跃进.人民安全是国家安全的宗旨和基石［J］.红旗文稿，2022（08）：29—31.

［110］黄鑫.突发公共卫生事件应急地方立法现状及其因应路径［J］.医学与社会，2022，35（01）：123—128.

［111］张铮，李政华.中国特色应急管理制度体系构建：现实基础、存在问题与发展策略［J］.管理世界，2022，38（01）：138—144.

［112］马晓伟.提高应对突发公共卫生事件能力［N/OL］.人民日报，2021-01-21（09）.http：//opinion.people.com.cn/n1/2021/0121/c1003-32006691.html.

［113］孙必胜.试析城市"韧性"社区构建的实务过程与优化路径——基于南京市X社区公共危机应急治理的考察［J］.北京城市学院学报，2022（03）：20—24.

［114］翁宁.以"三整合"改革强化基层网格化治理［J］.唯实，2022（07）：79—81.

［115］邱玉婷.信任与韧性：社会组织在基层应急治理共同体中的嵌入逻辑［J］.领导科学，2022（07）：124—128.

［116］王馨玥.公共突发事件视域下的社会治理困境与化解路径［J］.领导科学，2021（16）：57—60.

［117］江奕涵.我国食品安全政府监管的问题及对策分析［J］.现代食品，2021（14）：44—46.

［118］杨静.突发公共卫生事件应急防控法治保障制度之完善［J］.武警学院学报，2021，37（11）：33—38.

［119］曹晓青，薛钢，明海蓉.环境保护税征收管理的国际借鉴与优化路径［J］.财政监督，2021（13）：80—85.

［120］梁本凡，刘夏青，康文梅.新中国生态环境保护制度的演进脉络与创新探索［J］.城市与环境研究，2022（01）：88—96.

［121］周宏春，史作廷，江晓军.中国可持续发展30年：回顾、阶段热点及其展望［J］.中国人口·资源与环境，2021，31（09）：171—178.

［122］朱磊，陈迎."一带一路"倡议对接2030年可持续发展议程——内涵、目标与路径［J］.世界经济与政治，2019（04）：79—100+158.

［123］张永生.为什么碳中和必须纳入生态文明建设整体布局——理论解释及其政策含义［J］.中国人口·资源与环境，2021，31（09）：6—15.

［124］刘长兴.《民法典》合同编绿色条款解析［J］.法学杂志，2020，41（10）：21—29.

［125］范进学.作为"权利"的环境权及其反思［J］.中国法律评论，2022（02）：150—163.

［126］吕忠梅.做好中国环境法典编纂的时代答卷［J］.法学论坛，2022，37（02）：5—16.

［127］生态环境部党史学习教育领导小组.党领导新中国生态环境保护工作的历史经验与启示［EB/OL］.（2021-11-25）.https：//huanghejg.mee.gov.cn/xxgk/sthjyw/202111/t20211125_961742.html.

［128］张挺.社会组织提起生态环境损害赔偿诉讼之质疑——兼论《民法典》第1235条的解释［J］.北方法学，2022，16（02）：76—90.

［129］李恒吉，逯承鹏，鹿晨昱，等.东北地区城市可持续发展的时空格局演变分析［J］.水土保持研究，2021，28（06）：407—411+419.

［130］阿计.“小切口”立法的大价值［J/OL］.民主与法制杂志电子版，2021（40）.http：//e.mzyfz.com/mag/paper_46079_23725.html.

［131］张远.社会治理视角下的社会信用体系建设问题探讨［J］.征信，2021，39（11）：46—50.

［132］吴晶妹.社会信用体系建设要更上一层楼［J］.征信，2020，38（04）：1—5.

［133］贺祎扬.社会信用体系建设对我国上市企业创新水平的影响研究［J］.金融经济，2022（03）：26—36.

［134］于金利.基于优化营商环境视角社会信用体系建设对策研究［J］.中外企业文化，2022（02）：44—45.

［135］董树功，杨崎林.基于社会治理的社会信用体系建设研究：学理逻辑与路径选择［J］.征信，2020，38（08）：67—72.

［136］何雄.健全机制 于法有据 推动社会信用体系建设行稳致远［J］.中国信用，2022（02）：19—21.

［137］王达.区块链技术助力企业信用信息共享的模式选择与机制优化［J］.征信，2022，40（03）：53—59.

［138］张路.试论信用服务市场建设的民事制度回应［J］.中国信用，2020（03）：114—117.

［139］何玲，刘梦雨.连维良：着力“八个全面提升”推动社会信用体系建设高质量发展［J］.中国信用，2021（11）：8—9.

［140］林钧跃.论公共和市场两种不同类型的失信惩戒机制及其互补关系［J］.征信，2022，40（01）：11—25.

［141］何玲.弘扬诚信文化 建设诚信社会［J］.中国信用，2021（03）：17.

［142］澎湃新闻.2021年吉林省“最美家庭”名单揭晓［EB/OL］.

（2021-05-15）. https：//m.thepaper.cn/newsDetail_forward_12691346.

［143］张竞芳，朱梦瑶.论家庭家教家风建设在基层社会治理中的作用［J］.湖北警官学院学报，2021，34（04）：103—110.

［144］马焱.家庭家教家风：创新基层社会治理体系的新视角——兼论新时代妇联组织的家庭工作［J］.中华女子学院学报，2020，32（06）：58—63.

［145］卢福营."找回家庭"：新时代中国基层治理的呼唤［J］.探索与争鸣，2023（01）：36—38.

［146］法制日报.《吉林省反家庭暴力条例》8月1日起施行［N/OL］.（2020-06-30）. http：//www.legaldaily.com.cn/rdlf/content/2020-06-30/content_8233141.html.

［147］赵晓明. 关于推进政府购买服务促进社区社会组织发展的建议［EB/OL］.（2018-11-23）. http：//www.cczx.gov.cn/dyscbg/201811/t20181123_2079245.html.

［148］孙娇杨.初心如磐　固本强基宽城区推动基层党建工作提质增效［EB /OL］.（2021-08-04）. http：//www.jckc.gov.cn/twxym/202108/t20210804_2879597.html.

［149］刘际阳.让社区治理体系更健全—创新"三长"联动机制助力市域社会治理现代化［EB /OL］.（2021-03-19）. https：//www.mca.gov.cn/n152/n166/c44842/content.html.

［150］张建，王晓林."数字吉林"强化数据赋能抢抓转型机遇［N］.经济参考报，2022-08-22（008）.

［151］李青文.城市社区善治的三维向度：党建引领、结构优化与服务回应［J］.青岛农业大学学报（社会科学版），2022，34（01）：51—58.

［152］李杏果.社区社会组织参与社会治理共同体建设：内在逻辑与实现路径［J］.河南社会科学，2023，31（01）：70—78.

［153］褚洪，程瑶，褚家路，等.社区网络舆情治安治理困境与对策研究［J］.河北公安警察职业学院学报，2022，22（04）：33—37.

［154］张继良，邵凡.乡村治理主体职能结构的调整与优化［J］.河北

学刊，2022，42（06）：159—166.

　　［155］于健慧.社会组织参与乡村治理：功能、挑战、路径［J］.上海师范大学学报（哲学社会科学版），2020，49（06）：18—24.

　　［156］吕德文.提高乡村善治水平［N/OL］.人民日报，2021-01-26（07）.http：//opinion.people.com.cn/n1/2021/0126/c1003-32011591.html.

　　［157］马贺.长春："百姓议事"议出新气象［EB/OL］.（2020-12-29）.http：//www.jl.gov.cn/zw/yw/zwlb/sx/sz/202012/t20201229_7865321.html.

　　［158］秦清芝，杨雪英，张元.政府公共权力视域中的城乡融合发展路径研究［J］.江苏师范大学学报（哲学社会科学版），2020，46（03）：102—112+124.

　　［159］张鹏飞，李鸿.社会资本理论对农村社会组织韧性建构的启示［J］.吉林省教育学院学报，2022，38（08）：126—130.

　　［160］刘露宇，李炫欣.农村社会组织参与乡村治理的机制研究［J］.学会，2022（09）：13—17.

　　［161］胡宝珍，欧渊华，刘静.新时代"五治融合"乡村治理体系之建构——基于福建乡村治理实践的考察［J］.东南学术，2022（02）：126—133.

　　［162］李婷，丁美佳.全省首个新时代文明实践所云平台在桦甸市红石砬子镇开通运行［EB/OL］.（2022-05-24）.http：//jl.wenming.cn/wmsj/sjhd/202205/t20220524_6386997.html.

　　［163］张江海.农村公共服务高质量发展：价值、问题与路径［J］.福建农林大学学报（哲学社会科学版），2022，25（04）：65—70.

　　［164］孙鹤汀，高千.乡村振兴战略下农村公共服务供给：现实困境与路径优化［J］.山东科技大学学报（社会科学版），2022，24（06）：88—95.

　　［165］喻少如，黄卫东.公共法律服务融入乡村治理的逻辑转换及其实践进路［J］.西北民族大学学报（哲学社会科学版），2022（06）：83—97.

　　［166］李抑嬙.深化数据共享应用 助推"数字政府"建设［N］.吉林日

报，2022-09-01（01）.

［167］陈安平，刘彩霞，刘启超.经济增速放缓对个体收入和就业的影响研究［J］.产经评论，2020，11（06）：127—144.

［168］苏洁.从《"十四五"国家应急体系规划》看城市安全发展［J］.劳动保护，2022（11）：22—23.

［169］吴楠楠.新时代城市基层党建创新引领社会治理的挑战、成效与对策［J］.中共南宁市委党校学报，2022，24（05）：16—21.

［170］任绪保.统筹发展和安全深入推进城市社会治理现代化［J］.上海城市管理，2022，31（03）：19—25.

［171］翁士洪.城市治理数字化转型的发展与创新［J］.中州学刊，2022（05）：75—82.

［172］陆昱.大数据赋能城市治理的主体、组织与政策结构［J］.湖北行政学院学报，2022（06）：59—65.

［173］周勇.城市治理中公众参与的价值考量与法治进路［J］.重庆社会科学，2022（05）：87—98.

［174］王颖，金子鑫.社会组织参与城市公共危机协同治理的路径［J］.中南民族大学学报（人文社会科学版）.2022（10）：1—6.

［175］张爱军.挑战与应对：国家网络安全治理体系的构建与完善［J］.泰山学院学报，2022，44（05）：80—86.

［176］李强.网络监管困境分析及对策［J］.江苏商论，2020（04）：137—138.

［177］于洋，黄珊，刘招龙.新时代网络生态治理策略研究［J］.中共石家庄市委党校学报，2023，25（01）：37—40.

［178］王娜，陈晓，叶嘉宁.数字化与平台治理——第四届网络平台治理论坛暨第六届网络治理青年论坛会议综述［J］.商丘职业技术学院学报，2022，21（06）：41—48.

［179］马玉红.广播电视与视听新媒体行业网络安全监管探讨［J］.传媒论坛，2021，4（13）：10—11.

［180］方兴东，何可，钟祥铭.数据崛起：互联网发展与治理的范式转

变——滴滴事件背后技术演进、社会变革和制度建构的内在逻辑［J］.传媒观察，2022（10）：49—59.

［181］姚苹.关于中国式法治现代化道路的探索和发展［J］.陕西行政学院学报，2023，37（01）：76—81.

［182］刘帅.提质增效谱新篇—全省乡镇（街道）综合行政执法改革纪事［N］.吉林日报，2022-09-22（01）.

［183］刘彤.吉林省城市管理综合行政执法问题研究［D］.长春：长春理工大学，2021.

［184］屠振宇，陈一飞.行政执法尽职免责机制的实施困境及其纾解［J］.中国市场监管研究，2022（12）：35—39.

［185］夏德峰.综合行政执法改革政策执行过程的实践维度及其逻辑进路［J］.河南社会科学，2022，30（10）：80—87.

［186］王玫.如何做好思政工作 加强执法队伍建设［J］.活力，2022（01）：95—97.

［187］熊文钊.下一步行政执法体制改革的主要方向与重点任务［J］.国家治理，2022（10）：56—61.

［188］王姿雯.吉林省"三治合一"乡村治理体系研究［D］.长春：吉林农业大学，2021.

［189］鲁旭，池建华.规则主导与制度耦合：自治、法治与德治的辩证关系分析［J］.原生态民族文化学刊，2023，15（01）：83—91.

［190］刘东超，闫晓.城乡基层治理体系中的德治［J］.行政管理改革，2021（12）：58—66.

［191］商植桐，张明宽.中国传统德治思想的发展脉络及历史贡献［J］.唐都学刊，2023，39（01）：97—104.

［192］肖立辉.法安天下 德润人心——人民日报专题深思：实现法治和德治相得益彰［N/OL］.（2021-01-29），http：//opinion.people.com.cn/n1/2021/0129/c1003-32015912.html.

［193］尹寒.自治、法治、德治的辩证关系与融合策略创新［J］.攀登，2022，41（03）：110—116.

［194］刘开君.社会治理视野下德治体系构建的实践路径——基于"枫桥式"五维德治体系的整体性实践叙事［J］.浙江警察学院学报，2023（01）：22—32.

［195］左道，张丹，马璐，等.文化建设成绩斐然"吉"字品牌精彩绽放［N］.吉林日报，2022-10-17（09）.

［196］纪洋."吉"牌文化绘就幸福新画卷—我省五年来文化建设综述［N］.吉林日报，2022-06-18（02）.

［197］李彬.农村社区共同体构建中的文化治理与群众认同——以吉林省少数民族村屯为例［J］.湖北民族大学学报（哲学社会科学版），2022，40（06）：82—93.

［198］王璐，刘玉萍．"吉林文旅云"平台上线启动［EB/OL］.（2022-08-18）．http：//www.ctnews.com.cn/ggfw/content/2022-08-18/content_128945.html.

［199］杜刚，武杰.协同论视域下文化治理的时代价值［J］.系统科学学报，2024（02）：44—49.

［200］段莉.文化产业治理的辩证法［J］.中国文化产业评论，2021（02）：103—126.

［201］张波，丁晓洋.乡村文化治理的公共性困境及其超越［J］.理论探讨，2022（02）：83—90.

［202］傅才武，秦然然.中国文化治理：历史进程与演进逻辑［J］.兰州大学学报（社会科学版），2022，50（03）：11—22.

［203］王春胜.让数字技术融入乡村生活—我省数字乡村建设纪事［N］吉林日报，2022-01-06（11）.

［204］刘中全.吉林省用司法智慧和实效全面提升法治化营商境.［EB/OL］.（2023-02-25）.http：//www.legaldaily.com.cn/index/content/2023-02/25/content_8825891.html.

［205］肖文波，熊纬辉.市域社会治理现代化背景下智慧政法建设研究——以福建省三明市为例［J］.公安研究，2022（06）：77—85.

［206］郭得富.人工智能时代涉警网络舆情治理研究［J］.网络安全技

术与应用，2022（12）：157—159.

［207］季金华.智慧时代司法发展的技术动力、价值基础和价值机理［J］.中国海商法研究，2022，33（03）：65—76.

［208］李晴.制度视角下政府公信力研究［D］.北京：中共中央党校，2021.

［209］王妍."以智为本"还是"以智为贼"？——组织智治的本质、误区与完善［J］.领导科学，2023（02）：70—73.

［210］董振瑞.毫不动摇坚持和加强党的全面领导［EB/OL］.（2021-08-26）.http：//www.qstheory.cn/qshyjx/2021-08/26/c_1127797973.htm.

［211］胡军.推动党组织从"有形覆盖"到"有效覆盖"［EB/OL］.（2020-01-19）.http：//tougao.12371.cn/gaojian.php？tid=3056424.

［212］马斌.党建"三式"推动落实组织覆盖落到实处［EB/OL］.（2022-05-03）.http：//www.chinainc.org.cn/show-25-512820-1.html.

［213］詹国彬，江智灵.组织再造、机制嵌入与党员参与基层社会治理——基于N市B区"红领之家"个案的分析［J］.行政管理改革，2021（11）：45—54.

［214］姬升峰.建好 管好 用好 服务好——山东社会组织党建引领下实现高质量发展［J］党员干部之友，2022（01）：21.

［215］戴欢欢，陈荣卓.联动治理：市域社会治理的逻辑与路径［J］.社会科学家，2022（10）：91—97.

［216］吴淑娴，宋晓.党建引领韧性社区建设路径探析［J］.学习月刊，2022（01）：46—48.

［217］朱存贵.小社区大党建 小阵地大统战——包头市东河区"民主党派之家"同心阵地建设多元共赢［J］.内蒙古统战理论研究，2021（02）：33—35.

［218］刘金林，蒙思敏.党建引领社会组织发展的必要性及政策措施研究：来自广西的证据［J］.云南民族大学学报（哲学社会科学版），2022，39（01）：74—80.

［219］王杨.党如何塑造社会群体？——以社会组织孵化器党建为例
［J］.社会主义研究，2022（01）：130—138.

［220］李明伟，索殿杰.党建引领"两新"组织参与北京社会治理：功
能与路径［J］.新视野，2022（01）：74—80.

［221］张紧跟，庄少英.党建何以引领社工机构发展——以A市F机构为
例［J］.中共福建省委党校（福建行政学院）学报，2021（06）：36—46.

［222］侯名芬.健全和完善统一战线系统党的建设制度体系研究［J］.
辽宁省社会主义学院学报，2021（04）：56—59.

［223］许晓东.当前基层治理存在的突出问题与治理路径［J］.国家治
理，2020（26）：9—12.

［224］吴金群，刘花花.超越抑或共进：服务型政府与发展型政府的关
系反思［J］.浙江大学学报（人文社会科学版），2021，51（05）：170—
182.

［225］罗敏，张佳林，陈辉.政府职能转变与政府建设的三维路向
［J］.社会科学家，2021（05）：145—149.

［226］何精华.政府职责动态配置的立论基础、实践逻辑与可行路径
［J］.上海行政学院学报，2021，22（01）：41—55.

［227］三秦统战微信公众号.紫阳："乡贤"赋能基层社会微治理［EB/
OL］.（2022-03-07）.http：//www.zyx.gov.cn/Content-2375082.html.

［228］王阳，熊万胜.市域社会治理现代化的结构优势与优化路径
［J］.中州学刊，2021（07）：81—87.

［229］陈哲华，刘书明.基层减负背景下乡镇政府职能转变的困境与出
路探析［J］.经济研究导刊，2021（28）：128—130.

［230］付玉联.重大突发公共卫生事件区域协同治理的操作框架构建
［J］.卫生经济研究，2022，39（05）：59—62.

［231］胡江，沙良旺.毒品问题的区域协同治理机制研究——以成渝地区双
城经济圈建设为背景［J］.山西警察学院学报，2022，30（01）：64—70.

［232］胡光旗，踪家峰，甘任嘉.中央督察下的地方环境竞赛与区域协
同治理模式［J］.人文杂志，2022（02）：50—60.

［233］张艳楠，孙蕾，张宏梅，等.分权式环境规制下城市群污染跨区域协同治理路径研究［J］.长江流域资源与环境，2021，30（12）：2925—2937.

［234］包国宪，周豪.从转变政府职能到优化政府职责体系：中国行政体制改革的视角转换与分析框架［J］.理论探讨，2022（02）：43—51.

［235］陈静.外力与内力：社会组织参与社会治埋的机会获得分析［J］.社会工作与管理，2022，22（01）：69—77.

［236］何颖，李思然."放管服"改革：政府职能转变的创新［J］.中国行政管理，2022（02）：6—16.

［237］程波辉.政府职能转变视域下自贸区营商环境评估——以A自贸区企业满意度测量为中心［J］.理论探讨，2021（05）：138—144.

［238］向东.加快政府职能转变 为市场主体发展壮大创造良好环境［J］.中国行政管理，2021（12）：12—14.

［239］刘银喜，赵森，胡少杰.数字化转型中的政府质量测度与提升路径［J］.中国行政管理，2021（12）：74—79.

［240］周平.筑牢多民族国家统一的社会心理基础［N］.中国社会科学报，2021-01-13（08）.

［241］熊晓宇.从"机械嵌入"到"有机嵌入"：社会组织参与城市社区治理的困境及路径探究［J］.南方论刊，2022（02）：36—39.

［242］丁向群.以高质量党建引领非公企业和社会组织高质量发展［J］.党建研究，2022（02）：20—23.

［243］《党的十九届五中全会〈建议〉学习辅导百问》编写组.党的十九届五中全会《建议》学习辅导百问［M］.北京：学习出版社，2020.

［244］潘文雯，刘振宇.新时代"枫桥经验"融入基层社会治理的路径探究［J］.河北公安警察职业学院学报.2022，22（01）：33-36.

［245］李华俊，栾正伟，张思静，等.社会组织参与社会治理的权责调适与法治路径［J］.江汉学术，2022，41（06）：14—23.

［246］王力平.社会治理共同体的理论意涵、出场实践及建设路径［J］.甘肃社会科学，2023（02）：53—61.

［247］贺芒，李明洋.要素协同与情感治理：社区治理共同体构建的"双重"逻辑［J］.湖南行政学院学报，2022（02）：38—51.

［248］徐玉明.核心价值观与公民意识融合培育再探［J］.文教资料，2020（15）：43—46.

［249］姜坤.提升吉林省基层社会治理能力的路径探析——以韧性社区建设为视角［J］.长春市委党校学报，2021（01）：19—21.

［250］陆士桢，蔡康鑫.社会治理现代化视野中的志愿服务运行与管理［J］.中国青年社会科学，2021，40（06）：2—10.

［251］赵宇峰.社会互助：社会治理共同体建设的新驱动［J］.南京社会科学，2021（12）：65—73.

［252］宋道雷.城市文化治理的空间谱系：以街区、社区和楼道为考察对象［J］.福建论坛（人文社会科学版），2021（08）：40—47.

［253］田毅鹏，都俊竹.社区工作法的"治理禀赋"与基层社会治理升级［J］.东岳论丛，2021，42（11）：45—55.

［254］李琼琼.新时代公众参与社会治理的现实困境及建构维度［J］.河北青年管理干部学院学报，2021，33（06）：43—46.

［255］吴方彦.建设海南自由贸易港社会治理共同体的现实路径［J］.南海学刊，2021，7（02）：56—66.

［256］姚迈新.城市社会治理共同体的实践机制研究——基于"广州街坊"群防共治组织的分析［J］.探求，2021（03）：106—114.

［257］李小立.市域社会治理法治化的内涵、价值和进路［J］.长春师范大学学报，2021，40（05）：40—44.

［258］本刊编辑部，邵景均.扎实推进数字政府建设［J］.中国行政管理，2020（10）：5.

［259］范一大.加强数字政府建设 推动民政数字化高质量发展［J］.中国民政，2022（09）：45.

［260］杨继东.加强数字政府建设，提升国家治理能力［EB/OL］.（2020－04－29）.http：//www.china.com.cn/opinion2020/2022－04／29/content_78193629.shtml.

［261］曹志佳.关于加强北京城市治理"一网统管"建设的路径思考［J］.城市管理与科技，2021，22（05）：45—47.

［262］赵娟，孟天广.数字政府的纵向治理逻辑：分层体系与协同治理［J］.学海，2021（02）：90—99.

［263］李建宁.基层社会治理数字化转型的审思与创新［J］.领导科学，2021（14）：40—42.

［264］张术霞.以制度建设推动社会治理创新［J］.党政论坛，2020（05）：20—23.

［265］许晓东，芮跃峰.市域社会治理现代化：体系建构与路径选择［J］.社会主义研究，2021（05）：125—131.

［266］张成岗.走向"智治"时代 以科技创新推动社会治理现代化［J］.国家治理，2020（14）：8—11.

［267］晓峰，尚鹏飞."数字吉林"驶入快车道 吉林省出台促进大数据发展应用条例［J］.吉林人大，2021（01）：10—11.

［268］文宏，林仁镇.多元如何共治：新时代基层社会治理共同体构建的现实图景——基于东莞市横沥镇的考察［J］.理论探讨，2022（01）：62—69.

后　记

　　2022年初，按照吉林省社会科学院的统筹计划和细致安排，作为"吉林振兴丛书"中的一个组成部分，本部书稿的写作开始夜以继日地不懈推进。当今世界正在经历的百年未有之大变局在一定程度上影响了国内的发展形势，吉林省上下都在勠力同心，共渡难关。一边作为普通居民和家庭主妇操持着生活必需品采购、每日检测、孩子网课等日常事务，一边作为学者和社会科学工作者思索着社区治理、应急管理等理论问题，正所谓"风声雨声读书声声声入耳，家事国事天下事事事关心"，就这样度过了一段极其充实的日子，笔下的书稿也随之变得厚重。有些戏剧性的是，2022年末，当书稿终于基本杀青时，包括本书作者在内的大多数同事以及家人朋友恰巧经受住了一场疫病的洗礼，之后便迎来了国家政策及法律的变化，以及经济社会发展形势的逐渐恢复，以至如今，温暖春天的姗姗来临。

　　本书第一至五章和第八章由孙璐执笔，第六至七章由徐建完成。写作期间，丁晓燕副院长等专家就书稿的框架思路、章节布局乃至文字细节等多次进行精辟指导，科研处李丽莉副处长为内外联络、送审出版等事务不计辛劳，邢宜哲等同事为第二至四章的资料收集提供了大力帮助，在此一并深致谢意。本书文责由作者自负。

尽管得到多方慷慨相助，两位作者也倾尽全力，但由于作者本身水平有限，本书中仍难免存在缺点和错误，期待各位同行和读者多加批评指正。

孙　璐

2023年3月13日　于长春